華設設計集團股份有限公司
CHINA DESIGN GROUP CO.,LTD.

THE DESIGN AND INNOVATION OF SHIPLOCK ENGINEERING IN PLAIN AREAS

平原地区船闸工程设计与创新

王仙美　李　艳　沈旭鸿　张跃东◎编著

河海大學出版社
HOHAI UNIVERSITY PRESS
·南京·

图书在版编目(CIP)数据

平原地区船闸工程设计与创新 / 王仙美等编著. --南京：河海大学出版社，2021.7

ISBN 978-7-5630-7086-2

Ⅰ. ①平… Ⅱ. ①王… Ⅲ. ①船闸—设计 Ⅳ. ①U641.2

中国版本图书馆 CIP 数据核字(2021)第 136001 号

书　　名　平原地区船闸工程设计与创新
　　　　　PINGYUAN DIQU CHUANZHA GONGCHENG SHEJI YU CHUANGXIN
书　　号　ISBN 978-7-5630-7086-2
策划编辑　朱婵玲
责任编辑　张心怡
责任校对　彭志诚
封面设计　徐娟娟
出版发行　河海大学出版社
地　　址　南京市西康路 1 号(邮编:210098)
电　　话　(025)83737852(总编室)　(025)83786934(编辑部)
　　　　　(025)83722833(营销部)
经　　销　江苏省新华发行集团有限公司
排　　版　南京布克文化发展有限公司
印　　刷　南京工大印务有限公司
开　　本　787 毫米×1092 毫米　1/16
印　　张　15.5
字　　数　430 千字
版　　次　2021 年 7 月第 1 版
印　　次　2021 年 7 月第 1 次印刷
定　　价　126.00 元

《平原地区船闸工程设计与创新》著作人员名单

著　　作　　者： 王仙美　李　艳　沈旭鸿　张跃东

执笔组其他成员：（按姓氏笔画）

马　超　付长生　华　华　刘秀魁

刘　轰　李元礼　杨　嵚　吴　昕

陆誉婷　周　博　修学华　徐　冬

徐高亮　袁　媛　黄可璠　戴振华

前 言

交通运输是兴国之器、强国之基。发展内河水运是我国的国家战略。作为国家综合交通运输体系和水资源综合利用的重要组成部分，中华人民共和国成立以来，在党和国家的领导下，内河水运建设发展迅速，内河航道及船闸的通航条件得到了极大改善，为经济社会发展提供了强有力的水路运输支撑。船闸作为水路运输的关键节点，其设计水平与创新能力关系到水运综合效能的发挥，更是水运高质量发展的前提条件。

以江苏为代表的平原地区水网稠密，河流纵横交错，湖泊星罗棋布，岸线里程悠长，优良港口众多，发展水运的资源得天独厚。在水运基础设施不断完善、通航能力不断提升的发展进程中，平原地区船闸设计技术水平也得到了跨越式提升。

本书由王仙美、李艳、沈旭鸿、张跃东等编著，共分11章。针对平原地区船闸的特点，本书着重对总体设计及布置、输水系统、水工建筑物、地基处理、闸阀门及其启闭机械、电气设备及信息化、房建及景观、导助航及附属设施、施工围堰及基坑等方面的设计原则、设计要点、创新理念进行详细的阐述，并通过列举典型工程案例，全面展示平原地区船闸工程设计和创新的技术水平。

潮平两岸阔，风正一帆悬。在“两个一百年”奋斗目标和中国共产党百年华诞交汇的历史性节点，加快构建现代化水运发展新格局，以创新驱动发展，是水运设计工作者的历史使命与担当。编者基于所在单位承担的平原地区船闸工程设计进行总结与归纳，对创新点进行提炼与分享，以期借助此书，为交通强国建设和水运事业发展贡献绵薄力量！

限于时间和编者水平，书中不足之处在所难免，敬请广大读者及同行批评指正。

编　者

2021年6月

目　录

第一章 绪论

1.1 概述

平原地区水系发达，航网密布，为使水资源得到综合利用，在通航河流上往往修筑大量的水利枢纽及设施。为保证航运通畅，需要相应地建设通航建筑物。平原地区水利枢纽大多水头较低，因此通航建筑物以经济、高效的船闸为主。

1.1.1 船闸的基本概念

船闸是指为克服航道上的拦河闸、坝形成的水位差，使船舶或船队安全、顺利地通过闸、坝而建设的一种通航建筑物，主要由闸首、闸室、输水系统、引航道、导航和靠船建筑物等组成(图 1.1-1)。

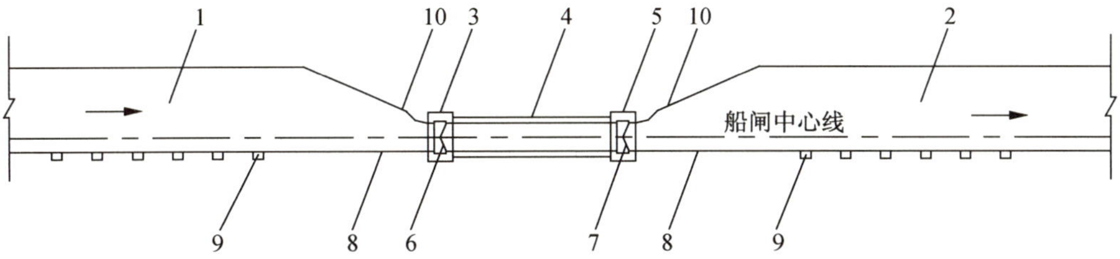

1—上游引航道；2—下游引航道；3—上闸首；4—闸室；5—下闸首；6—上闸首闸门；7—下闸首闸门；8—主导航建筑物；9—靠船建筑物；10—辅导航建筑物。

图 1.1-1 船闸组成示意图

一般情况下，当船舶从上游通过船闸至下游时，其过闸作业流程为：上、下闸首闸门均关闭时，由上游引航道向闸室内灌水至闸室内水位与上游引航道水位齐平，然后开启上闸首闸门—船舶由上游引航道驶入闸室—关闭上闸首闸门—由输水系统向下游引航道内泄水—船舶随着闸室水面一起下降—待闸室内水位与下游引航道水位齐平后，开启下闸首闸门—船舶由闸室驶向下游。当下游船舶要通过船闸到上游时，其过闸作业流程与上述流程相反。

1.1.2 平原地区船闸的主要类型

我国地势西高东低，平原主要集中分布在大兴安岭—太行山—雪峰山一线以东的地区，形成一个依山连海、南北纵长的平原带。由于有东西走向的山岭穿插，这一平原带被分隔为几大块，由北向南依次为南临渤海的东北平原、东临渤海的华北平原、东海之滨的长江中下游平原、南海之滨的珠江三角洲平原。东北平原上河流低温结冰时间较长，华北平原缺水严重，因此水运发达的平原地区主要为长江中下游平原和珠江三角洲平原。

根据不同的特征和地理环境，平原地区的船闸主要有以下类型。

1. 按照建设水域环境分类

按照所处水域环境，平原地区的船闸可分为内河船闸和海船闸。

(1) 内河船闸

内河船闸是指建设在内陆河流上及人工运河上的船闸，大多承受单向水头，少部分受径流和潮汐双重影响的船闸承受双向水头。

(2) 海船闸

海船闸是指建设在封闭式港池口门、近海运河及入海河口的船闸，因受潮流和径流双重影响，大多承受双向水头。当上、下游水位相差较小且不考虑咸水对内河侧淡水影响时，可以敞开上、下游闸门，实现开通闸运行。

2. 按照船闸的通航线数分类

平原地区的船闸水头不高，根据航运繁忙程度，可分为单线船闸和多线船闸。单线船闸是指在一个枢纽中只有一条通航线路的船闸，多线船闸是指在一个枢纽中建有两条及两条以上通航线路的船闸。

平原地区交通便利，国民经济发展迅速，水网稠密、通江达海，航运优势明显，通航河流上的货运量增长迅速，大多数枢纽建设有双线或多线船闸(图 1.1-2 至图 1.1-5)。

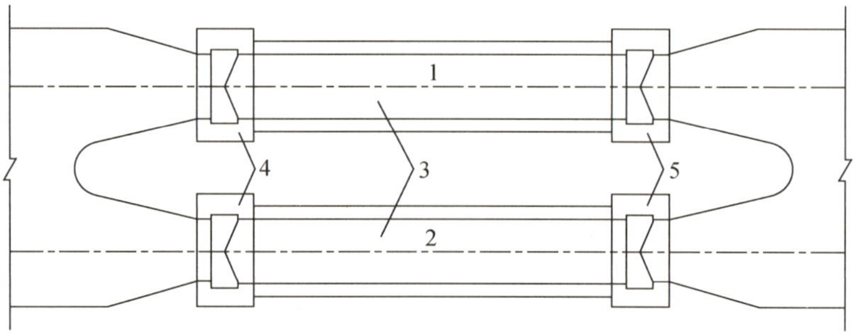

1—一线船闸；2—二线船闸；3—闸室；4—上闸首；5—下闸首。

图 1.1-2 并列式双线船闸平面布置示意图

图 1.1-3　通扬线航道整治工程九圩港船闸实景图——并列式双线布置

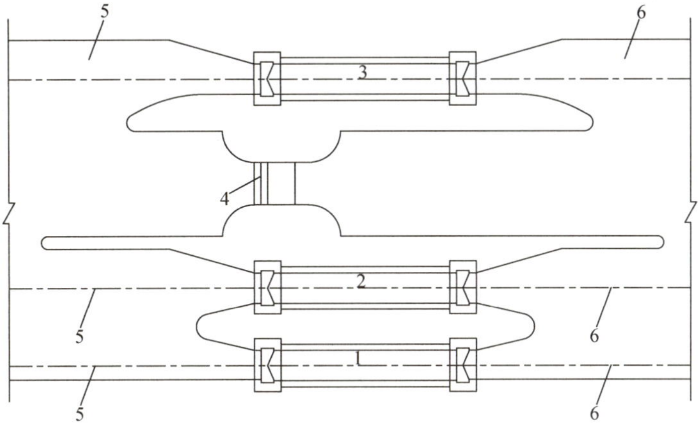

1—一线船闸；2—二线船闸；3—三线船闸；4—泄水闸；5—上游引航道；6—下游引航道。

图 1.1-4　并列式三线船闸平面布置示意图

图 1.1-5　京杭运河徐扬段长江口门处的施桥船闸实景图——并列式三线布置

3. 按照船闸的级数分类

根据级数的多少，船闸可分为单级和多级船闸。平原地区地势平缓，水头较低，一般设置单级船闸即可满足要求。

4. 其他类型船闸

根据船闸闸室平面形状，结合水资源有效利用，平原地区常见的船闸还有以下几种类型。

(1) 广室船闸

闸室宽度大于闸首宽度的船闸被称为广室船闸(图 1.1-6)，分为向闸室两侧拓宽和向闸室一侧拓宽两种，一般多用于等级较低、运量不大的航道，或者是沿海大潮差地区的渔港船闸，可以在一闸次通过较多的船舶。

图 1.1-6　江苏省如东县刘埠一级渔港工程广式船闸实景图

(2) 省水船闸

为了节约过闸用水量，在闸室的一侧或两侧设置储水池的船闸被称为省水船闸。省水船闸工作原理如图 1.1-7 所示。

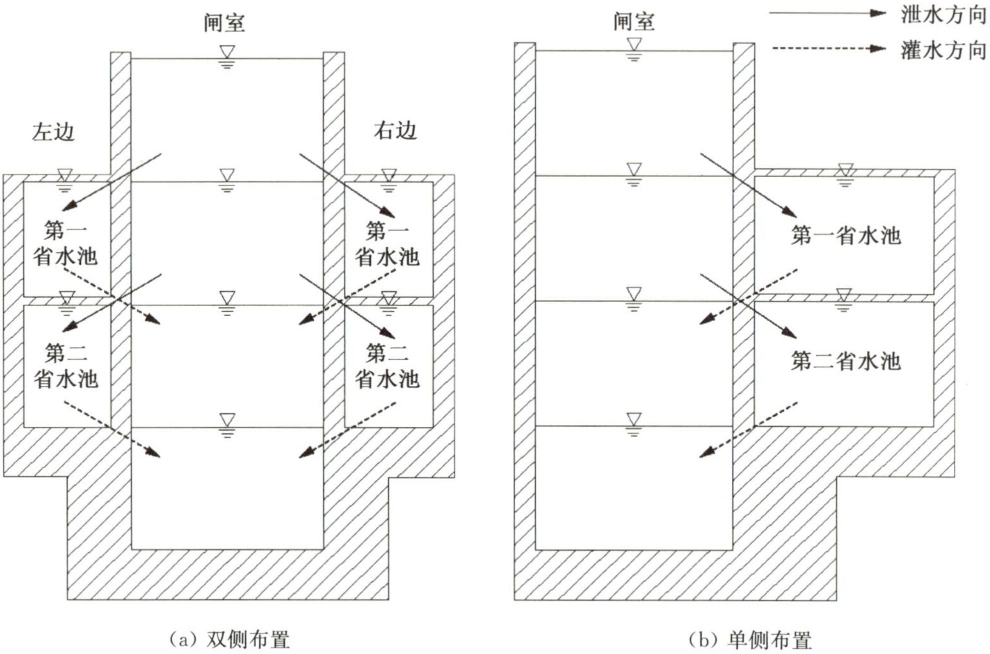

图 1.1-7　省水船闸工作原理示意图

1.2 我国平原地区船闸工程的发展现状

我国幅员辽阔，水运资源丰富，有大小河流 5 800 多条，总长度约 43 万 km。水路运输历史悠久，特别是在陆路运输落后的古代，水运是最主要的运输方式。据史料记载，我国是世界上最早通过建设船闸改善水运条件的国家。中华人民共和国成立以前，受制于落后的生产力和经济水平，我国的河流大多处于自然状态，无法串联成网，船闸设备设施严重落后，水运交通长期得不到发展。中华人民共和国成立以后，内河水运作为国家综合交通运输体系的重要组成部分，经历了快速发展的阶段，船闸建设也相应地得到了较大的发展。特别是平原地区水运发展条件得天独厚，对船闸的建设产生了显著的促进作用。随着运输需求的增长和船舶大型化的发展，船闸的建设标准和建设规模不断提升，繁忙航道上多线船闸相继建成；通过试验研究和实践，船闸输水系统设计更加科学合理，并能够有效缩短输水时间，改善船闸运行条件，提高船舶过闸效率；地基处理和基坑支护施工水平的进步，使船闸建设能够适应不同的地质和环境，从而节约土地资源，减少拆迁量，消除对相邻设施安全的影响；通过新材料、新工艺的应用，船闸闸、阀门重要运转部件的可靠性和耐久性不断提高，闸门的防撞性能不断增强；依托信息化、智能化的不断发展，船闸的运行更加安全高效。我国船闸建设迈过一道又一道难关，终于进入世界领先的行列。

以我国内河高等级航道网“两横一纵两网十八线”中的“一纵”——京杭运河为例，京杭运河黄河至长江段水位差达 40 m，规划布置 15 个梯级，自长江向北依次为施桥、邵伯、淮安、淮阴、泗阳、刘老涧、宿迁、皂河 8 个梯级，至大王庙分为湖东和湖西航线，湖东航线有台儿庄、万年闸、韩庄、微山二线 4 个梯级，湖西航线有刘山、解台、蔺家坝、微山一线 4 个梯级，向北是长沟、邓楼、八里湾 3 个梯级。自第二个五年计划开始实施京杭运河整治扩建工程至 1978 年止，在京杭运河上先后建成船闸 26 座，主要包括 1958 年建成的宿迁、四女寺、杨柳青 3 座 1 000 吨级船闸，规模为 210×15×3.2(m)（闸室有效长度×口门宽度×门槛最小水深，下同）。1960—1961 年建成了规模为 230×20×5(m)的施桥、邵伯、淮安、淮阴、泗阳、刘山、解台、微山 2 000 吨级船闸 8 座，又于 20 世纪 70 年代建成皂河、刘老涧、谏壁 2 000 吨级船闸 3 座。随着货运量的快速增长，1999 年启动了“京杭运河船闸扩容工程”，建设的三线船闸有效尺度达到 260×23×5(m)，京杭运河苏北段的淮安、淮阴、宿迁、皂河、泗阳、刘老涧、邵伯、施桥等三线船闸已经建成，是运河上最大的船闸群（图 1.2-1）。经过六十多年的治理和建设，京杭运河已经成为我国东部地区贯穿南北的集灌溉、防洪、排涝、航运等多种功能为一体的水上大动脉。据统计，2020 年京杭运河苏北段入江口门处的施桥三座船闸船舶年通过量达3.34亿 t，充分体现了水运运量大、成本低、安全性高、绿色环保的优势，是全国内河最为繁忙的船闸枢纽，产生了巨大的经济和社会效益。

又以淮河出海航道高良涧船闸为例。1953 年 8 月，淮河出海航道高良涧一线船闸建成通航，设计年船舶通过能力为 300 万 t，由于社会整体经济水平落后，实际年船舶通过量仅为 10 万 t。改革开放以后，伴随着经济社会的发展，一线船闸的年通过量逐年递增，到 20 世纪 80 年代中期，已经成为淮河黄金水道的“卡脖子”地段，1987 年船舶年通过量已达 470 万 t。为了彻底解决淮河黄金水道拥堵问题，1989 年，原交通部决定新建高良涧复线船闸，于 1993 年 12 月 25 日通过竣工验收，设计年船舶通过能力为 3 200 万 t。但是到 2007 年，高良涧船闸船舶年通过量就已经突破设计能力，达到 3 400 万 t，且逐年递增。2013 年 7 月，高良涧三线船闸开工建设，于 2015 年 12 月 28 日建成通航（图 1.2-2）。它的建成，彻底结束了淮河在高良涧的“卡脖子”历史，打通了淮河干线通江达海的水运瓶颈。

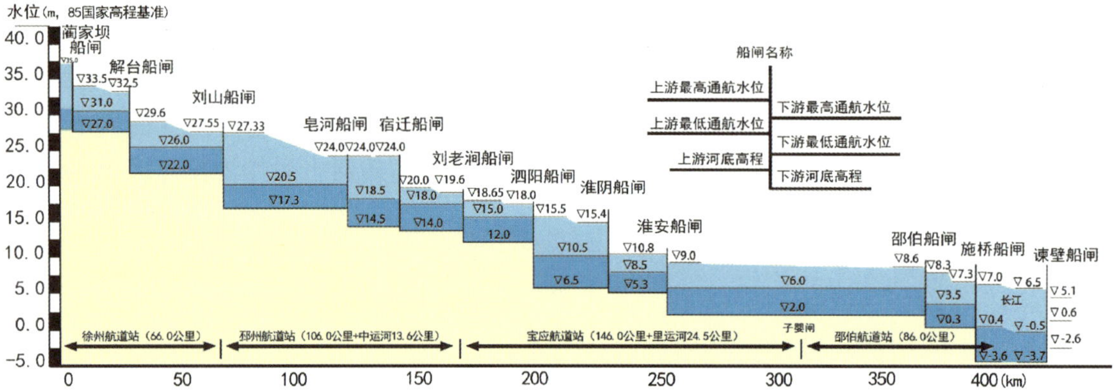

图 1.2-1 京杭运河江苏段船闸梯级分布情况

图 1.2-2 淮河出海航道高良涧二线、三线船闸实景图

伴随着基础设施建设水平的日益成熟，船闸工程设计更加重视信息化建设，注重船闸运营管理现代化，考虑通过船闸信息化来实现船闸运营管理的现代化，以“智慧船闸”“数字船闸”为方向，依托 5G、北斗、BIM、GIS 等技术，实现船闸运行与船舶调度系统融合，多梯级船闸群联合调度和干支线船闸调度联动，提升船闸作为内河水运网节点性控制工程的效率，进一步推动船闸建设的高质量发展。

1.3 平原地区船闸工程的主要特点

平原地区水系发达，航网密布，水运资源开发在水资源综合利用中占据主导地位。与山区通航建筑物相比，在平原地区兴建船闸工程具有以下明显不同的特点。

（1）周边制约因素众多。平原地区人口密集，经济发达，须综合分析与相邻设施关系、征地拆迁、地形地质、工程投资等多种因素，着重从生态、水利、水运、文化、经济、社会等多方面权衡，集约节约使用宝贵土地资源，经定性和定量技术经济比选后作出正确决策。

（2）通航保证率受枢纽运行调度影响大。虽然平原地区地势平缓，水头较低，上、下游水位稳定，但因河道调蓄能力小，遇到须优先保障灌溉等民生需要时，往往通航保证率得不到保证，船闸门槛水深不足。而平原地区物资运输对水运的依赖性大，水位无法保证会引起滞航、断航，将带来严重的经济损失和社会影响，因此，船闸设计除了满足规范要求外，尚需深化论证并长远考虑。

（3）建筑物结构设计受地质特征影响大。平原地区受其成因影响，主要为土质地基，普遍存在软土地基、地下水位高、渗透性强、砂土液化等关系建筑物结构设计的影响因素，因此，结构方案优化和创新是设计的重难点。

（4）对闸门、启闭机的可靠性和耐久性要求高。平原地区航运繁忙，闸门、启闭机械的使用频率极高，通过新材料、新工艺的应用，提高闸门、启闭机的可靠性和耐久性，延长其使用寿命，降低维修频率，减小养护工作量，提升船闸的经济效益和社会效益。

（5）对船闸运行效率要求高。为了保证船舶安全迅速地过闸，需要将照明、控制、视频、通信广播、收费等多个独立的系统进行融合、多系统间联动操作，在系统之上形成监控管理平台，提高整个系统的智能化、物联网化，从而进一步提高船闸通过能力，实现降本增效。

第二章　总体设计

2.1　平原地区船闸工程总体设计的主要原则

(1) 平原地区船闸的选址应符合交通、水利及城市总体规划，根据工程建设效益及其在国民经济中的作用确定工程等别、建设规模，尽可能考虑工程的综合利用要求。

(2) 注重对与船闸工程建设有关的各项基础资料的收集及分析，确定全面、合理、有针对性的设计边界条件，合理确定工程设计标准、设计水位及调度运行方案，使工程各项指标与经济发展、技术进步和当地实际情况相适应。

(3) 工程的总体布置方案应注重创造良好的通航条件，使船舶通畅、安全、高效地过闸。船闸主体与上、下游引航道之间的衔接方式应满足规范要求，满足船舶停靠待闸、系缆、避让出闸船舶等需求，力争通过优选的布置方式，提高建筑物的使用寿命，减少后期维护。

(4) 在满足使用功能的前提下，选择经济合理、节能环保、生态可持续及施工方便的方案。

(5) 对水流、泥沙条件复杂的工程，需结合模型试验的成果进行总体设计，验证或优化布置方案。

2.2　总体设计的主要任务及内容

总体设计的主要任务是对建设标准、建设规模、船闸工程选址、总体布置、施工方案及运行调度要求等对工程总体技术水平有重要影响的关键技术问题进行研究和决策。船闸建设应满足以下要求：规模满足运量和船舶、船队过闸的要求；总体布置满足安全通畅要求，输水系统满足闸室和引航道泊稳的要求；闸阀门、启闭机械和控制系统满足安全灵活、易于安装检修及可靠耐久的要求；辅助设施满足完整、匹配、最大限度发挥协同作用的要求。

主要内容包括：各项基础资料的调查、收集、分析及运用；项目建设必要性的论证；船闸选址方案研究；考虑国民经济及交通运输发展的船闸建设标准及规模的确定；船闸总体布置等。

2.3 建设必要性分析论证

船闸工程建设项目前期论证重点在于建设必要性、项目可行性和经济合理性，其中建设必要性是投资决策的重要依据，对项目能否立项、建设规模、建设时机将会产生重大影响。船闸工程因其不同的区位、等级、时机等有不同的功能定位，建设必要性分析需结合影响区域的社会经济、资源产业、交通运输等现状及发展规划，论证工程的功能及定位，进行全面、具体和有针对性的分析。船闸工程的建设主要在于打通或顺畅该通航结点，提升船闸应急保障能力和所在航道的通过能力，适应水运量的发展和过闸船舶数量、吨位增长的需求，带动影响区域的经济可持续发展；工程建设也完善了区域航道网络，提高了内河航运的服务能力，更好地发挥水运绿色、环保的优势，促进了运输结构调整，节能减排，助力"交通强国"建设和"碳达峰、碳中和"目标的实现。

（1）是落实交通强国战略，推动内河水运高质量发展的需要

我国综合交通运输进入了统筹融合发展的新阶段，水运建设受到党中央高度重视，正处于加快发展的历史性战略机遇期。中共中央、国务院相继印发的《交通强国建设纲要》《内河航运发展纲要》，要求构建"安全、便捷、高效、绿色、经济"的现代化综合交通体系，建成"人民满意、保障有力、世界前列"的现代化内河航运体系。内河航运是综合运输体系和水资源综合利用的重要组成部分，在促进流域经济发展、优化产业布局、服务对外开放等方面发挥了重要作用。船闸作为航道的通航节点，是决定整条航道通过能力的关键。

（2）是发挥内河航运综合效益，完善区域综合运输体系的需要

内河航运是综合运输体系中的重要运输方式，相较于公路和铁路运输，具有运量大、能耗小、成本低、占地少、投资省、环保并相对安全等优势，被誉为"绿色"运输。完善的内河航运网络和专业的内河航运设施是充分发挥内河水运低碳、环保的先决条件，是推动运输结构调整的前提。船闸工程是内河航运重要的基础设施，其工程建设无疑是改善通航条件、完善综合运输体系的重要举措。

（3）是保障大宗物资运输，促进区域社会经济发展的需要

内河水运因其特点，在大宗物资的长距离运输中拥有不可比拟的比较优势，对保障地区能源、建材、粮食、矿石，以及工业原材料和成品等运输具有不可替代的作用。船闸及其航道的建设，对落实国家和区域开发战略，优化国土空间开发布局，促进产业集群壮大，带动区域经济协调发展等方面具有重要意义，为所在地区对外开放和加强国际交流作出重要贡献。

（4）是保证船舶通航安全，适应船型标准化发展趋势的需要

船闸工程的建设显著改善了船舶通航条件，消除威胁过往船舶的安全隐患，提升了航运效率。随着市场经济的发展和船舶技术的进步，内河航道船舶平均吨位逐年提高，船舶标准化有利于提高航道和船闸等通航设施的利用率，降低运输成本，提高内河航运竞争力，是船型发展的趋势。目前，内河航道大吨位船舶的比例越来越高，船闸工程的建设不仅需要适应船舶大型化发展，更要引领船型标准化发展。

2.4　建设标准及规模确定

船闸的建设标准及建设规模应与所在航道规划等级相适应，满足近期、远期及各设计水平年运输量的要求，同时需要根据船型的情况，结合地形、地质及施工条件等因素，通过经济技术比较，综合分析确定。

总体来说，船闸规模的确定需要考虑以下几点原则。

(1) 满足预测的设计水平年各期的货运量及船舶通过量要求。

(2) 考虑未来多线船闸联合运行的通过能力，使效率最大化。

(3) 提高服务水平，减少船舶待闸时间。

(4) 航道沿线船闸宽度、槛上水深尽量标准化。

(5) 需充分考虑外部建设条件，特别是对周边建筑物的影响。

2.5　船闸通过能力计算

船闸通过能力计算包括设计水平年过闸船舶总吨位数、过闸货运量两项指标，以单向通过能力表征。

船闸通过能力受一次过闸平均吨位数、平均一次过闸时间、日工作小时数、年通航天数、运量不均衡系数等因素影响。特别是一次过闸时间，由于单次过闸存在较多的偶然性，需要以平均一次过闸时间来计算。

(1) 一次过闸平均吨位，应以设计船型船队和其他各类船型船队，根据运量、货种、船队中船型组合的比重，并结合船闸有效尺度进行组合确定。各期的通过能力，应采用相应的一次过闸平均吨位进行计算。

(2) 平均一次过闸时间，应根据船舶、船队进出闸时间，闸门启闭时间，灌泄水时间，船舶、船队进出闸间隔时间等因素确定，对不同的过闸方式应分别计算。

(3) 运量不均衡系数应根据统计资料计算。无资料时，可取 1.3～1.5。

船闸通过能力计算须按照《船闸总体设计规范》(JTJ 305)的规定进行计算，有条件的可以借助计算机仿真模拟的方式进行数值计算。根据船型比例，对有限船舶进行人工排挡也不失为一种简单的模拟方式，可以对规范计算结果进行复核验证。

2.6　专题研究对设计方案的支撑

2.6.1　运量预测专项研究

运量预测是对未来可能发生的运量情况进行科学的设想，并能科学、客观地反映国民经济与交通运输的发展、变化的相互关系。主要遵循以下原则。

1. 平衡的原则

运输是处在生产和消费环节之间的流通过程，运输使物资发生位移，它是自然实物的生产和消费之间的纽带。对运输的需求与国家、地区、经济部门和产业分布及业务的发展有密切关系，它们之间有一定的规律性。运输部门的货运量应该是起运地可能发生的量，也应该是消费地的消费量，而且产、销基本是平衡的，从生产、运输到消费地也应该是平衡的，产销平衡法就是利用这个原则。

2. 连贯的原则

任何事物的发展都与过去行为相连贯，而且有其规律性。交通运输量的变化也有一定规律性，过去和现在运量的变化规律同样可延续到将来，因此连贯性可以用于预测未来的水运运量。在预测运量时，影响因素很多，预测结果出现偏离时要进行修正，使之变动趋势更符合实际。

3. 类推的原则

国民经济各部门、各企业的经济活动均有各自的模式，生产、运输、消费之间的关系也有一定的模式，利用这种经济变化的模式，运输量与影响运量发生的因素之间的关系模式就可以用于预测未来的运输量，在预测中应用因果关系计量模型就是利用了类推的原则。

4. 反馈的原则

水路货运量受多种因素的制约，预测的运量可能受到无法预料的突发因素影响，其结果可能发生偏差，这就要根据一定的预测方法和新的反馈信息，对预测模型和参数进行调整和修改，使预测的运量基本符合实际和未来发展需求。

5. 定量预测与定性预测相结合的原则

实践证明，定量预测与定性预测各有其局限性，通过运量预测模型所预测的运量，并不能充分反映出影响水运量未来的各种复杂因素，当未来出现超常变化时，预测可信度就会明显降低，这些变化是定量预测难以解决的。要想克服这些缺点，必须将定量预测与定性预测相结合，即在定性分析的基础上进行定量预测，定性预测时也采用定量分析，各取所长，弥补不足，以提高预测的准确性。

6. 综合运输的原则

交通运输由五种运输方式组成，各种运输方式根据其运输的布局和特点，在国民经济中都有各自的地位和作用，在预测和分析运量时应注意物资的合理流向，充分论证和合理分配各种运输方式的运量，特别要注意充分发挥内河水运的作用。

2.6.2 选址专题研究

在国家资源节约、环境友好的总体要求下，充分考虑规划、周边环境、工程投资及实施难度等因素优选的闸址方案，可以为船闸总体布置提供良好的条件，为船闸功能及效益的实现提供支持。

(1) 闸址位置的空间尺度应满足船闸及引航道的布置要求，并为发展留有余地。

(2) 闸址应具备有利的地形和地质条件，充分考虑各建筑物的建设要求，同时考虑降低工程投资。

(3) 考虑对城镇、历史文物及不可移动设施（铁路、电厂、特高压线路等）的影响，优先考虑避让。

(4) 考虑临近水利设施的影响，研究水流条件及泥沙冲淤对通航条件的影响。

(5) 选择闸址时考虑工程施工、建设管理及运营使用的要求，避免因选址不当而造成较大的施工风险和运行管理的安全隐患。

2.6.3　环境保护专题研究

项目建设在带来巨大经济效益和社会效益的同时，营运也会对沿线区域的声环境、空气环境、水环境以及生态环境等产生一定影响。按照有关规定，建设单位应在开工建设前将环境影响报告报有审批权的环境保护行政主管部门审批。

根据环评专题研究报告，细化并完善工程设计、施工及运行管理方案。

(1) 通过对项目沿线的环境影响评价，从环境保护角度论证工程建设的合理性，并对工程替代方案进行综合比选，为工程方案的选择提供必要的科学依据。

(2) 通过对沿线评价范围内社会环境和自然环境的调查研究，针对工程的设计、施工和营运各阶段，预测工程建设对环境的影响，提出相应的环境优化和切实可行的环境保护措施及对策。

(3) 将环境保护措施、建议和评价结论反馈于工程设计与施工，为优化工程设计提供科学依据，以避免或减缓由工程建设带来的对周围环境的负面影响。

(4) 为项目施工期、营运期的环境管理，以及沿线经济发展、城镇建设及环境规划提供科学依据。

2.6.4　水工程规划同意书专题研究

根据《河道管理范围内建设项目防洪评价报告编制导则（试行）》规定，航道和船闸为水（水运）工程，水工程的可行性研究报告在报请审批（核准、备案）时，应当附具流域管理机构或者县级以上地方人民政府水行政主管部门审查签署的水工程建设规划同意书、涉水工程防洪评价报告，为水行政主管部门审批提供技术依据。

通过水工程规划同意书专项论证研究，可为船闸和航道设计提供水利方面的技术支撑，对水工程建设任务、规模、场址、运行调度与管理方案、设计标准等进行符合性论证分析，使船闸工程设计与水利设施相协调。

河道演变分析、水文分析、壅水分析、冲刷与淤积分析，以及防洪影响防治与补偿措施专项设计等相关研究内容是水工程规划同意书专题研究的重要内容，可以提供特征水位、协助拟定河道断面及预估冲刷深度等，为船闸工程设计提供支撑。

2.6.5　土地报批专题研究

土地报批专题研究是为了满足工程建设用地的需要，按照法律、法规的要求办理相关手续，贯彻落实土地保护政策，确保项目按时开工建设。

在船闸设计方案拟定的过程中，应遵循“准确收集、翔实调查，细致整理、严谨分析，紧密跟踪、及时汇报，高效沟通、全力协调，抓住重点、克服难点”的工作方法，按照“目标导向、统筹安排、上下联动、突破常规、多措并举、平行推进”的工作思路，密切与地方国土部门沟通联系，确保方案的可实施性。

节约用地专题论证及压覆矿产也是土地报批的重要内容，节约用地专题论证需要考虑选址的唯一性或最优性，压覆矿产需根据设计方案等材料，编制项目工程压覆矿产资源查询申请，连同预审与选址意见书及附图等材料上报自然资源部门申请查询。

2.6.6 通航水流条件模型试验专题研究

通航水流条件模型试验研究是根据水力相似原理，考虑河道形态和水流泥沙运动特征，按相似准则缩小成模型，用以模拟河流泥沙运动及河床冲淤变形情况，同步在水工建筑物模型中观测水流运动规律，为工程设计和运行提供科学依据。

平原地区船闸工程水位差较小，在采用适宜的输水系统后，闸室泊稳条件一般较好，需要更多考虑的是引航道的水流条件。一般采用数值模拟或物理模型试验等手段，计算或模拟船闸引航道口门区及其连接段区域不同流量下（考虑周边水利设施运行调度影响）的水位、流速分布等水力特性，在不满足规范要求时，采取必要的工程措施，改善水流条件，并验证工程措施的效果。

另外，对于部分水位差较大的船闸还需通过输水系统的数值及物理模型试验，验证水流流态、输水时间及泊稳条件等；泥沙含量较高的河道，在进行物理模型试验时，还需考虑采用动床模型模拟河床底部沙粒阻力和沙波阻力，对项目建成后的泥沙淤积情况进行分析研究。

2.7 总体设计创新理念

2.7.1 以人为本，打造便捷的水上运输节点

船闸的主要功能是克服水位差，实现各梯级之间的顺畅连接，发挥水上交通运输的关键节点作用。船闸的服务对象为船民，在船闸总体设计时就需要充分考虑如何提升船闸服务水平，建设船民满意、社会认可的船闸，做到以人为本、方便快捷、安全可靠。

以人为本，首先要重视“人”的需要，在船闸工程设计中主要体现为缩短待闸时间，使船民能便捷迅速地过闸，比如选择合理高效的进出闸方式、策划好锚泊与待闸的时间过渡以及充分考虑周边场地环境对过闸效率的影响等。其次，总体设计要以“人”为中心，所有在船舶过闸服务中所涉及的参与者，都是总体设计时需要考虑的重点，比如为船闸工作人员提供良好的工作环境、便捷的工作手段、可靠的操作工具等。

2.7.2 船闸的标准与规模满足运输需要并适度超前

船闸作为水路运输的重要节点，其畅通与否直接关系到整个水路运输效益的发挥。另外，与航道（护岸）工程不同，船闸一旦建成，拆除重建或新建的难度很大。因此，在规划建设、总体设计时应适度超前或者做好充分的预留。

不仅是山区船闸工程经常会遇到刚建成就拥堵的情况，这一现象在平原地区也时有发生，这在一定程度上便要求在设计时要有适度超前的理念。当然，适度超前不是违背循序渐进的原则，而是坚持高起点和高标准，更多地考虑合理性和可操作性。

2.8　典型工程案例分析

2.8.1　合裕线裕溪一线船闸扩容改造工程

1. 项目概况

合裕线航道是合肥经济圈通往长江的唯一水上通道，是全国内河高等级航道布局“两横一纵两网十八线”中的“一线”，是《安徽省干线航道网规划（2018—2030 年）》中“一纵两横五干二十线”中的“一纵”，也是江淮运河的重要组成部分。2014 年，合裕线航道被列入了《长江经济带综合立体交通走廊规划（2014—2020 年）》，要求积极推进航道整治。

裕溪闸枢纽位于合裕线航道裕溪口、裕溪河（限制性航道Ⅱ级标准）入长江口门处，距离长江口约 3 km，是控制巢湖流域防洪、排涝及引水灌溉的综合性枢纽，由节制闸、船闸、鱼道、拦河坝、导流堤等组成。裕溪船闸位于安徽省芜湖市，一线船闸规模为 195×14.4×2.5（m），于 1969 年建成；复线船闸规模为 200×23×4.5（m），于 2012 年底建成。

合裕线裕溪一线船闸扩容改造工程闸位位于裕溪水利枢纽西侧，基本布置在老闸闸位上，建设规模为 290×34×5.6（m），船闸级别为Ⅱ级通航建筑物，船闸工程于 2019 年底开工建设，目前正在建设中，预计于 2023 年底建成。

图 2.8-1　合裕线裕溪一线船闸扩容改造工程效果图

2. 建设必要性

（1）是水运主通道建设的需要

江淮运河航道是引江济淮工程的主要组成部分，是“十三五”国家重大基础设施建设项目，是沟通长江和淮河两大流域的第二条水运大通道。裕溪船闸是江淮运河入江口门船闸，船闸的扩容改造关系到江淮运河全线航运效益的发挥，是保障江淮运河主航道航运功能、推动内河航运长远发展的要求。

（2）是解决航运瓶颈，承担江淮运河打通后新增运量的迫切需要

江淮运河工程实施后，将结束豫皖两省长江、淮河两大水系间水运分割的历史，构建淮河水系的第二条航运入江通道。合裕线作为入江段，承担着江淮运河大部分的过境货运

量，加之合肥地区的水运增长量，会大大超过裕溪船闸的设计通过能力。为避免船闸成为通航瓶颈，对裕溪船闸的扩容建设势在必行。

(3) 是提高合肥城市地位，建设江淮航运枢纽的需要

合肥是安徽省省会，地处江淮之间，2016 年 6 月，国家发改委发布《长江三角洲城市群发展规划》，合肥市和合肥都市圈被纳入规划范围。裕溪船闸是合裕线航道重要的通航建筑物，对一线老闸的扩容改造是提升裕溪河航道运能、建设江淮运河航运枢纽的基础性支撑，能够加强合肥与长江下游城市的联系，发挥水运的运输优势，提高合肥的城市地位。

(4) 是完善安徽省干线航道网建设的需要

合裕线航道是国家高等级航道网中的一部分，也是安徽省以“沙颍河—江淮运河—合裕线—芜申运河”为核心的全省高等级航道的重要组成部分。结合合裕线航道整治工程、支流店埠河航道整治工程、兆河航道整治工程、西河航道整治工程、丰乐河航道整治工程等，周边区域的航道条件将大幅改善，作为合裕线咽喉的裕溪船闸届时将无法满足航道网发展的需要。裕溪船闸扩容改造工程是实现相关航运规划、建设安徽省航道网的基础。

(5) 是发挥长江经济带辐射带动作用，促进中西部与长三角地区协调发展的需要

合裕线地跨长江经济带、合肥经济圈、中原经济区，是国家商品粮生产基地，也是东部地区的重要能源和原材料供应基地。水运在综合运输体系中属资源节约型、环境友好型的运输方式，在大宗货物运输中起着不可替代的作用。依托长江黄金水道，以实现江淮水运互连互通，为煤炭、粮食、矿石、建材、集装箱等提供便捷通道，对完善区域现代综合运输体系、提高皖豫经济竞争力、优化国土空间开发布局，更好地发挥长江经济带辐射带动作用，促进中西部与长三角地区协调发展有重要意义。

(6) 适应船舶标准化、大型化发展趋势

目前，合裕线航道船舶平均吨位增长较快，尤其是大吨位船舶的比例越来越高。此外，随着运输多样化的发展，内河航运的服务对象也将由传统的大宗散货运输拓展至集装箱、石油液化气等的专业化、规模化运输。对裕溪船闸扩容改造，不仅能够减少船舶待闸时间，提高船舶通过能力，而且适应船舶标准化、大型化发展的需要，可节省航运成本，提高航运效益。

(7) 是确保通航安全的需要

现有裕溪一线船闸于 1969 年建成，已运行 40 年以上，船闸结构已不堪重负。随着合裕线航道按Ⅱ级标准整治，船舶标准化、大型化的发展，未来过闸大型船舶越来越多。裕溪一线船闸门槛水深仅 2.5 m，低水期无法通过满载大吨位船舶；闸室破损较为严重，且仅能通过一列船舶，通过能力极其有限。为确保安全通航，发挥船闸的航运效益，一线船闸亟须扩容改造。

3. 设计船型

根据通达性和适应性原则以及未来发展，考虑发展大吨位船舶以及运输船型中顶推船队的特点，结合营运组织分析，根据《运河通航标准》(JTS 180-2)、《内河过闸运输船舶标准船型主尺度系列》(GB 38030.2)确定设计船型，详见表 2.8-1。

表 2.8-1　裕溪一线船闸设计船型表

序号	船型	船长(m)	船宽(m)	设计吃水(m)	备注
1	2 000 t 货船	68～73	13.8	3.3～3.5	设计代表船型
2	1 500 t 货船	58～60	13.0	3.2～3.4	
3	1 000 t 货船	53～55	11.0	3.0～3.2	
4	100 TEU 集装箱船	74～76	13.8	3.3～3.5	
5	1 拖 6×1 000 t 拖带船队	357	10.8	2.5	兼顾船型
6	2 000～3 000 t 货船	82～88	15.0	2.8～3.5	
7	1 顶 2×2 000 t 顶推船队	160	15.8	2.6～2.9	
8	500 t 货船	44～45	8.8	2.0～2.3	
9	60 TEU 集装箱船	49～60	11.0	3.0～3.4	
10	200 TEU 集装箱船	85～60	15.0	2.8～3.5	

4. 建设标准与建设规模

(1) 建设标准

2015 年 9 月,《安徽省干线航道网规划(2018—2030 年)》中将合裕线航道列为安徽省"一纵两横五干二十线"中"一纵"的重要组成部分,其中合肥新港—裕溪口共 138 km 航道规划为Ⅱ级标准。

2017 年 5 月,安徽省人民政府印发《安徽省水路建设规划(2017—2021 年)》,明确合裕线裕溪一线船闸扩容改造工程按 2 000 吨级标准建设。

裕溪船闸是合裕线航道的关键节点工程,新建船闸级别与航道等级一致,为Ⅱ级,设计最大船舶吨级为 2 000 t。

(2) 建设规模

①预测货运量

预测基准年取 2015 年,考虑到 2020 年左右江淮运河建成通航,故 2020 年之前暂不考虑江淮运河贯通带来的货运量。

预测水平年取 2030 年、2040 年和 2050 年。

裕溪船闸各设计水平年货运量、船舶通过量预测值见表 2.8-2。

表 2.8-2　裕溪船闸各水平年货运量、船舶通过量预测　　单位:万 t

水平年	2030 年			2040 年			2050 年		
	上行	下行	合计	上行	下行	合计	上行	下行	合计
货运量	3 800	4 000	7 800	4 200	4 600	8 800	4 600	5 000	9 600
船舶通过量	5 758	5 556	11 314	6 364	6 389	12 753	6 970	6 944	13 914

②建设规模初拟

根据裕溪船闸预测运量和满足设计船型组合一次过闸的需求,并结合沿江口门船闸大吨位船舶进出要求,参照内河船闸的设计经验,考虑与二线船闸联合运行可满足各年过闸货运量需求，初步拟定三种建设规模，分别为单线 280×34×5.6(m)、单线 360×28×5.6(m)和双线 230×23×5.6(m)。

③通过能力计算

根据设计规范，结合二线船闸的通过能力现状，不同建设规模的一线船闸与二线船闸联合运行的通过能力详见表 2.8-3。

表 2.8-3 不同规模一线船闸与二线船闸联合运行单向年船舶通过能力一览表 单位：万 t

建设规模	2025 年	2030 年	2040 年	2050 年
280×34×5.6(m)+现有二线船闸	9 567	9 538	9 509	9 486
360×28×5.6(m)+现有二线船闸	9 602	9 659	9 715	9 762
双线 230×23×5.6(m)+现有二线船闸	9 696	9 662	9 627	9 599
预测值	5 000	5 556	6 389	6 944

④建设规模确定

考虑到裕溪一线船闸左岸为无为大堤，右岸为水利节制闸及节制闸管理区，二者之间的最近距离仅为 75 m；同时裕溪一线船闸受上、下游铁路桥及裕溪节制闸的影响，航道中心线无法做大的调整，可以布置闸位的最长直线段长度约为 1 250 m，船闸建设场地的局限制约了船闸的布置。

单线 360×28×5.6(m)船闸直线段长度最小将达 1 420 m，因受到铁路桥的限制，原位改建方案直线段长度无法满足，船闸建设场地的局限性极大制约了船闸的布置。

同时建设双线 230×23×5.6(m)船闸与建设一座 280×34×5.6(m)船闸的方案均是可行的，从实施难度、征地拆迁量、工程投资以及船舶标准化、大型化发展趋势等方面综合考虑，推荐船闸规模为 280×34×5.6(m)。

5. 引航道水流条件专题研究

通过对平面布置制约影响因素的分析，结合现场实际情况，从征地拆迁、通航水流条件、施工难度、工程投资以及对周边水利设施的影响等多方面对闸位进行比选，最终拟定方案为：拆除上、下游取水口，并在原位拆除老闸改建新闸，改建的裕溪一线船闸中心线与裕溪二线船闸中心线平行，中心距 425.3 m，与裕溪节制闸中心线夹角 5°45′，节制闸中心线处闸墩中点距离裕溪一线船闸 225.5 m，改建船闸上闸首上游面距离老闸上闸首下游面约 93.8 m。上、下游均采用“曲线进闸、直线出闸”的方式，上、下游靠船段布置在航道右岸。

裕溪一线船闸上游引航道与节制闸之间由长度约 200 m 的隔岛分隔，二者最近距离仅为 20 m，上游引航道以“S”弯型式汇入节制闸所在的主河槽，反弯处最小转弯半径仅为 380 m，引航道水流条件情况较复杂。

为此，建立二维水动力数学模型，在多种工况下模拟裕溪节制闸和船闸上游引航道及口门区通航水流条件，并据此调整闸门上游口门区及连接段局部线路走向，提出疏浚两个反弯段左岸、扩大过水断面、降低流速等保证航行安全的对策措施。

上游引航道口门区位于弯道段，距离裕溪节制闸较近，行洪期间口门处存在横流和回流区，特别当泄洪流量较大时，口门区水流流态较紊乱，易对船舶航行安全造成影响。因此，通过建立二维水流数学模型，模拟计算裕溪节制闸各运行工况下船闸上游引航道及口门区通航水流条件。

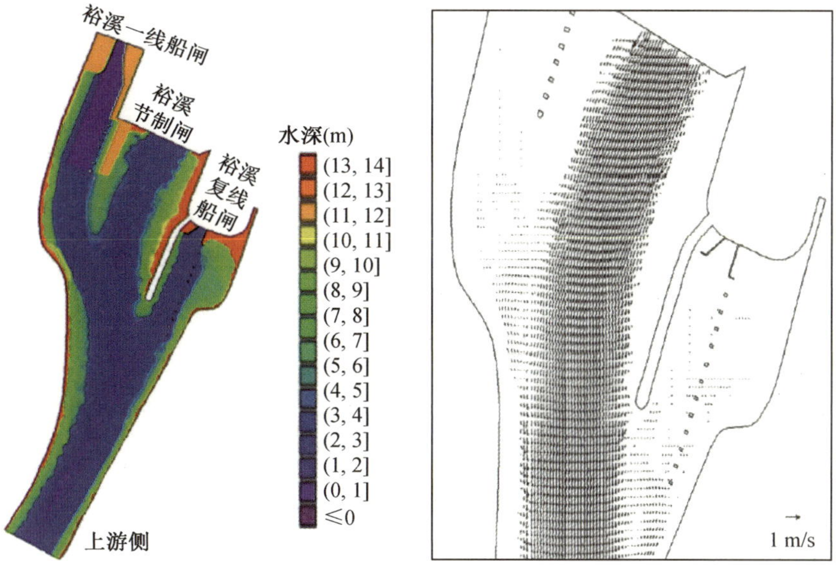

图 2.8-2　裕溪一线船闸扩容改造工程上游引航道模型及流网图

通过对裕溪一线船闸上游口门区及连接段航道进行局部调整，使航道走向尽量顺河道水流主方向，减小航道内水流流向与航道走向的夹角，使原始方案计算结果中不满足规范要求的口门区航道段横流得到改善。并在两个反弯段北侧进行疏浚至航道设计底高程▽2.21(吴淞高程系)，以扩大过水横断面，降低流速，保证航行安全。

2.8.2　通扬线运东船闸扩容工程

1. 项目概况

通扬线航道是《江苏省干线航道网规划(2017—2035 年)》“两纵五横”干线航道网中的“三横”，也是《长江三角洲地区高等级航道网规划(要点)》“两纵六横”干线航道网中的“三横”，运东船闸位于该段航道的起点位置——与京杭运河的交汇口。

运东船闸地处江苏省高邮市，原船闸规模为 160×16×3.0(m)，建成于 1985 年，它是联系京杭运河沿线地区与扬州、泰州、南通、盐城等苏北里下河地区的水上交通枢纽，沟通江苏省规划的干线航道的“一纵”京杭运河与“三横”通扬线。

通扬线运东船闸扩容工程建设规模采用 230×23×4.0(m)，为Ⅲ级通航建筑物。设计船型为 1 000 t 货船、1 顶+2×1 000 t 和 1 拖+3×1 000 t 船队。项目于 2016 年 1 月投入试运营，2019 年 9 月通过竣工验收。

2. 建设必要性

(1) 是服务沿海地区发展的需要

通扬线位于江苏沿海开发的重点地区，是《江苏沿海地区发展规划》“一纵四横”中的“四横”内河干线航道建设方案中的重要组成部分，向南通入长江，向东汇入东海。项目建设正是对《江苏沿海地区发展规划》的贯彻实施，有利于通扬线充分发挥“四横”功能，服务沿海港口发展，服务沿海地区与其他地区的物资交流。

图 2.8-3　通扬线运东船闸扩容工程实景图

(2) 是苏中地区经济社会发展的重要支撑

本项目的影响区域——扬州、盐城、泰州、南通四市近年来经济发展迅速，但资源能源匮乏。石油化工、汽车造船、机电制造、医药产业等是该区域的支柱性工业，工业发展所需的大批能源、原材料和大量的产成品需要依托内河水运来完成。运东船闸沟通了京杭运河与通扬线航道，使京杭运河沿线的能源资源地、矿建材料资源地经运东船闸进入通扬线供应苏中地区，对苏中地区的经济社会发展起到了重要支撑作用。

(3) 是促进通扬线航道建设的需要，有利于区域综合运输网的完善和提升

船闸是航道的"咽喉"，直接影响航道的畅通。本项目的建设目的是解决控制性通航建筑物"瓶颈"制约，避免堵航现象，消除船闸通过能力与货运量增长之间的矛盾。本项目建设可促进通扬线航道建设，促进区域航运的发展，有利于区域综合运输网的完善和提升。

(4) 是减少船舶待闸，降低航运管理难度，减少安全隐患，改善城市环境的需要

近年来，随着区域经济的快速发展，运东船闸的货物通过量持续增长，由于受到船闸规模的限制，一般待闸时间为 5～7 天，特殊情况下的待闸时间长达 15～30 天。如不进行扩容，则大量工业产品和农副产品需绕行上百公里，或在大运河码头装卸两级运转，不但会增加企业生产成本，而且众多沿运河小码头的使用和船舶停靠降低了京杭运河水运主通道的安全畅通以及运输能力，并严重影响到该段京杭运河南水北调的水质。本项目的建设是缩短船舶待闸时间，降低航运管理难度，减少安全隐患，改善城市环境的需要。

(5) 是提升内河航道服务水平，适应船舶标准化、大型化发展，提高水运经济效益的需要

船舶平均吨位的提高具有降低船舶运输成本、减少船舶拥挤、缩短行驶时间等优点，标准化、大型化是船舶发展的趋势。随着市场经济的发展、区域运输网的逐步完善，为追求经济效益，苏北、苏中地区航行的船舶平均吨位和大吨位船舶占比增长较快。本项目的建设不仅可以减少船舶待闸时间，提高船舶通过能力，而且适应船舶大型化发展的需要，减少了航运成本，提高了航运效益。

(6) 有利于保护土地资源，减少污染，保护环境，满足可持续发展的需要

内河运输是借水行舟，不毁坏耕地和植被，不破坏生态系统，同时内河航运具有占地少、污染小、能耗低、运量大、运距远、成本低的特点，有利于生态环境保护。本项目的建设有利于大宗、低值、运距长的货物通过水运节约成本，长远效益高，符合可持续发展的基本要求。

3. 设计船型

根据船型、营运组织方案的研究分析及论证，通扬线运东船闸采用的设计船型见表 2.8-4。

表 2.8-4　运东船闸设计船型表

序号	船型	拖(推)轮 长×宽×吃水 (m)	驳船 长×宽×吃水 (m)	船队 长×宽×吃水 (m)	备注
1	1 拖+3×1 000 t	23.00×5.2×1.65	53～55×10.8×2.3	186×10.8×2.5	设计代表船型
2	1 000 t 货船	—	56～58×9.8×2.7～2.9	—	
3	60 TEU 集装箱船	—	62～65×10.6×2.2～2.5	—	兼顾船型
4	1 拖+7×500 t	25.75×5.6×2.00	39～42×8.2×1.9～2.1	320×8.2×2.1	
5	1 拖+8×300 t	23.00×5.2×1.65	32～35×6.8×1.7～2.0	303×6.8×2.0	
6	500 t 货船	—	45～47×8.6～8.9×2.0～2.1	—	

4. 建设标准与建设规模

(1) 建设标准

通扬线运东船闸扩容工程级别为Ⅲ级，设计最大船舶吨级为 1 000 t。

(2) 建设规模

①预测货运量

本次货运量预测采用的方法有弹性系数法、时间序列法，通过预测模型间相互验证得出通扬线运东船闸扩容工程各设计水平年货运量、船舶通过量预测值，见表 2.8-5。

表 2.8-5　通扬线运东船闸扩容工程各水平年货运量、船舶通过量预测值　单位：万 t

水平年	2015 年			2025 年			2035 年		
	上行	下行	合计	上行	下行	合计	上行	下行	合计
货运量	110	1 850	1 960	240	2 910	3 150	350	3 400	3 750
船舶通过量	1 835	1 930	3 765	3 000	3 040	6 040	3 500	3 540	7 040

②规模初拟

根据运东船闸扩容工程预测运量和满足设计船型组合一次过闸的要求，参照我省内河船闸的设计经验，初步拟定通扬线运东船闸扩容工程的两种建设规模，分别为 200×23×4(m)、230×23×4(m)。

③通过能力计算

根据设计规范，以预测的各水平年船舶比例为依据，通过不同过闸组合方式的计算，不同建设规模的通过能力见表 2.8-6。

表 2.8-6　运东船闸扩容工程单向年船舶通过能力一览表　单位：万 t

建设规模	2015 年	2020 年	2025 年	2030 年	2035 年
200×23×4(m)	3 301	3 185	3 238	3 290	3 343
230×23×4(m)	3 710	3 920	3 990	4 060	4 130
预测值	1 930	2 483	3 040	3 292	3 547

④规模的确定

对照各水平年通过能力计算值、货运量预测值及船舶载重量预测值，200×23×4(m)的船闸 2030 年船舶通过量已略低于预测值，到 2035 年已明显不满足预测要求，而规模为 230×23×4(m)均满足要求，因此，推荐建设规模采用 230×23×4(m)。

2.8.3　京杭运河船闸扩容工程邵伯三线船闸

1. 项目概况

京杭运河江苏段全长约 687 km，是长江三角洲地区“两纵六横”高等级航道网中的“一纵”京杭运河的重要航段，也是《江苏省干线航道网规划(2017—2035 年)》中“一纵”京杭运河通道的重要组成部分。

邵伯船闸位于江苏省扬州市邵伯镇境内，处于京杭运河、高水河、盐邵河和淮河入江水道邵伯湖段交接处，是京杭运河徐扬段、长江以北第二个过船梯级。邵伯三线船闸建设前有一、二线船闸，其中，一线船闸建成于 1962 年，建设规模为 230×20×5(m)，二线船闸建成于 1987 年，建设规模为 230×23×5(m)，均为Ⅱ级船闸。邵伯三线船闸设计最大船舶吨级为 2 000 t，建设规模为 260×23×5(m)，于 2011 年 12 月建成通航并投入试运营，2016 年 11 月通过竣工验收。

图 2.8-4　京杭运河船闸扩容工程邵伯三线船闸工程实景图

2. 建设必要性

(1) 是京杭运河水运主通道建设的需要

中华人民共和国成立以来，京杭运河得到了几次大规模的治理，成为我国南北水上运输大动脉，在保障能源及其他大宗物资运输方面有着不可替代的重要地位，在提高航运效益、改善投资环境、促进沿河产业带的形成、扩大内河航运的社会影响力、推动内河航运长远发展等方面发挥着重要作用。京杭运河江苏段是全线货流密度最大的航段，邵伯三线船闸的建设关系到京杭运河全线航运效益的发挥，在江苏省乃至长江三角洲地区经济发展中具有重要的战略地位。

(2) 是区域经济社会发展的需要

京杭运河江苏段上游分布着包括山西、安徽、山东、河南以及江苏徐州等我国重要的煤炭生产基地；下游则为我国经济发达的长江三角洲上海、浙江及江苏苏南地区，该地区是我国经济最发达、外向型经济最活跃、经济增长最快的地区之一。由于能源和原材料缺乏，工业生产以加工业为主，经济发展呈现原材料和市场“两头在外”的特点。京杭运河凭借其廉价的水运优势，成为长江三角洲地区与内地之间的水运主通道。同时，充分利用水运价格低廉的优势，运河两岸众多的工矿企业傍河而建，京杭运河轴线已成为江苏省生产力布局的重点，是全省产业带之一。因此，建设邵伯三线船闸工程，是提高京杭运河的通过能力、发挥水运优势、支撑区域社会经济发展的需要。

(3) 是完善干线航道网建设的需要

邵伯三线船闸所在的京杭运河为长三角地区和江苏省干线航道网中的“一纵”，规划航道等级为Ⅱ级，设计通航 2 000 吨级船舶。根据规划，集中力量重点建设集装箱运输通道和运输需求旺盛的干线航道，逐步消除堵档碍航现象，基本形成以京杭运河和苏南干线航道网为主体的航道体系。船闸为京杭运河苏北段的控制性节点，其扩容工程的建设对于我省干线航道网建设的全面协调进行具有重要的意义。

(4) 是适应内河航运发展的需要

京杭运河苏北段 10 个梯级枢纽上船闸的船舶通过量及货物通过量增长迅速，大王庙到淮安船闸航段上的船闸都相继建成了三线，而仅邵伯船闸为复线船闸，船舶通过量早已超过亿吨大关，达到饱和状态，明显对区域航运发展形成了“瓶颈”制约。船舶平均待闸时间需 1～2 天，遇到特殊情况(如船闸大修)时，船闸的待闸堵塞现象十分严重，也对通航安全造成极大的影响，严重影响苏北运河作为水运主通道作用的发挥。通过建设邵伯三线船闸，显著提高了通航能力，缩短船舶待闸时间，避免堵航现象，促进了区域航运进一步的发展。

(5) 是适应船舶大型化，提高水运经济效益的需要

随着市场经济的发展，区域运输网的逐步完善，苏北运河中航行的船舶平均吨位增长较快，尤其是大吨位船舶所占比例越来越高。扩建邵伯三线船闸，不仅可以减少船舶待闸时间，提高船舶通过能力，而且适应船舶大型化发展的需要。减少了航运成本，提高了航运效益，从国民经济的角度也是可行的。

(6) 有利于区域综合运输网的完善提升

项目影响区域正初步形成以城市为节点，铁路、公路、内河航道联合运输的、具有一定规模的现代化综合运输网雏形。邵伯三线船闸的建设促进了区域航运的发展，有利于区域综合运输网的完善和提升。

3. 设计船型

邵伯三线船闸设计船型的采用考虑了远近结合及运输通达性的要求，以原交通部 2005

年第7号文《关于调整京杭运河船型标准化示范工程标准船型有关政策并公布京杭运河运输船舶标准船型主尺度系列的公告》中的船型为主，兼顾现有船型和《内河通航标准》(JTS 180-2)中的推荐船型，详见表2.8-7。

表2.8-7 邵伯三线船闸设计船型表

序号	船型	驳船 长×宽×吃水(m)	船队 长×宽×吃水(m)	备注
1	1顶+2×2 000 t	64.0～68.0×15.8×2.6～2.9	161.0×15.8×2.6～2.9	公告
2	1顶+2×2 000 t	75.0×14.0×2.6	180.0×14.0×2.6	标准
3	1顶+2×1 500 t	64.0～68.0×13.4×2.3～2.6	161.0×13.4×2.3～2.6	公告
4	1顶+2×1 000 t	64.0～68.0×10.8×2.2	161.0×10.8×1.9～2.2	公告
5	1拖+6×1 000 t	53.0～55.0×10.8×2.3～2.5	357.0×10.8×2.3～2.5	公告
6	1拖+7×500 t	39.0～42.0×8.2×1.9～2.1	320.0×8.2×1.9～2.1	公告
7	1拖+4×500 t	53.0×8.5×1.9	242.0×8.5×1.9	现有
8	1拖+8×300 t	32.0～35.0×6.8×1.7～2.0	303.0×6.8×1.7～2.0	公告
9	1拖+6×300 t	30.0×8.0×1.8	210.0×8.0×1.9	标准
10	1 000 t货船	56.0～58.0×9.8×2.7～2.9	—	公告
11	500 t货船	45.0～48.0×8.4×2.3～2.5	—	公告
12	300 t货船	36.0～38.0×7.3×1.8～1.9	—	公告
13	60 TEU集装箱船	65.0×10.6×2.2	—	公告

4. 建设标准与建设规模

(1) 建设标准

京杭运河徐扬段规划为Ⅱ级航道，故邵伯三线船闸级别为Ⅱ级，设计最大船舶等级为2 000 t。

(2) 建设规模

①预测货运量

根据船闸历年船舶通过量和货运量统计数据，以及对区域社会经济发展现状和规划的研究，结合数学模型综合分析，预测出邵伯船闸各设计水平年的船舶通过量和货运量，详见表2.8-8。

表2.8-8 邵伯三线船闸各水平年货运量、船舶通过量预测值 单位:万t

设计水平年	2010年	2015年	2020年	2025年	2030年
货运量(双向)	8 100	9 050	9 850	10 400	10 800
船舶通过量(双向)	13 700	15 370	15 850	16 060	16 600
货运量(单向、下行)	6 770	7 450	7 990	8 800	9 000
船舶通过量(单向、下行)	7 400	8 100	8 410	9 460	9 700

②规模初拟

根据邵伯船闸预测运量和满足设计船型组合一次过闸的要求，结合京杭运河上已建三线船闸尺度，初步拟定两种建设规模，分别为 230×23×5(m)、260×23×5(m)。

③通过能力计算

根据设计规范，以预测的各水平年船舶比例为依据，通过不同过闸组合方式的计算，不同建设规模的通过能力详见表 2.8-9。

表 2.8-9　邵伯三线船闸单向年船舶通过能力一览表　　单位：万 t

建设规模	2010 年	2015 年	2020 年	2025 年	2030 年
230×23×5(m)	3 373	3 426	3 474	3 518	3 553
	2 889	2 940	3 000	3 038	3 078
260×23×5(m)	3 605	3 658	3 701	3 754	3 793
	3 087	3 139	3 197	3 242	3 286

260×23×5(m)建设规模的船闸较 230×23×5(m)通过能力提高约 8%，在建设条件允许的情况下，应预留合理的富余量。

④规模的确定

邵伯三线船闸采用 260×23×5(m)的建设规模，在设计水平年 2030 年三座船闸的年单向船舶通过能力合计将达 10 557 万 t，大于预测单向船舶通过量 9 700 万 t，且有一定的富裕量。三座船闸的年单向货运量通过能力将达 9 146 万 t，大于邵伯船闸预测的年单向货运量 9 000 万 t，故邵伯三线船闸的建设规模确定为 260×23×5(m)。

第三章　闸位及总平面布置

3.1　闸位及总平面布置的主要原则

闸位及总平面布置在船闸设计中至关重要，关系到船闸能否安全、畅通及良好地运行。在进行船闸闸位和总平面布置时，需研究船闸线位选择，船闸主体段、引航道和口门区布置，通航水流条件，船闸与周边建筑物等内容。在研究这些问题时，应根据地形、地质、水文、航道等条件，以及相关部门对船闸的使用要求、现场施工条件等，统一协调，妥善处理，寻求最优的布置方案，达到经济合理、施工方便、运行安全、易于管理维护等目标。

3.1.1　闸位布置原则

（1）闸位布置应根据船闸级别、枢纽规模和自然条件等，进行全面分析、综合确定，并充分考虑航运工程近期及远期发展需要。

（2）闸址宜选择在地形、地质条件较好，且顺直、稳定、开阔的河段，在满足航运功能的前提下，应尽量选择交通方便、便于取材和有利施工的河段。

（3）要处理好通航与防洪、排涝、灌溉、发电的关系，有利于水环境的保护和改善，充分发挥水资源的综合效益。

（4）闸址距交叉河口或支流口应有足够的距离，并应充分研究交叉河流的水文条件，以及对通航的影响。

（5）在进行闸位布置时，应处理好船闸工程建设与已建、拟建临跨河建筑物的影响；解决好枢纽下泄水流对船闸通航条件的影响；协调好船闸与周边土地和城市建设的关系。

（6）闸位布置应考虑施工条件、施工场地及临时设施等因素的制约，确保施工期间的安全。闸位布置不得影响既有构筑物的安全和正常运行，并应尽量减少对周边环境的影响。

（7）闸位布置应有利于船闸的管理和运营。

3.1.2　总平面布置原则

（1）船闸总平面布置，需确保船闸在通航期内具备良好的通航条件，保证船舶、船队安全、通畅、快速过闸，并有利于船闸的运行、管理和检修。

（2）引航道内导航段、调顺段和停泊段的布置，应根据船闸等级、船型尺度、货物流向、现场条件等综合确定，各段的长度应符合相关规定的要求。

（3）多线船闸的总平面布置，应有利于船闸的联合调度。

（4）应处理好引航道建筑物与周边构筑物的关系。引排水建筑物不应布置在引航道内，避免引排水时影响船舶、船队安全过闸。

（5）船闸总平面布置，需确保船舶航行具备足够清晰的视野，使船舶驾驶员能看清其他船舶的动态和构筑物的位置，能对船舶进行有效的控制。

（6）船闸引航道需与原航道平顺连接，口门区应尽可能布置在顺直、稳定的河段。

（7）在进行总平面布置时，应减少枢纽建筑物泄水对船闸引航道和口门区的影响。当船闸位于引排水建筑物旁边时，应布置具有足够长度的隔流堤，船闸口门区的水流条件在通航期内的各级流量下，应满足船舶安全通畅的航行要求，确保船舶能顺利地进出船闸引航道。

3.2 闸位及总平面布置的主要内容

平原地区船闸的闸位及总平面布置主要包括：船闸轴线位置布置、主体段布置、引航道布置、口门区布置和停泊锚地布置。

3.2.1 船闸轴线位置布置

船闸轴线位置布置直接关系到船闸的运行效率和枢纽综合效益的发挥，应处理好与自然条件和各相邻建筑物之间的关系，有利于船舶、船队安全、快速过闸。在船闸轴线位置布置过程中，应重点做好以下工作。

1. 船闸轴线的直线段长度

船闸轴线的直线段由主体直线段和上、下游引航道直线段共同组成。

船闸主体直线段的长度即为船闸闸首和闸室结构段长度之和。闸首的长度应根据结构布置要求确定；闸室的结构段长度按照闸室的有效长度，考虑利用部分闸首长度后确定。上、下游引航道直线段长度，结合引航道布置确定。

2. 船闸轴线位置

合理确定船闸轴线的位置，是闸位布置的关键。需根据船闸轴线位置的直线段长度、地形地质条件、与其他建筑物之间的关系、上下游口门区的水流条件等，选择不同的线位方案，并对轴线位置方案进行全面科学的技术经济比选，最终得出推荐的轴线位置方案。

（1）扩建船闸

对于在现有枢纽基础上扩建的船闸工程，可根据枢纽的现状条件和规划情况，选取若干条具有代表性的线位进行综合比选。

扩建船闸的轴线位置一般可布置在枢纽左岸或右岸，对于枢纽内部具备足够布置空间的，也可布置在枢纽中部。若所布置的轴线存在明显的优劣差别，可通过说明轴线布置方案的唯一性，适当减少比选工作量。对于现有枢纽已经预留有扩建船闸位置的，需将该位置对应的轴线布置方案纳入比选，若最终结果不推荐该方案，应重点说明原因。

（2）改建船闸

部分船闸由于建设年代较久远，已经不符合现有或未来航运发展的需求。对于这种情况，应经评估后，可选择拆除老船闸，在原闸址建设新船闸。

改建船闸一般可布置在现有通航河道内，由于船闸规模和标准扩大，船闸轴线的直线段长度会有所增加，新老轴线布置也不会完全重合，应做好充分的分析和论证工作。

（3）船闸与枢纽同步建设

船闸与枢纽同步建设应首先确定枢纽的选址。枢纽的选址应符合河流综合利用的要求，一个优良的坝址或闸址，可以为枢纽和船闸的总体布置提供良好的建设条件。

枢纽选址确定后，应进行枢纽的总体布置，包括船闸、挡水建筑物、引排水建筑物、水电站、接岸建筑物等。可采用集中布置或分散布置，需根据自然条件和枢纽功能要求合理布置，在满足航运要求的前提下，应就布置进行多方案的比选。

船闸的轴线位置比选应首先考虑通航条件和要求，轴线宜与坝轴线正交；船闸不应布置在通航期泄水和过水建筑物之间；以通航为主的河道，船闸应布置在主航道侧。可根据航运远期发展规划，预留具备扩建船闸的位置。

（4）新开航道内建设船闸

由于航道总体线路调整等原因，需新建船闸沟通上、下游水位或水系。船闸轴线位置应与航道的总体走向保持一致，并应进行方案比选。

3.2.2 主体段布置

船闸线位确定了船闸的总体位置，在总体布置时，还需通过进一步分析主体段在船闸轴线中的纵向位置，确定主体段的布置。主体段的布置通常由上闸首、闸室和下闸首的布置共同组成。

1. 上、下闸首布置

平原地区的通航河道一般具备防洪功能，上闸首一般为枢纽挡水建筑物的组成部分，宜布置在挡水前沿线。

闸首的纵向长度由门前段、门库段和闸门支持墙段 3 个部分组成。门前段长度主要根据检修闸门尺度、门槽构造及检修要求确定；门库段长度应根据闸门的型式和尺度确定；闸门支持墙段长度应根据廊道布置、结构稳定和强度验算确定。

闸首的宽度由两侧边墩和底板组成。闸首边墩的厚度应根据门库深度、廊道宽度、弯曲半径和阀门井尺度等因素确定；边墩顶部宽度应根据启闭机械及机房、交通通道和其他设备的布置、管理和维修所需的场地等因素确定；边墩顶部可根据布置要求加宽。闸首底板由结构受力和输水系统布置要求确定，闸首口门宽度应与闸室有效宽度相同。

2. 闸室布置

闸室结构总长应按闸室有效长度并考虑镇静段等因素综合确定。闸室结构在纵向应按结构适应变形的要求设置伸缩缝，伸缩缝间距根据地基条件综合确定，并应考虑浮式系船柱槽产生的影响。

闸室总宽度为闸室有效宽度和两侧闸墙结构宽度之和。闸室结构的断面尺寸，需满足结构受力、输水系统布置以及顶部检修、交通、管线布置的需要。

3.2.3 引航道布置

引航道是船闸的重要组成部分，主要由导航段、调顺段、停泊段等组成。引航道的作用是保证过闸船舶、船队能够安全、顺畅地从主河道驶入船闸主体段，或从船闸主体段驶入主河道。为较好地发挥引航道的功能，应按安全便捷、经济合理的原则进行布置，满足船舶、船队对通航宽度、通航水深、转弯半径等通航尺度的要求。

1. 引航道布置型式

引航道布置型式要根据船闸规模、货运量、过闸船舶尺寸、现状条件等因素确定，主要的布置型式有对称式、反对称式和不对称式。

(1) 对称式。对称式引航道布置，是在闸首前按照一定的斜度，同时向左、右岸两侧逐渐扩大的布置型式。

(2) 反对称式。上、下游引航道的闸前段沿闸首迎水面，一侧布置直线，另一侧布置成一定斜度的斜线或圆弧线，且上、下游布置的方向相反。

(3) 不对称式。该布置型式与反对称式之间的差别主要在于，其闸前段引航道在一侧的上、下游均为直线，另一侧均为斜线或圆弧线。反对称式和不对称式这两者在布置上的不同，主要出于对地形条件、水流及与上、下游航道的连接等因素的不同考虑。

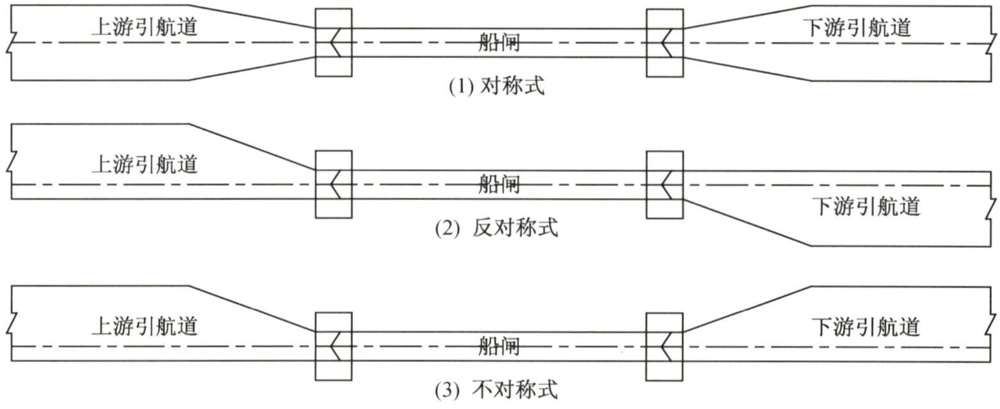

图 3.2-1 单线船闸引航道平面布置型式示意图

对于双线船闸，可采用共用引航道，一般为对称式布置。引航道主、辅导航墙的斜度曲率，可根据船闸主体段的两闸间距和引航道宽度综合确定，停泊段一般布置在引航道两侧。

图 3.2-2 双线船闸共用引航道布置型式示意图

2. 引航道尺度

引航道直线段的轴线应平行于船闸主体段轴线，由导航段、调顺段和停泊段组成，尺度应满足下列要求。

(1) 引航道长度

当采用直线进闸、曲线出闸布置时，引航道的各段长度应符合下列规定。

①导航段 l_1

导航段用于引导船舶进闸，进闸船舶在此段已调直对准闸首口门，长度 l_1 应不小于设计最大船舶、船队长，即：

$$l_1 \geqslant L_c \tag{3.2-1}$$

式中：l_1 ——导航段长度(m)；

L_c ——顶推船队为设计最大船队长，拖带船队或单船为其中的最大船长(m)。

②调顺段 l_2

调顺段是双向过闸时，出闸或进闸船舶、船队调顺船位的过渡段，长度应满足式(3.2-2)的要求：

$$l_2 \geqslant (1.5 \sim 2.0) L_c \tag{3.2-2}$$

式中：l_2 ——调顺段长度(m)；

L_c ——同前。

③停泊段 l_3

停泊段是等候过闸船舶、船队的停靠位置，出闸船舶在此段与等候船舶会让。停泊段长度按式(3.2-3)确定，当引航道内停泊的船舶、船队较为密集时，可根据论证，增加长度。

$$l_3 \geqslant L_c \tag{3.2-3}$$

式中：l_3 ——停泊段长度(m)；

L_c ——同前。

④引航道直线段的总长度 L

引航道直线段的总长度为导航段、调顺段和停泊段长度之和：

$$L = l_1 + l_2 + l_3 \tag{3.2-4}$$

式中：L ——引航道直线段的总长度(m)；

l_1、l_2、l_3 ——同前。

对于通航多种船队的船闸，L 应根据各种情况分别计算，并取其大值。

当曲线导航墙具备导航与调顺功能时，可采用曲线进闸、直线出闸方式过闸，其引航道直线段长度应大于等于导航段长度与停泊段长度之和。

在部分工程中，当由于受到各种条件的制约，难以达到上述要求时，引航道长度在满足船闸通过能力、船舶安全顺畅过闸的条件下，通过相关论证，可根据具体情况进行适当的调整。

(2) 引航道宽度

引航道宽度要满足船舶、船队停靠、调顺、会让等操作上的要求。船舶、船队在引航道中航行，由于受到外界因素和驾驶员操作技术水平的影响，航行过程中总是存在一定的漂角，所占的航宽比本身的船舶宽度要大，只有对于停靠等候进闸的船舶才可使用自身的宽度。

①单线船闸引航道宽度

单线船闸引航道宽度应按照双向过闸的需求确定，即考虑出闸船舶与停泊段准备进闸的船舶停靠、会让时所需的宽度，停泊段的船舶还需考虑单列或多列停靠的情况。单线船闸引航道的宽度，应根据下列型式确定。

反对称式和不对称式引航道宽度：

$$B_0 \geqslant b_c + b_{c1} + \Delta b_1 + \Delta b_2 \tag{3.2-5}$$

式中：B_0 ——设计最低通航水位时，设计最大船舶、船队满载吃水船底处的引航道宽度(m)；

b_c ——设计最大船舶、船队的宽度(m)；

b_{c1} ——一侧等待过闸船舶、船队的总宽度(m)；

Δb_1 ——船舶、船队之间的富裕宽度，取 $\Delta b_1 = b_c$；

Δb_2 ——船舶、船队与岸之间的富裕宽度，取 $\Delta b_2 = 0.5b_c$。

对称式引航道宽度：

$$B_0 \geqslant b_c + b_{c1} + 2\Delta b_1 + b_{c2} \tag{3.2-6}$$

式中：b_{c2} ——另一侧等候过闸船舶、船队的总宽度(m)。

B_0、b_c、b_{c1}、Δb_1 ——同前。

②双线船闸引航道宽度

双线船闸共用的引航道宽度，要考虑双线双向过闸的需求，应按式(3.2-7)确定：

$$B_0 \geqslant b_c + b_{c1} + b'_c + b_{c2} + 3\Delta b \tag{3.2-7}$$

式中：B_0 ——双线船闸引航道宽度；

b_c、b'_c ——分别为两座船闸的设计最大船舶、船队的宽度(m)；

b_{c1}、b_{c2} ——分别为两侧等候过闸船舶、船队的总宽度(m)；

Δb ——船舶、船队之间的富裕宽度(m)，可相应采用 b_c 或 b'_c。

(3) 引航道水深

引航道水深是设计最低通航水位时引航道底宽内的最小水深，等于设计船舶的满载吃水和富裕水深之和。富裕水深主要包括：船舶、船队保持良好操作性所需的最小富裕深度，船舶航行下沉深度，以及船闸灌泄水、风浪产生的水面波动的升降值等。

引航道水深应符合下列规定。

①Ⅰ～Ⅳ级船闸应按下式计算：

$$\frac{H_0}{T} \geqslant 1.50 \tag{3.2-8}$$

式中：H_0 ——在设计最低通航水位时，引航道底宽内最小水深(m)；

T ——设计最大船舶、船队满载吃水(m)。

②Ⅴ～Ⅶ级船闸应按下式计算：

$$\frac{H_0}{T} \geqslant 1.40 \tag{3.2-9}$$

式中：H_0、T ——同前。

(4) 弯道最小转弯半径

弯道最小转弯半径 R，应根据下列情况确定。

①顶推船队和机动驳：

Ⅰ～Ⅲ级船闸 $$R \geqslant 4L_c \tag{3.2-10}$$

Ⅳ～Ⅶ级船闸 $$R \geqslant 3L_c \tag{3.2-11}$$

②拖带船队：

$$R \geqslant 5L_c \tag{3.2-12}$$

式中：L_c ——设计最大船队长或最大船长（m）。

在引航道口门区和连接段考虑到水流、风浪等的影响，其最小弯曲半径值应加大一个 L_c 的长度。

(5) 弯道加宽

弯道加宽 ΔB，应按照式（3.2-13）确定，当弯道中心线角度大于 35°时，ΔB 应适当加大。

$$\Delta B = \frac{L_c^2}{2R + B_0} \tag{3.2-13}$$

式中：R ——最小弯曲半径（m）；

B_0 ——引航道宽度（m）；

L_c ——同前。

3. 引航道布置

引航道应根据船闸的级别、线数、运行方式、船舶的性能、闸址处的自然条件、水流条件等因素，通过综合分析确定，必要时进行方案比选。

为引导船舶从水域宽度较宽的引航道安全顺畅地进入宽度较小、较窄的船闸主体，在引航道的导航段应布置导航建筑物。导航建筑物与闸首相连接，因引航道布置型式不同而异，位于进闸航线一侧，供引导船舶进闸的称为主导航建筑物，对岸侧的称为辅导航建筑物。导航建筑物布置应根据引航道布置型式、进出闸方式统筹考虑。

为供船舶、船队在进闸前停泊系靠，在引航道内应布设靠船建筑物。靠船建筑物宜满足一次过闸船舶、船队的停靠要求，并可根据其他需求适当调整长度。

3.2.4 口门区布置

口门区是船闸引航道与航道的连接区段，轮廓尺寸和连接布置要满足船舶安全、顺畅进出引航道的要求。

口门区外应有足够距离的清晰视野，保证船舶能安全通畅地进出引航道，并使航行船舶、船队能看清其他船舶、船队的动态，遇到妨碍航行的情况时也能采取措施并及早避让。

船舶航行在引航道口门时，除受到水流、风浪影响外，驾驶员心理也将受到影响，再加上其他船舶干扰等影响因素，船舶的航行偏差一般会大于航道内，更大于引航道内。而且船舶在横向水流和横向风作用下，还会发生横漂和偏转。因此，所占航宽比在引航道内要大。为满足船舶安全通畅航行的需要，引航道口门应适当加宽，加宽值与水流和气象条件、船舶条件、运行方式等有关。一般情况下，引航道口门宽度不应小于引航道宽度。

当口门区不能与主航道直接平顺衔接时，应设置连接段。连接段应与口门区及主航道平顺衔接，确保船舶、船队安全通畅行驶。连接段的宽度和水深应与口门区相同。

口门区和连接段的中心线与河流或引河的主流流向之间的夹角宜缩小，不宜大于 25°。

3.2.5 停泊锚地布置

在船闸的上、下游引航道外，宜设置停泊锚地，供船舶等待过闸之用。

停泊锚地应选择在风浪小、水流缓、无泡漩的水域，停泊锚地的水深不应小于引航道内最小的水深，且不宜选择在淤积严重的水域。

停泊锚地岸线和水域应根据需要和自然条件综合考虑后合理布置，规模应满足船闸最繁忙时过闸船舶、船队停泊和作业的需要。有装载危险品船舶、船队通过的船闸，应另设危险品的船舶锚地。

3.3 通航水流条件分析

船闸通航水流条件是指通航期内能使船舶在正常操作条件下安全过闸的水流要素，包括纵向水流、横向流速和回流流速等。通航水流条件既影响船闸总体布置和总投资，又影响船闸的通过能力和船舶过闸的安全顺畅，是船闸总体布置中需要重点考虑的内容。

3.3.1 通航水流条件标准

水流流速是通航水流条件的主要标准之一。在通航期内，口门区的水面最大流速应符合表 3.3-1 的规定。

表 3.3-1 船闸口门区水面最大流速限值

船闸级别	平行航线的纵向流速(m/s)	垂直航线的横向流速(m/s)	回流流速(m/s)
Ⅰ～Ⅳ	≤2.0	≤0.30	≤0.4
Ⅴ～Ⅶ	≤1.5	≤0.25	

船闸引航道导航段和调顺段宜为静水区，停泊段水面最大纵向流速、横向流速限制分别为 0.5 m/s、0.15 m/s。

引航道、口门区应避免出现泡漩、乱流等不良流态，当条件限制而不能避免时，应采取措施，达到无害程度。

3.3.2 改善通航水流条件的措施

通航水流条件与船闸的闸位选择和总平面布置、水工建筑物方案、工程投资等方面的内容密切相关，甚至决定着船闸建设方案是否可行。在通航水流不满足流速限值的情况下，需采取工程措施，改善通航水流条件。

1. 工程措施

(1) 增大引航道口门区宽度和河道水深，增加过水断面面积，降低纵向和横向流速。

(2) 在船闸与节制闸、泵站之间修建隔流堤，减少横向流速对船闸引航道口门区的影响。隔流堤的长度、布置及走向宜使引航道内形成静水区，使得引航道口门区的流速、流态达到通航标准的要求。

(3) 在隔流堤堤身上布设透水孔，优化水流条件。

(4) 结合现状条件，调整总平面布置，减小口门区和连接段轴线与引排水流向的夹角。

2. 运行管理调度措施

当引水、排涝对船闸引航道口门区产生不利影响时，可以通过调度节制闸、泵站的运行工况，降低不利的影响，满足通航要求。也可调整船闸的运行调度方式，当水流条件超标准时，禁止船舶通过限定区域。

3.4　施工条件对闸位和总平面布置的影响分析

在进行船闸闸位和总平面布置时，应充分考虑施工条件的影响，主要分为以下几个方面。

(1) 船闸总平面布置应有利于施工交通运输、施工设施布置及施工进度控制。

(2) 在现有枢纽基础上扩建的船闸工程，可结合施工期基坑开挖的情况，根据施工难易程度、工程投资、施工工期，合理确定船闸主体、引航道等重要段落与既有建筑物的距离，进而在不影响总体布置的前提下，调整优化闸位和总平面布置。

(3) 闸位和总平面布置应考虑施工对枢纽现有设施的影响，尽量不影响现有设施的正常运行，若不可避免时，应综合分析，尽量降低影响程度。

(4) 应考虑施工期防洪和度汛所需设施，如防洪大堤、施工围堰等对闸位和总平面布置的影响。

(5) 应尽量避免或减少施工对现有航道、船闸通航的影响。

(6) 为满足工程建设需要，施工期采用的临时工程应尽量与永久工程相结合。

3.5　典型工程案例

3.5.1　京杭运河船闸扩容工程施桥三线船闸工程

1. 项目概况

京杭运河徐扬段是《全国内河航道与港口布局规划》中长江三角洲高等级航道网“两纵六横”中“一纵”京杭运河—杭甬运河的重要组成部分，也是《江苏省干线航道网规划(2017—2035 年)》“两纵五横”干线航道网中“一纵”京杭运河通道的重要组成部分。

京杭运河徐扬段起自蔺家坝船闸下游，经宿迁、淮安至扬州六圩口入长江，全长约 404 km。施桥船闸位于京杭运河徐扬段入江口门处，是京杭运河徐扬段通航枢纽中自上而下的最后一个通航枢纽，上游距上一个梯级邵伯船闸约 23 km，下游距长江口门约 6.5 km。

施桥三线船闸为Ⅱ级通航建筑物，设计最大船舶吨级为 2 000 t，建设规模为 260×23×5(m)，于 2011 年 12 月通过交工验收，2012 年 1 月试通航，2019 年 2 月正式通航。

2. 闸位方案

现有施桥一、二线船闸中心距为 150 m，两船闸上闸首上游侧边缘齐平。船闸东侧有水利防洪排涝用的翻水河，中心距约 250 m，翻水河上设有水利节制闸 1 座。针对施桥三线船闸的地理位置及枢纽现状，船闸闸位方案拟定 2 个，分别是位于施桥一线船闸西侧的西方案和位于施桥二线船闸东侧的东方案。

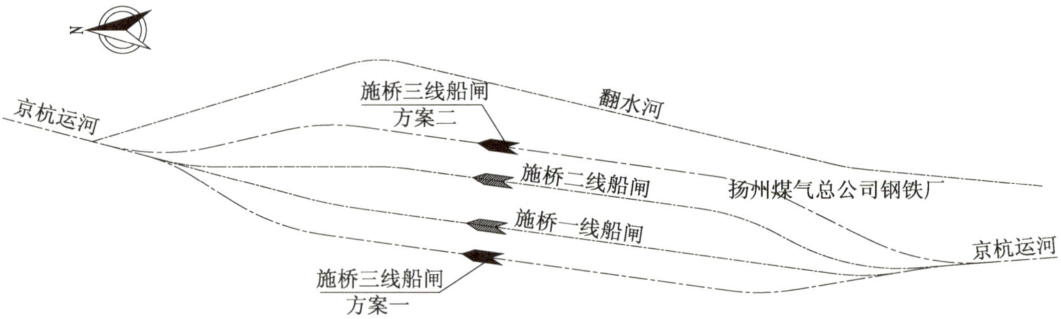

图 3.5-1　施桥三线船闸工程闸位方案比选示意图

(1) 方案一(西方案)。该闸位位于现有施桥一线船闸西侧，与一线船闸中心线平行，中心线间距为 100 m。该方案的优点是上、下游引航道布置顺畅，易于施工，同时征占土地特别是耕地数量相对少。该方案的缺点是拆迁量较大，其中包含一些国有、私营企业，厂房及生产设施的拆迁难度相对较大。

(2) 方案二(东方案)。该闸位位于现有施桥二线船闸和翻水河之间，与东侧的二线船闸中心线的距离为 110 m。船闸主体结构占用二线船闸和翻水河之间的空地范围，上游导航墙及上游远调站等结构布置需上延至翻水河上游进水口位置，下游导航墙及直线段等结构布置主要涉及某大型企业的拆迁。该方案的优点是涉及拆迁量相对较少，三线船闸结构施工较西方案相对容易。该方案的缺点是闸位偏移主航道较多，线形不顺；土方工程量较大，征占土地较多。此外，该闸位涉及影响翻水河有关规划的总体布局，工程建设需结合规划的水利节制闸建设协调推进，因此影响因素较多。

考虑到西方案线形相对顺直，易于施工，虽然拆迁量较大，但工程投资较为节省，且与水利枢纽规划无矛盾，确定推荐闸位西方案。

3. 总平面布置

按照推荐的闸位方案，三线船闸位于一线船闸的西侧，与一线船闸平行，中心线间距为 100 m，三线船闸上闸首挡水前沿较一、二线船闸向上游引航道平移 60 m。上、下闸首结构长度均为 29.8 m，闸室结构长度为 260 m。

三线船闸上、下游引航道采用不对称式布置，船舶进出闸方式均为“直线进闸、曲线出闸”。上游引航道为独立引航道，宽度为 70 m；下游为与一线船闸的共用引航道，宽度为 121.7 m。

上、下游主导航墙均位于船闸西侧，长度均为 70 m。上、下游辅导航墙均布置在东侧，自上闸首经 20 m 长直线段再以半径 40 m 的圆弧与一线船闸侧衔接。上、下游靠船段长度均为 400 m，按 20 m 间距设独立靠船墩，共设 20 个靠船墩，均布置在航道右岸。

上游引航道直线段长为 714 m，以半径 700 m 的圆弧与上游航道中心线相接，弯道转角为 21°05′。下游引航道直线段长为 803 m，以半径 700 m 的圆弧转向后与下游航道中心线相接，弯道转角为 14°06′。

上游远调码头布置在距离上闸首约 1.03 km 处的航道右岸，靠泊岸线长度为 200 m。下游远调码头布置在距离下闸首约 2.70 km 处的航道右岸，靠泊岸线长度为 200 m。下游停泊锚地靠泊长度约 980 m。

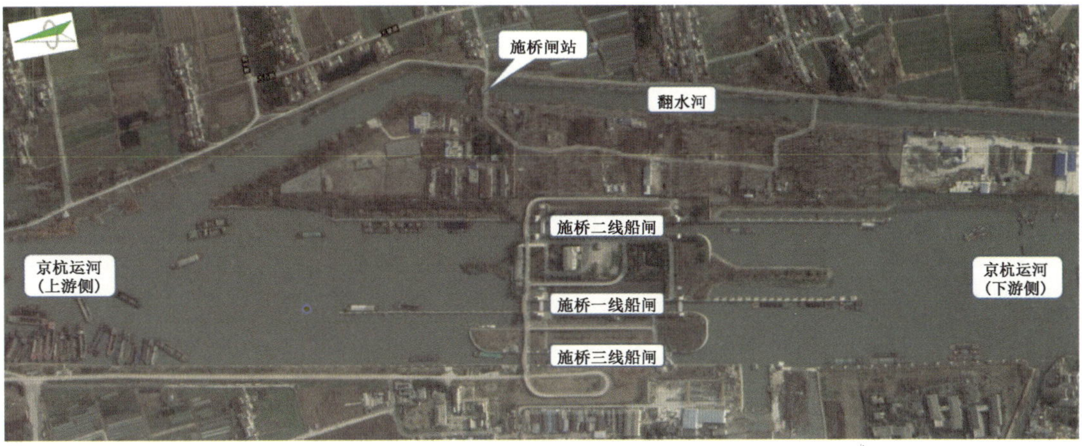

图 3.5-2 施桥船闸工程总体布置图

图 3.5-3 施桥船闸工程实景图

3.5.2 通扬线运东船闸扩容工程

1. 项目概况

通扬线是《全国内河航道与港口布局规划》中长江三角洲高等级航道网“两纵六横”中的“三横”，也是《江苏省干线航道网规划(2017—2035 年)》“两纵五横”干线航道网中的“三横”，由高东线、建口线、通扬运河、通吕运河组成，全长 299 km，是沟通京杭大运河与扬州、泰州、盐城、南通等地区的水上交通纽带。运东船闸与苏北运河相连，是通扬线的上游起点。

运东船闸为Ⅲ级通航建筑物，设计最大船舶吨级为 1 000 t，建设规模为 230×23×4(m)，于 2015 年 12 月通过交工验收，2016 年 1 月试通航，2019 年 9 月通过竣工验收。

2. 闸位方案

通扬线有约 7 km 航道穿越高邮城区，周边房屋较密集，为了分析船闸选址方案，需研究航道总体线路走向。共选择 3 个方案，分别为中线方案、南线方案和北线方案。

(1) 中线方案。中线方案航道利用现有通扬线航道进行拓宽，航道整治里程 9.5 km，在京杭运河口门处改建船闸 1 座，改建桥梁 6 座。

(2) 南线方案。南线方案航道利用南澄子河进行拓宽，航道整治里程 13.9 km，在京杭运河口门处新建船闸 1 座，改建桥梁 9 座。

(3) 北线方案。北线方案航道利用东平河、澄潼河进行拓宽，航道整治里程 17.6 km，在京杭运河口门处新建船闸 1 座，改建桥梁 9 座。

经分析对比，中线方案虽然拆迁面积较多，但征地面积较少，改建桥梁数量少，且航道里程短，工程投资相对节省，因此作为推荐的航道线路方案。

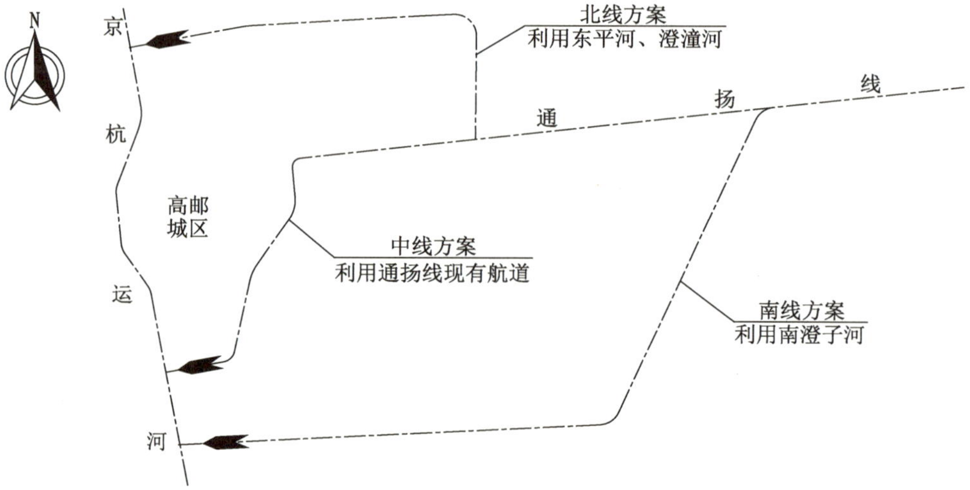

图 3.5-4　运东船闸所在航道线路比选示意图

通扬线航道在京杭运河口门处现存老运东船闸，规模为 160×16×3(m)。由于该船闸建设年代久远，船闸规模已经不能适应航运发展的需求，加之船闸运转件、水工建筑物等磨损严重，难以使用，故采用拆除老船闸、原址改建船闸的方案。

改建船闸拟定了 2 个闸位方案，方案一船闸主体段较老船闸向北侧平移约 20 m，方案二主体段轴线与老船闸一致。由于上游引航道南岸存有清朝康熙年间的石砌大堤(1680 年)，为保持其原有风貌，同时增加下游引航道直线段长度，闸位方案推荐采用方案一。

3. 总平面布置

改建船闸中心线与一线船闸中心线偏角 3°10′54″，船闸主体段较老船闸向上游侧整体上移 28.5 m，上闸首结构长度为 23 m，下闸首结构长度为 27.6 m，闸室结构长度为 230 m。

船闸上、下游引航道采用不对称式布置，船舶进出闸方式均为“曲线进闸、直线出闸”。

上、下游引航道宽度分别为 85.5 m 和 62.5 m。

上游导航调顺段长度为 120 m(船闸中心线上投影长度),主导航墙布置在北岸,由斜率为 1∶5 和半径为 1 300 m 的圆弧组成;辅导航墙布置在南岸,由斜率为 1∶5 和半径为 325 m 的圆弧组成。下游导航调顺段长度为 160 m(船闸中心线上投影长度),主导航墙布置在南岸,由斜率为 1∶5 和半径为 500 m 的圆弧组成;辅导航墙布置在北岸,呈直线布置。

上游靠船段长 278.4 m,在北岸设置 14 个靠船墩,靠船墩前沿线与中心线夹角 17°,上游南岸靠船段在现状靠船墩的基础上,向上游侧接长。下游靠船段长 258.6 m,布置在南岸,共设置 13 个靠船墩。

图 3.5-5　运东船闸扩容工程总体布置图

图 3.5-6　运东船闸扩容工程实景图

上游引航道直线段长度为 370 m，向北转向京杭运河采用转弯半径 320＋36 (m)内侧加宽过渡，向南转向京杭运河采用转弯半径 165 m，保持上游引航道南岸石砌大堤(1680 年)原有风貌。上游引航道直线段长度为 410 m，向北以 320 m 的转弯半径与下游航道相连接。

上游远调站布置在京杭运河东侧岸坡上，距离上闸首 590 m，选用 60×11×2.2(m)钢质趸船作为靠泊；上游停泊锚地利用 3 艘 35×7×2.2(m)趸船靠泊。下游远调站布置在距离下闸首 735 m 的西岸，靠泊岸线长度为 100 m；下游停泊锚地均紧邻远调站顺岸布置，长度为 420 m。

3.5.3 新沂河枢纽沂南、沂北船闸工程

1. 项目概况

连申线是《全国内河航道与港口布局规划》长江三角洲高等级航道网“两纵六横”中的“两纵”，也是《江苏省干线航道网规划(2017—2035 年)》“两纵五横”干线航道网中的“两纵”。连申线苏北段由盐河、灌河、射阳河、通榆河、通扬运河、如泰运河、焦港河组成，全长 375 km。沂南、沂北船闸位于盐河与新沂河交汇处，两船闸在新沂河隔岸相望。

沂南、沂北船闸均为Ⅲ级通航建筑物，设计最大船舶吨级为 1 000 t，建设规模为 230×23×4(m)，两船闸均于 2010 年 12 月通过交工验收，2011 年 5 月试通航，2011 年 12 月正式通航。

2. 闸位方案

新沂河位于江苏省沂沭泗流域，是沂沭泗流域洪水东调南下导沂整沭工程中的南下入海河道，主要作用是泄洪、排涝和输水灌溉。河道呈东西走向，河道主槽分别为南、北 2 条泓道，总宽约 2.0 km。

盐河老航道在新沂河南、北两岸分别建设有盐河南套闸、北套闸，套闸担负着防洪、灌溉、航运以及向连云港市送水任务。沂南、沂北船闸是由于盐河平交新沂河，为沟通新沂河与盐河两大不同水系设置的船闸。两座船闸的闸位布置受制于盐河航道线路的总体走向。在盐河航道整治工程中，航道与新沂河平交共选择 3 个线位方案，分别为东线方案、中线方案及西线方案。

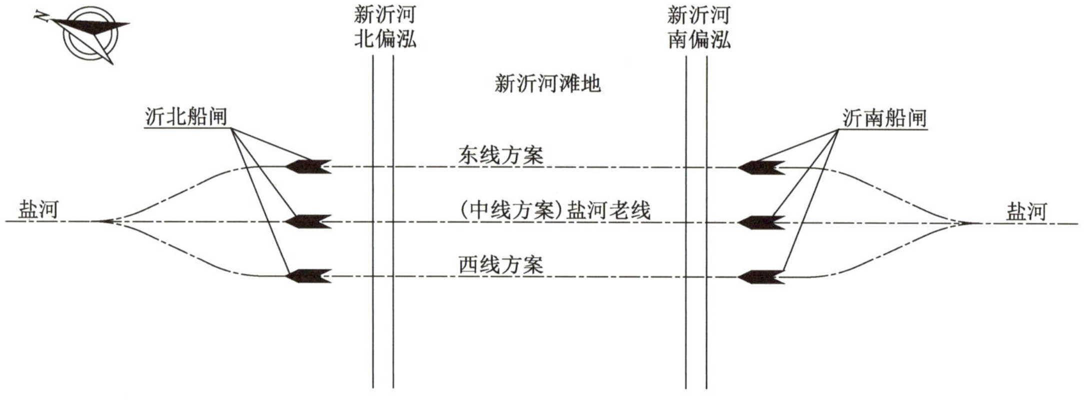

图 3.5-7 盐河航道与新沂河平交线位方案比选示意图

(1) 东线方案。为使在工程施工期间不影响现有套闸的灌溉送水和现状盐河的船舶通航功能，选择避开现有航道和盐河南套闸、北套闸，在盐河老线东侧 250 m 开挖一条新航道，保留现有盐河南套闸、北套闸，在盐河新线上新建沂南船闸、沂北船闸。

(2) 中线方案。中线方案线位走向与盐河老线总体走向一致，在现有航道的基础上扩挖成新航道，拆除盐河南套闸、北套闸，原址新建沂南船闸、沂北船闸。

(3) 西线方案。西线方案为在盐河老线西侧 250 m 开挖一条新航道，保留现有盐河南套闸、北套闸，在盐河新线上新建沂南船闸、沂北船闸。

中线方案虽然利用了盐河老线，线路走向较为顺畅，但由于在施工期间影响了现有套闸的灌溉、送水和航运功能，运行期间还需对灌溉、送水等功能进行补偿，所以不作为推荐方案；东线、西线方案较为相似，但西线方案改变了现有水系，需增加沂南小河立交，且工程投资费用也相对较高。经过综合分析对比，推荐东线方案，沂南、沂北船闸的闸位也布置于该条线位方案上。

3. 总平面布置

按照推荐的线位方案，沂南、沂北船闸中心线位于盐河南套闸、北套闸中心以东 250 m。船闸主体段在新开航道居中布置，沂南船闸上闸首结构长度为 27.5 m，下闸首结构长度为 28.8 m，闸室结构长度为 230 m，上、下游引航道直线段长度分别为 700 m 和 638 m；沂北船闸上闸首结构长度为 28.8 m，下闸首结构长度为 27.5 m，闸室结构长度为 230 m，上、下游引航道直线段长度分别为 908 m 和 750 m。

两船闸上、下游引航道均采用对称式布置，船舶进出闸方式均为“曲线进闸、曲线出闸”，引航道宽度均为 60 m。

沂南、沂北船闸上游主导航墙位于南侧，辅导航墙位于北侧，主辅导航墙长度均为 70 m(船闸中心线上投影长度)，上游靠船段位于南侧，长度均为 400 m；下游主导航墙位于北侧，辅导航墙位于南侧，主辅导航墙长度均为 70 m(船闸中心线上投影长度)，上游靠船段位于北侧，长度均为 400 m。

在沂南船闸的下游引航道末端、沂北船闸的上游引航道末端分别设置远调站各 1 座，远调站距闸首距离分别为 1 002 m、1 248 m，远调站沿岸线长为 100 m，前沿距设计航道中心线为 70 m。

图 3.5-8　沂南、沂北船闸工程总体布置图

3.5.4 京杭运河韩庄二线船闸工程

1. 项目概况

京杭运河是《全国内河航道与港口布局规划》确定的“两横一纵两网十八线”航道规划中的纵向高等级航道，也是山东省内河航道总体规划“一干多支”格局的核心。

韩庄船闸位于韩庄镇东南约 1 km 处，下游距枣庄市万年闸 16.4 km，上游距微山湖湖口约 4 km。原韩庄一线船闸于 1968 年 10 月建成通航，目前已经废弃。新的韩庄一线船闸为Ⅱ级通航建筑物，设计最大船舶吨级为 2 000 t，建设规模为 234×23×5(m)，于 2000 年 3 月建成通航。韩庄二线船闸为Ⅱ级通航建筑物，设计最大船舶吨级为 2 000 t，建设规模为 230×23×5(m)，船闸于 2020 年 11 月建成通航。

2. 闸位方案

老韩庄船闸与老运河在平面上呈“弓”形布置，胜利渠自东偏北方向汇入老运河，距离交叉口下游约 200 m 有节制闸一座。南水北调提水站布置在该两条河道交汇的东南角位置，引水渠直接接自韩庄运河，出水渠接胜利渠后通过老运河入微山湖。

根据方案比选，新建二线船闸位布置在原一线船闸的南侧，中心线平行，中心线间距为 90 m。

3. 总平面布置

韩庄二线船闸上、下闸首、闸室与原一线船闸相对应结构齐平。上闸首结构长度为 28.0 m，下闸首结构长度为 27.3 m，闸室结构长度为 230 m。

二线船闸上、下游引航道采用不对称式布置，上、下游船舶进出闸方式分别为“曲线进闸、直线出闸”“直线进闸、曲线出闸”。上游引航道为独立引航道，宽度为 60 m；下游为与一线船闸的共用引航道，宽度为 140 m。

上游引航道主导航墙位于东侧，采用 $y=x^2/1\ 250$ 抛物线布置，沿船闸轴线投影长度为 189 m；下游引航道主导航墙位于西侧，呈直线布置，长 160 m。上、下游辅导航墙斜率均为 1∶5，船闸中心线上投影分别为 40 m 和 30 m，端部均以半径 20 m 的圆弧与两侧护岸衔接。

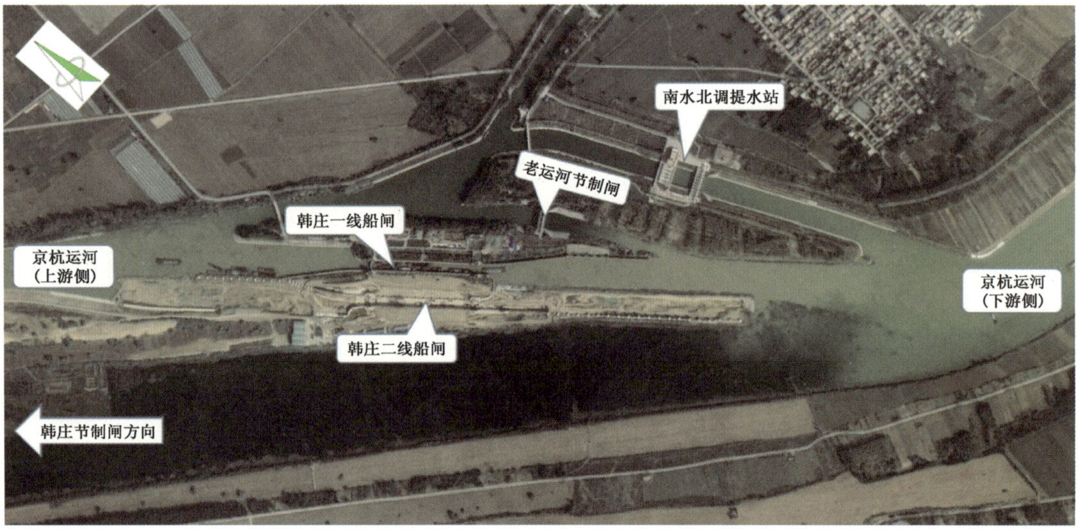

图 3.5-9 韩庄船闸工程总体布置图

上游靠船段长度为 250 m，设 12 个靠船墩，间距 20 m；下游靠船段长度为 500 m，设 20 个靠船墩，间距为 25 m。

4. 通航水流条件改善措施

韩庄二线船闸建成后，两线船闸共用下游引航道，由于韩庄一线船闸、二线船闸之间下游辅导航墙长度仅有 30 m，船闸泄水会在引航道形成回流，可能会影响下闸首人字门的安全运行。船闸下游引航道及口门区与韩庄节制闸、老运河节制闸泄洪道以及南水北调工程韩庄泵站进水渠交汇，韩庄节制闸和老运河节制闸最大泄洪流量分别为 3 100 m^3/s 和 500 m^3/s，南水北调工程韩庄泵站提水流量为 125 m^3/s，泄洪和提水可能影响船舶安全进出闸。

（1）数模计算成果

通过二维水流数学模型模拟计算韩庄二线船闸下游引航道水流条件，分析不同运行水位组合下，船闸下游引航道内产生的回流以及对闸门的影响、韩庄节制闸泄洪或抽水站抽水时船闸下游引航道及口门段水流流态。

根据计算成果，水位波动在各工况下均满足规范要求。在韩庄节制闸和老运河节制闸同时泄水时，一线和二线船闸靠船墩前沿横向流速分别为 0.16 m/s 和 0.37 m/s，不满足停泊段水面横向流速不大于 0.15 m/s 的要求；二线船闸靠船墩前沿纵向流速为 0.96 m/s，不满足停泊段水面纵向流速不大于 0.5 m/s 的要求；辅导航墙前端回流流速为 0.5～0.7 m/s，不满足口门区水面回流流速不大于 0.4 m/s 的要求。

（2）采取的工程措施

考虑采取工程措施降低水流条件的影响，具体为：在靠船墩头部设置 350 m 长格栅，在韩庄运河局部浚深至 24.1 m，疏浚面积约 30 万 m^2。

工程措施实施后，由于格栅的阻流和疏浚区域的分流作用，韩庄一线船闸与二线船闸下游引航道水流归顺，引航道内大部分流态良好，回流消失。在工程试运行期间，下游引航道纵向流速、横向流速均满足规范要求。

第四章 输水系统

在船闸水工建筑物中为闸室内灌水和泄水而设置的设施称为船闸的输水系统，主要包括进水口、输水廊道、输水阀门、出水口、消能工及镇静段等。输水系统是借以从上游向闸室内灌水和从闸室内向下游泄水，控制船舶(队)在闸室内升降以克服枢纽上、下游水位落差的重要设施，是决定船闸运行安全和效率的重要因素之一。

船闸输水系统经历了几百年的发展历程，最初的输水系统十分简单，仅适用于很小的水头和闸室尺寸。从 19 世纪开始，船闸开始应用圬工结构及钢结构，发展了各种闸门及门上孔口输水和短廊道输水等集中输水系统。随着钢筋混凝土建筑、钢铁、机械、电气等近现代工业以及水工模型试验的发展，近代船闸的输水系统才迅速发展起来。在这一时期，集中输水系统的型式得到了进一步完善，并开始发展各种分散输水系统，可适应船闸承受的水头及闸室尺寸也逐渐增大。尤其从 20 世纪 50 年代以后，输水系统的发展进入了一个新的阶段，出现了长廊道分散输水系统以及能适应高水头、大型船闸的等惯性输水系统，使输水系统的设计逐步完善。目前，随着船闸水力学研究技术的进步，通过对输水系统型式的优化、廊道工作条件的改善及对输水阀门采取防空化措施等，令输水系统型式更加多样，适应范围也更加广泛。

4.1 平原地区船闸工程输水系统设计的基本要求

输水系统的型式选择及设计水平，将直接影响到船闸的通过能力、过闸船舶及船闸的安全。平原地区地势平坦，船闸工程以中低水头为主，其输水系统的设计主要应满足下列基本要求。

(1) 闸室灌水和泄水时间满足船闸设计通过能力所要求的输水时间。

(2) 在确定的灌泄水时间内，船舶、船队在闸室内的停泊条件和引航道内的停泊、航行条件满足规范要求。

(3) 在灌泄水过程中，输水系统的各部位及阀门设备，不会由于水流冲刷、空蚀、振动等造成破坏。

(4) 结构简单，施工及维修方便，工程投资少。

平原地区船闸工程输水系统除了要满足以上基本要求外，对于长江口门处承受双向水头船闸、多线船闸或有节水要求的省水船闸，尚应满足各自特殊的要求。

显而易见，以上要求在一定程度上是相互矛盾的。要使输水时间缩短，就必须增大灌泄水的流量并加大流量的增率，而流量和流量增率越大，过闸船舶的停泊条件就越差。要同时满足停泊条件和缩短灌泄水时间的要求，常需采用较复杂的输水系统型式，导致闸首以及输水系统结构复杂，工程费用增加。但是，只要对不同工程的具体条件认真分析并妥善布置，就能达到矛盾的统一，使设计的输水系统既水力性能良好又经济合理。

4.1.1 船闸灌泄水时间

船闸的灌泄水时间涉及技术条件和经济问题，在进行工程布置时，应对不同的灌泄水时间所能达到的合理的通过能力、工程投资以及对营运成本的影响等加以分析比较。目前，船闸设计规范没有对灌泄水时间作具体的规定，在工程设计中，一般是根据船闸设计通过能力来确定，即船闸的灌泄水时间应满足过闸客货运量的要求。

平原地区内河航运事业发展迅速，对船闸通过能力要求高，特别是针对沿海地区航运繁忙河流上的船闸，应尽可能地缩短输水时间。设计输水系统时，平原地区船闸的灌水时间一般控制在 8 min 以内，泄水时间一般可略大于或接近灌水时间。水头较小的中小型船闸的灌泄水时间还可低至 5 min，而对于水头较大的大型船闸，在某些低频率设计工况下可适当延长灌泄水时间，但一般不会超过 10 min。

4.1.2 船舶停泊条件

过闸船舶的停泊条件主要取决于船闸灌泄水过程中水流对船舶作用力的大小，通常是将过闸船舶所受的水流作用力不大于过闸船舶的系船缆绳所能承受的拉力作为衡量条件，因此过闸船舶在水流作用下所受的系船缆绳拉力不能超过系船缆绳最大拉力的允许值，该数值可根据《船闸输水系统设计规范》(JTJ 306)选取。其中，船舶或顶推船队所受的作用力均应按一根系船缆绳考虑，顶推船队的允许系缆力应按顶推船队中最小单船吨位查表或计算，对非硬绑船队，应根据船队中的每艘船舶排水量单独确定允许系缆力。

此外，对于只设有固定系船设备的船闸，为了满足收放缆绳在操作时间上的要求，闸室灌泄水时的最大水面升降速度应不大于 5～6 cm/s，设有浮式系船柱时，可不受此限制。

4.1.3 船舶航行条件

船闸灌泄水时，引航道内非恒定流的水面波动、比降及流速等水力特性，除应满足引航道内船舶、船队停泊条件外，尚应满足船舶、船队在引航道内的航行条件和停靠码头的操作要求。引航道内水面的降低应保证航行船舶的富裕水深。上游引航道中最大纵向流速应不大于 0.5～0.8 m/s，上游引航道码头处的应不大于 0.5 m/s；下游引航道中最大纵向流速应不大于 0.8～1.0 m/s。此外，引航道内的最大流速不应超过引航道允许的不冲流速，该不冲流速与引航道内土壤的性质和护面的类型有关，可根据有关资料确定。

4.1.4 输水系统运转安全技术指标和要求

当平原地区船闸通过输水系统对闸室进行灌水或泄水时，还应注意以下几方面的安全要求。

(1) 船闸正常运转时,输水系统各部位不宜出现负压,在特殊情况下,其局部压力不宜产生超过 3 m 水柱的负压。

(2) 输水系统进水口水面不应产生有危害性的串状吸气漩涡。输水廊道中的流速不宜大于 15 m/s。遇流速超过 15 m/s 或含沙量较大的水流时,应采取防护措施。

(3) 船闸闸室灌泄水时,闸室水面的最大惯性超高、超降值,在采取提前关闭输水阀门及水面齐平时开启闸门等措施后,不宜大于 0.25 m。

4.2　主要型式及适用条件

船闸输水系统的灌泄水时间,闸室内的停泊条件和廊道、阀门及其启闭机械设备工作的安全可靠性,是评价船闸输水系统技术水平的重要指标,三者既相辅相成,又相互制约。输水系统主要水力学指标的好坏,是船闸工程建设是否成功的重要标志之一。

4.2.1　主要型式

船闸输水系统的型式多种多样,按闸室灌水和泄水的方式进行分类,可分为集中输水系统和分散输水系统两大类。

1. 集中输水系统

集中输水系统是将输水设备集中布置在闸首范围内,灌水时,水流由布置在上闸首的设备控制,直接由船闸上游经上闸首从闸室的上游端流入闸室;泄水时,水流由布置在下闸首的设备控制,直接从闸室的下游端经下闸首泄向下游。由于船闸灌水入闸室和泄水出闸室都集中在闸室两头的闸首上进行,因而又称其为头部(首部)输水系统。

集中输水系统已有数百年的发展历史,应用十分广泛。在我国近千座已建船闸中,80%以上采用了集中输水系统。由于平原地区船闸水头普遍不高,集中输水系统占比就更高。目前常用的集中输水系统可分为以下三类。

(1) 短廊道输水

短廊道输水即在闸首内布置由闸门上游进口至闸门下游出口的短廊道,按照其消能方式的不同,又可分为无消能室的短廊道输水(图 4.2-1)、有消能室的短廊道输水(图 4.2-2)以及槛下短廊道输水(图 4.2-3)。前两种短廊道输水型式在平原地区较为常用:无消能室的短廊道输水结构简单,施工方便;有消能室的短廊道输水是在廊道出口附近加了一个消能室,消能室是利用廊道出口的空间由各种消能构件组成。第三种是在闸首门槛下面沿闸首全宽布置短廊道,廊道在闸门底下穿过并连接闸室和上、下游,其轴线和闸室纵轴平行,采用单扇矮而宽的空腹式平面阀门作为输水阀门,可以适用于各种型式的工作闸门,由于结构比较复杂,在平原地区应用得较少。

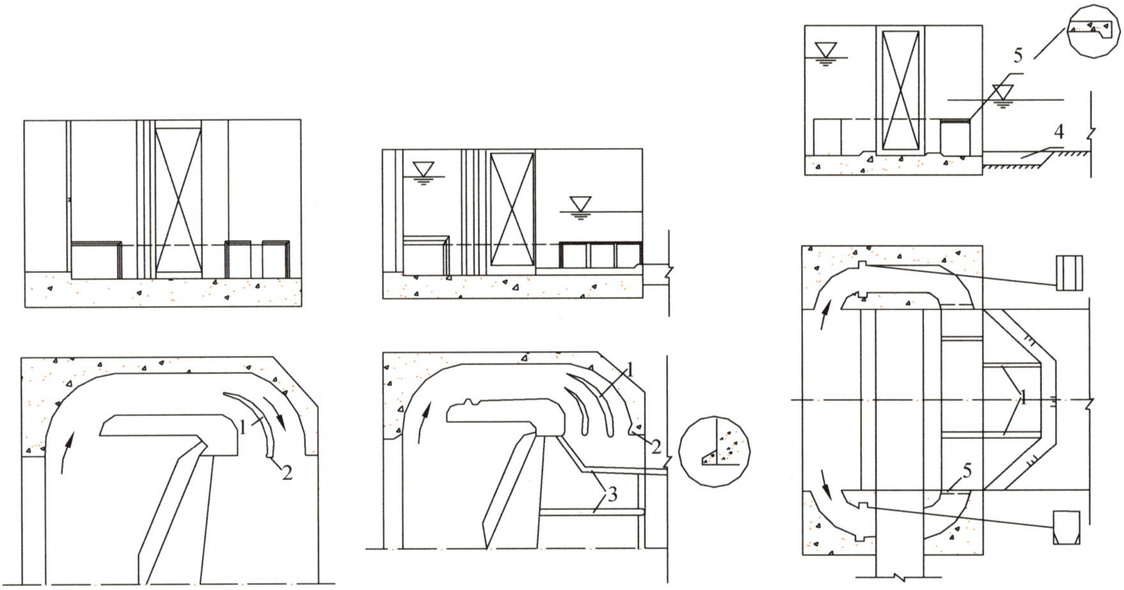

（a）短廊道输水不设消能工　　（b）短廊道输水设消力槛　　（c）短廊道输水设消力槛和消力池

1—分水导墙；2—竖向鼻槛；3—消力槛；4—消力池；5—顶横梁。

图 4.2-1　无消能室的短廊道输水

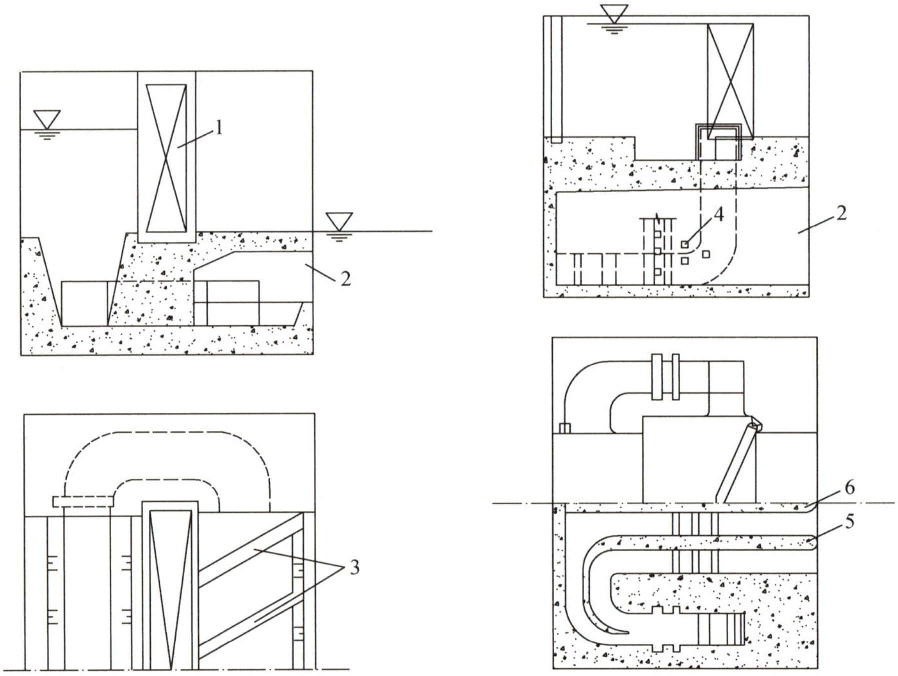

（a）低帷墙消能室　　（b）高帷墙消能室

1—闸门；2—消能室；3—消力槛；4—消力梁；5—分水导墙；6—隔墙。

图 4.2-2　有消能室的短廊道输水

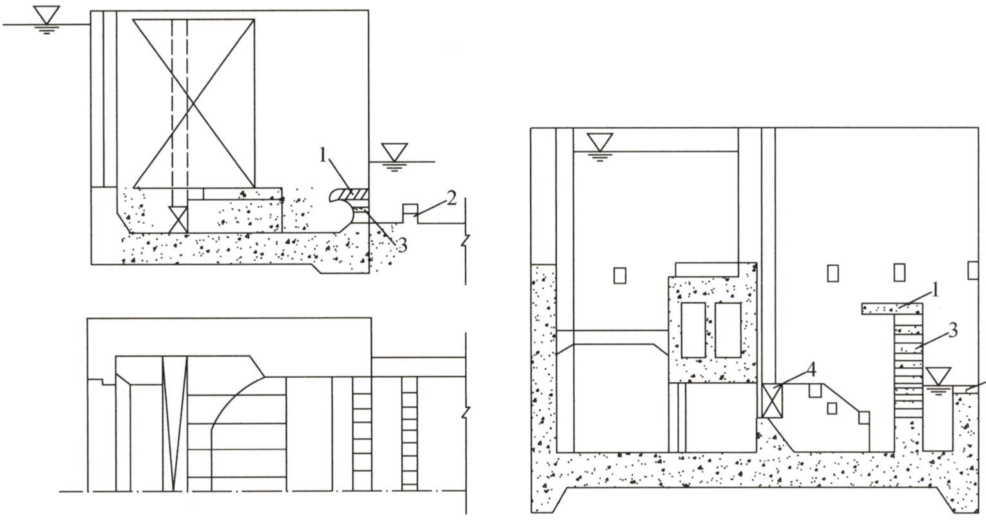

(a) 低帷墙槛下输水　　(b) 高帷墙槛下输水

1—水平遮板；2—消力齿；3—消力梁；4—阀门。

图 4.2-3　槛下短廊道输水

（2）直接利用闸门输水

这种直接利用闸门输水的型式，结构比较简单，造价较低，常用于低水头的中小型船闸。这种输水系统根据闸门型式和输水方式又可分为三角闸门门缝输水、平面闸门门下输水、弧形闸门门下输水，以及闸门上开小门输水四种。前三种是利用船闸的工作闸门兼作输水之用。三角闸门门缝输水是利用闸门开启时，在两扇闸门中间及两侧所形成的垂直缝隙进行输水。平面及弧形两种闸门的门下输水是将闸门慢速提升至一定高度，水流从闸门下面的孔口出流，待闸室内外水位齐平后，再将闸门快速下沉入帷墙下或提升到足够的高度，以便船舶通过。最后一种是通过在工作闸门上设置的孔口进行输水。

（3）组合式输水

这种输水系统是由上述任意两种型式组合而成的。如闸门和闸门上开小门输水、闸门和短廊道输水，以及闸门上开小门和短廊道输水等。在平原地区较为常用的为短廊道输水和三角门门缝输水形成的组合式输水布置（图 4.2-4）。

2. 分散输水系统

分散输水系统是通过设置在闸室墙或闸室底板内的纵向输水廊道，以及与之相连的分支廊道和出水支孔，将水流灌入或泄出闸室的。由于系统在闸首上布置廊道和阀门，在闸室内布置纵向或横向的出水廊道，因而又称其为长廊道输水系统。分散输水系统根据船闸承受的水头和闸室有效尺度的大小，按输水水力特点和布置型式不同，通常可分为以下三类。

（1）简单式分散输水系统（第一类）

简单式分散输水系统（图 4.2-5）是在闸墙内设主廊道，在闸室的中段布置一系列短支孔（管）或横向沟槽与闸室连接，其型式主要有闸墙长廊道侧墙少支孔和多支孔出水。该输水型式结构简单，造价较低，因而得到普遍采用。但是，该型式没有考虑水流惯性影响，灌

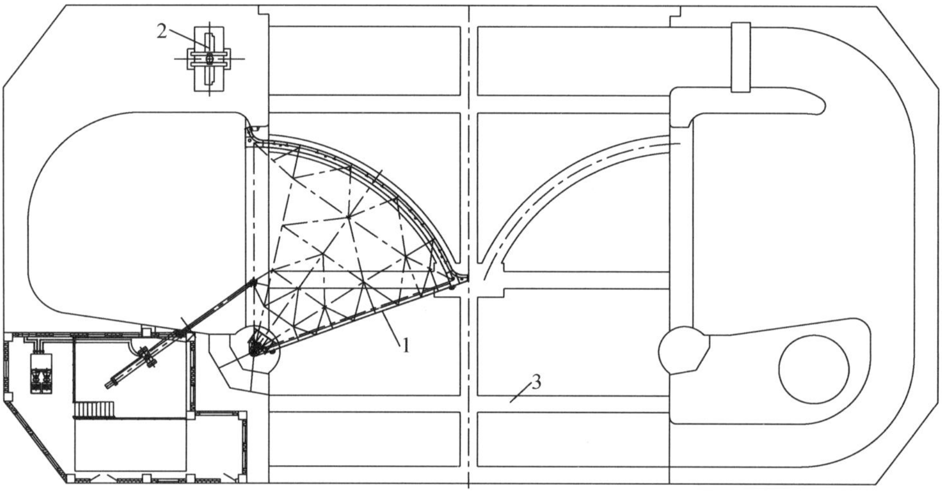

1—三角门；2—输水阀门；3—消力槛。

图 4.2-4　短廊道和三角门门缝联合输水

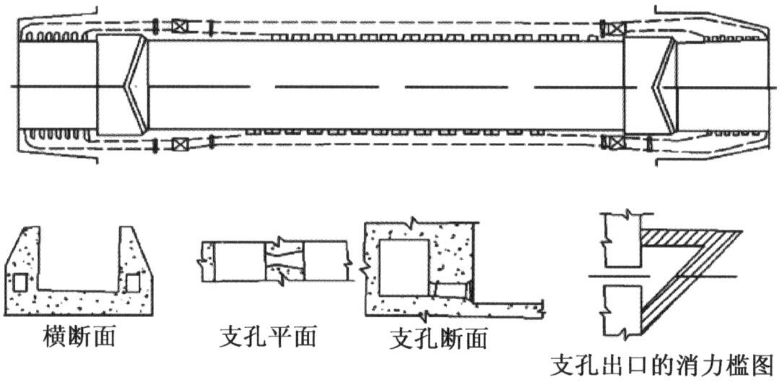

(a) 闸墙廊道少支孔输水系统

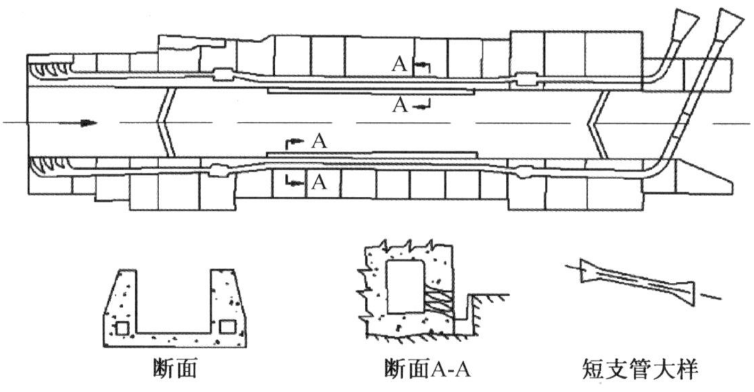

(b) 闸墙廊道多支管输水系统

图 4.2-5　简单式分散输水系统

泄水时闸室内将产生一定的水面坡降，使大型顶推船队受到较大的波浪力。同时，布置在闸墙上的侧向支孔(管)的出水，水流在闸室内不容易分布均匀，水流能量较为集中，使船舶受到较大的局部作用力。此外，当两侧阀门开启不同步或一侧单边阀门开启时，闸室内将产生较大的横向水面坡降和横向水流，导致较大的船舶横向力。因此，简单式适应的水力指标较低，一般多用于水头不大于 15 m 的船闸。

简单式分散输水型式的出水孔可以采用数目较少而断面面积较大的出水支孔，也可以采用数目较多而断面面积较小的出水支管，布置较为灵活。前者采用使水流均匀扩散的方法或用简单的消能工消能，而后者采用明沟消能，其消能效果较好。

(2) 较复杂式分散输水系统(第二类)

这一类分散输水系统的布置型式较多，它针对简单式存在的缺点，采用了便于水流在闸室内均匀分布、阀门单边开启影响较小的闸底廊道短支孔出水。其闸底廊道可以纵向或横向布置，输水支孔可以设在廊道顶部，也可以设在廊道两侧。前者的支孔或顶面出口上采用盖板消能，后者采用明沟消能。在布置上，较复杂输水型式仍采用与简单式相同的单区段供水或者简单的等惯性输水，因而各支孔的水流分布仍将受到水流惯性的影响，存在不均匀性，船舶仍受到一定的波浪力作用。

(3) 复杂式分散输水系统(第三类)

“复杂式”又称为全动力平衡系统，不但供水区段数较多，而且廊道水流惯性对各供水区段的影响基本相同，消除了各出水区段出流之间的差别。同时在水流分配上采用了较为复杂的立体交叉垂直分流的型式，保证了分流的均匀和稳定。因此，它对闸室分流条件及船舶停泊条件均有较大改善。

平原地区船闸均为中低水头船闸，一般采用集中输水系统。但近年来，为了追求更高的船闸通过能力和更平稳的船舶停泊条件，水头相对较高、航运繁忙的中大型船闸也开始选用分散输水系统。对比各种分散输水系统的特点，显而易见，简单式分散输水系统因其结构相对简单、造价较低、适合水头不高的船闸等优势，成为平原地区有高通过能力要求的船闸优先选择的一种输水系统型式。

4.2.2　适用条件

集中输水系统一般适用于水头较低的船闸，分散输水系统一般适用于水头较高的船闸。通过对国内外已建船闸运行资料的统计分析，船闸输水系统的型式可按照考虑输水时间和水头两个主要影响因素计算出的判别系数 m 初步选定。

$$m=\frac{T}{\sqrt{H}} \tag{4.2-1}$$

式中：m——判别系数；

H——设计水头(m)；

T——闸室灌水时间(min)。

当 $m>3.5$ 时，采用集中输水系统；当 $m<2.5$ 时，采用分散输水系统；当 m 为 2.5～3.5 时，应进行技术经济论证或参照类似工程选定。

在对大中型枢纽船闸分散输水系统方案进行比较时，可按照判别系数 m 的大小，结合船闸的水头和规模，参考已建工程的经验，选取合适的分散输水系统型式。通常当 $2.4<m<2.5$ 时，船闸选用简单式分散输水系统(第一类)；当 $1.8<m<2.4$ 时，船闸选用较复杂式分散输水系统(第二类)；当 $m<1.8$ 时，船闸选用复杂式分散输水系统(第三类)。

在平原地区，水头普遍不高，通常采用集中输水系统。随着国民经济的发展，在部分经济发达地区为了获取更高的航运效益，要求尽可能缩短灌泄水时间，以减少船舶的过闸时间，提高船舶的通行效率，减少货物的运输费用，同时改善船舶在闸室停泊的条件，在船闸水头为 10 m 或更小时，亦采用造价相对较高的简单式分散输水系统。

4.3 主要水力指标及分析方法

4.3.1 主要水力指标

输水系统性能的好坏，直接影响船舶在闸室内能否快速、平稳升降和在引航道中能否顺利航行、停靠，以及船闸的闸、阀门能否安全正常地工作。因而，在阀门工作水头、闸室有效尺度和上、下游引航道布置确定的条件下，输水系统性能主要通过闸室输水时间，船舶纵横向系缆力，廊道内最大流量、流速和阀门工作空化数，以及引航道内的流速、流态等指标进行判断。

4.3.2 水力指标的分析方法

输水系统主要水力指标的分析工作，通常与输水系统的布置工作结合进行，必要时需同时采用数值模拟分析与实体模型试验两种方法进行验证。一般根据当前国内外船闸水力技术的水平，针对输水系统的工作水头和船闸规模，通过比较分析选择输水系统的型式，参考已建类似工程的经验，配合基本的水力计算，对输水系统进行初步布置，再针对所布置系统的条件，对系统的各种水力指标进行计算分析并视需要配合进行实体模型试验，对系统布置进行验证和优化，包括具体落实达到各种水力指标需要采取的技术措施。

4.4 输水系统的水力特性及布置原则

4.4.1 水力特性

按闸室输水方式可将船闸输水系统布置划分为集中输水系统和分散输水系统两大类型。集中输水系统的灌泄水是分别集中在一个区段(闸室)内完成的。一般在灌水时，水流完全由布置在上闸首的输水系统进入闸室；泄水时，水流完全由布置在下闸首的输水系统泄出。分散输水系统闸室的灌泄水是由分布于闸墙内或闸室底板内长廊道上的许多出水支孔进行的。由于灌泄水的区段不同，导致集中输水系统和分散输水系统具有不同的水力特性。

1. 集中输水系统的水力特性

集中输水系统的水力特性是：灌入或泄出闸室的水体分别经上、下闸首的一端流入或流出。在灌泄水过程中，水流的纵向流动对船舶产生的作用力分为以下三部分。

(1) 波浪力

由于流入或流出闸室的流量随着时间而变化,水流由闸室一端向另一端推进,从而在闸室内形成纵向长波,使闸室水面倾斜产生的作用力即为波浪力。在灌水初期,由于流量增率较大,加之闸室内水深较小,停靠船舶处的闸室过水断面较小,闸室水面形成较大的倾斜,此时,波浪力是过闸船舶所承受的主要作用力。

(2) 局部力

集中进入闸室的水流所具有的能量,除在输水廊道内消耗一部分,其余均带入闸室内。水流在运动中由于流速的分布和扩散的不均匀,造成水流掺混、旋转和紊动,对船舶产生的冲击力即为局部力。灌水中期,流入闸室的水流具有较大的能量,此时,过闸船舶所承受的主要作用力由波浪力转为局部力。

为减少或避免局部水流对过闸船舶的危害,通常应在水流出口处设置消能工,并使水流在一段距离内得到充分扩散。使水流扩散的范围称为闸室镇静段,在镇静段内因水流紊动强烈,船舶不能停泊,过闸船舶必须停靠在该段范围以外。

(3) 流速力

水流的纵向流动对过闸或停靠船舶产生的作用力称为流速力。流速力的大小取决于闸室内水流流速的大小,与波浪力和局部力相比,相对较小。

水流对过闸船舶所产生的这些作用力的特点令过闸船舶的停泊条件在闸室灌泄水过程的不同阶段受不同的作用力控制:在灌水初期以波浪力为主;在灌水中期以局部力为主。前者主要取决于流量变化的特性,与船闸的消能性能及其他水力特性关系较小;后者则主要取决于船闸输水的水力指标、输水系统和消能措施的性能,决定于剩余比能 E_p 的大小,而剩余比能又取决于平均流速 v_m 和横断面流速分布的均匀程度 m_z 。

v_m 表示了沿闸室或下游引航道横断面灌水或泄水的"强度"。"强度"越大,对输水消能的要求也就越高,即应该采用较复杂的输水消能措施;反之亦然。因此,用 v_m 的最大值 $v_{\max}$ 作为集中输水系统的一个主要水力指标,可以称为流速指标。m_z 反映了横断面流速分布的均匀程度,主要由输水系统及消能设施的型式决定,并与水位差有关。m_z 越小,横断面分布得越均匀,对于同一种输水消能措施,水位差 H 越大,m_z 越大,允许的灌泄水"强度"越低。因此,对于集中输水系统,《船闸输水系统设计规范》(JTJ 306)也是根据 $v_{\max}$ 和 H 的大小,提出了相适应的消能措施。

2. 分散输水系统的水力特性

分散输水系统的水力特性是:水流是通过设置在闸室墙或闸室底板内的纵向输水廊道及与其相连的分支廊道和出水支孔灌入或泄出闸室的。由于分散输水系统的廊道较长,廊道内水流惯性的影响较大,使得各出水支孔的流量不但是不均匀的,而且是变化的。而与集中输水系统一样,闸室内停泊的船舶也仍然受到波浪力、局部力和流速力这三种水流作用力,不同的是由于分散输水系统的水流是从较大范围内进入闸室的,因此作用在船舶上的水流作用力都相对较小。

根据上述的水力特性,为了使分散输水系统能适应较高的水头并有较好的输水效率和停泊条件,其布置的发展趋向是要减少惯性影响,使闸室内纵向水面坡降减小,并在此基础上将出水支孔尽量分布在闸室的较大范围内。同时,应使出水支孔的水流在进入闸室以前,尽可能消减其剩余能量,以减少水流的漩滚、紊动,避免对船舶的直接冲击。

4.4.2 布置原则

合理地进行输水系统布置，可以提高船闸通过能力，使闸室和引航道内进出的水流在输水系统内部尽可能多地消减能量，并在过水断面内分布均匀，保障船舶安全停泊，提高水工结构及闸、阀门的可靠性。由于集中输水系统与分散输水系统的水力特性各有不同，因此在输水布置上也有一定的差异。

1. 集中输水系统的布置原则

集中输水系统及消能工的布置应遵循以下原则。

(1) 输水系统及消能工的布置要满足输水能力的要求，即输水系统的水力损失要小，流量系数要大，不能因消能工的设置而妨碍输水系统的输水能力。

(2) 为了避免产生较大漩涡和减少进口损失，集中输水系统廊道进口断面最大平均流速不宜大于 4.0 m/s。廊道进口应布置在水下一定深度，以便保证输水时廊道进口顶部不产生负压，并避免吸入空气和其他漂浮物体，同时改善进口流态，增大输水效率。

(3) 输水系统的布置要便于水流的消能及均匀扩散。因此，输水系统的出口应尽可能地扩大和分散，并应注意出口水流的均匀。为达到较好的消能效果，廊道出口的最小淹没水深应满足《船闸输水系统设计规范》(JTJ 306)的要求。

(4) 输水系统和消能工的布置，在平面上应和闸室或引航道的布置相适应。由于闸室一般为对称布置，所以上闸首的输水系统及消能布置也应是对称的，若输水系统限于条件无法对称，则应以不对称的消能工加以调整。下闸首输水系统及消能工的布置，则需视下游引航道的布置情况而定，对于对称布置的引航道，它们的布置应是对称的；如输水系统或引航道的布置不对称，则应以不对称的消能工加以调整，得到扩散良好的均匀水流。

(5) 上闸首输水系统及消能工在立面上的布置，应考虑到输水过程中闸室水位的变化，尤其要适应灌水时闸室最大平均流速出现时刻的闸室水位。而在泄水过程中，下游引航道的水位几乎是不变的。所以下闸首输水系统及消能工布置应主要考虑下游侧最低通航水位时的工作情况。

一般来说，由于上、下闸首输水的具体条件不同，对上闸首的布置要比下闸首的要求更高些。对上闸首，特别要重视能促使出口断面立面上的水流均匀扩散，一般都应采用能使底流向上扩散的消能工。而对下闸首，则应特别重视能促使出口断面平面上的水流均匀扩散。

集中输水系统的消能方式分为无消能工(图 4.4-1)、简单消能工(图 4.4-2、图 4.4-3)和复杂消能工(图 4.4-4 至图 4.4-7)三大类。除了水头较低且输水时流速较小的船闸可采用无消能工的水流对冲消能外，对于部分没有帷墙或帷墙高度较小而无法布置消能室的短廊道输水系统，通常采用消力齿、消力槛、消力梁或消力池等简单消能工。复杂消能工主要是指消能室或组合消能，有消能室的短廊道输水适用于有帷墙的上闸首，其中格栅消能室、复式格栅消能室和倒口消能室都是消能效果较好的典型消能室型式。

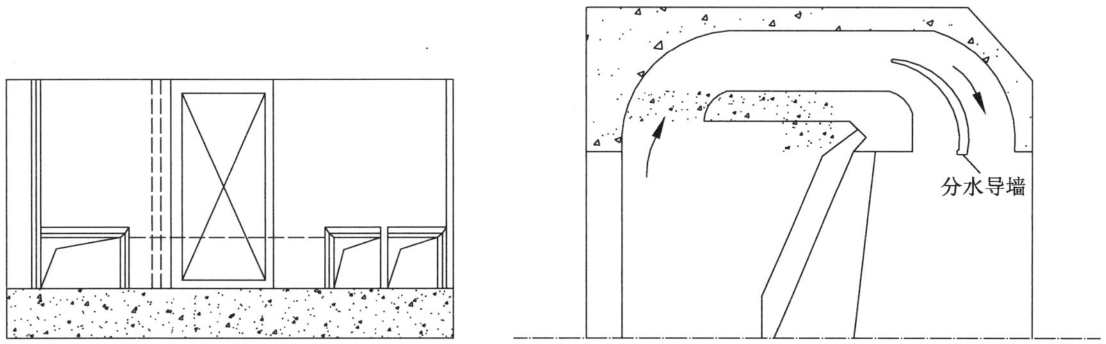

(a) 纵剖面图　　(b) 平面图

图 4.4-1　短廊道输水无消能工

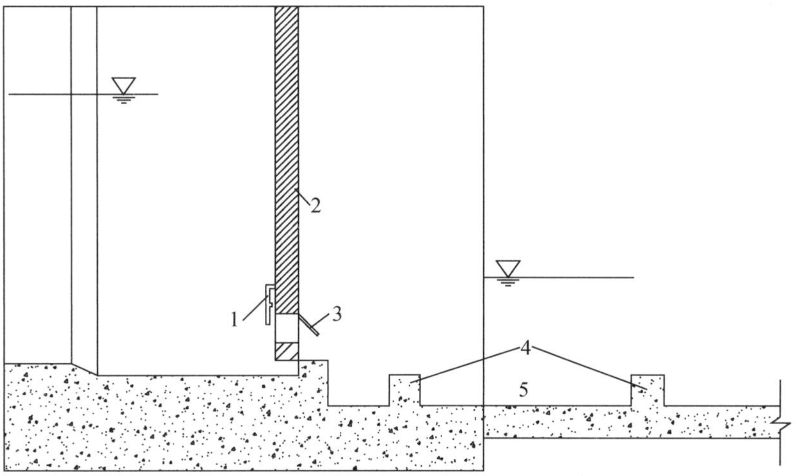

1—平面阀门；2—闸门；3—导流板；4—消力槛；5—消力池。

图 4.4-2　闸门上小门输水设导流板及消力槛和消力池示意图

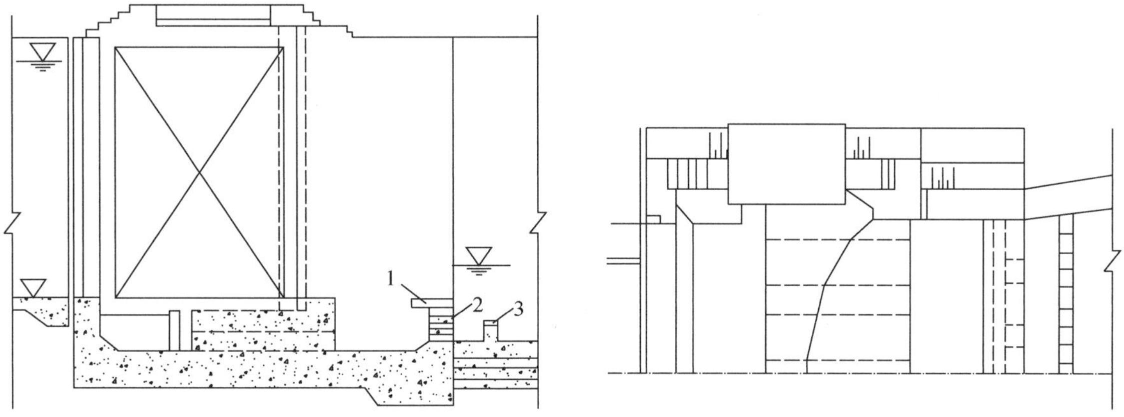

(a) 纵剖面图　　(b) 平面图

1—平面遮板；2—消力梁；3—消力齿。

图 4.4-3　槛下输水设简单消能工示意图

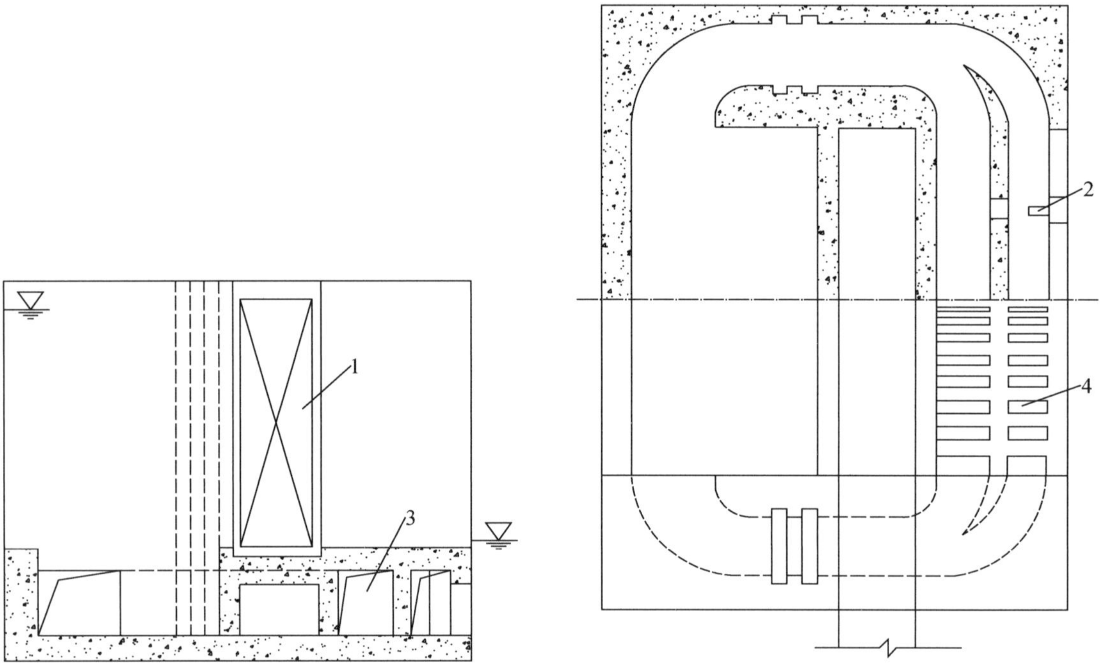

(a) 纵剖面图　　(b) 平面图

1—横拉门；2—挡水板；3—消能室；4—格栅。

图 4.4-4　格栅消能室示意图

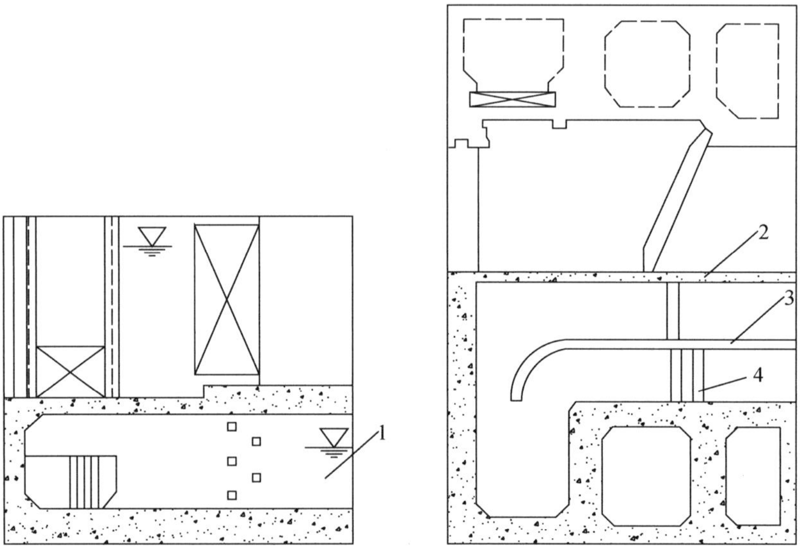

(a) 纵剖面图　　(b) 平面图

1—消能室；2—隔墙；3—导流墙；4—消力梁。

图 4.4-5　封闭帷幕消能室示意图

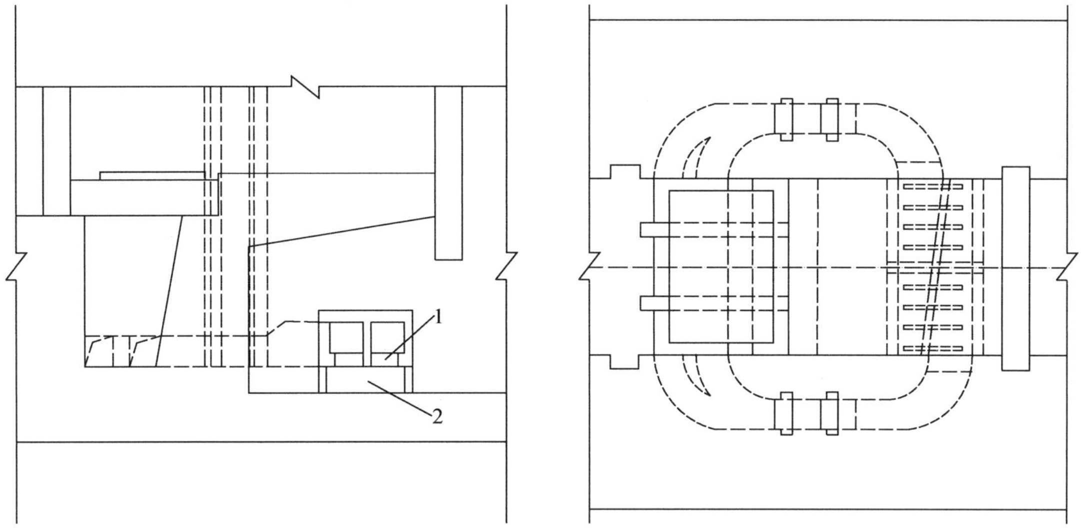

(a) 纵剖面图　　(b) 平面图

1—出水孔;2—消力池。

图 4.4-6　倒口消能室示意图

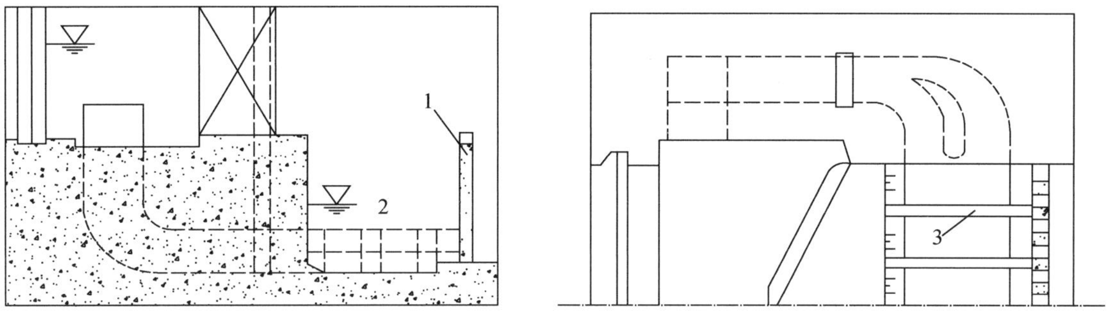

(a) 纵剖面图　　(b) 平面图

1—消力栅;2—消能室;3—消力槛。

图 4.4-7　敞开式帷墙消能室示意图

2. 分散输水系统的布置原则

各类分散输水系统在布置时需遵守以下一些共同原则。

(1) 输水系统进口的布置,应避免发生有害的空心吸气漩涡,要求有良好的线型,进口边缘轮廓要修圆,以提高输水效率,进口流速一般不宜大于 2.5 m/s,进口的淹没水深应大于水头的 0.4 倍,并应考虑进口处水面的局部降落。

(2) 分散输水系统的输水阀门段,在阀门前后应有一定长度的直线段,以使水流顺直均匀地通过。同时阀门段及其以后的廊道顶部高程必须布置在下游最低通航水位以下,并有一定的淹没水深,不允许掺入大量空气从而恶化船舶的停泊条件。

(3) 当上闸首输水阀门廊道段的压力较低或出现负压时,其后的检修阀门门槽距离工作阀门的距离宜大于廊道高度的 3 倍,以免检修阀门掺气。必要时还需在检修阀门井内做防止掺气的封闭措施,封闭位置至少在闸室起始水位以下。

(4) 为增大输水系统的流量系数，输水系统的主廊道断面一般可大于输水阀门处廊道断面。输水阀门段廊道体型有不扩大、逐渐扩大及突然扩大 3 种，其布置需通过模型试验确定。

(5) 闸室内输水系统的布置尤其是出水支孔的布置应尽可能对称，这样闸室内流态也可趋于对称，以减少闸室内的纵向水面坡降及纵向水流，从而有利于船舶的安全停泊。

(6) 闸室出水支孔(管)的布置范围大些较好，至少应为闸室长度的一半以上。过闸船舶尺寸较小时，其布置范围应该大些，反之则可小些。出水支孔(管)的总面积应大于阀门段廊道面积，并约为主廊道面积的 0.9～1.2 倍。此面积比越小，出流越均匀，但损失也越大。当此比值较小或出水区段较多时，出水孔可采用等面积等间距布置；当比值较大或出水区段较少时，出水孔可采用沿水流方向逐渐缩小的变断面等间距布置。出水支孔(管)沿水流方向的长度一般不宜小于其断面的宽度或直径的 2～4 倍，以确保出流平直。出水支孔(管)的进出口断面宜修圆扩大，支孔(管)喉部后的扩大角宜小于 3°。

(7) 中、高水头船闸的上闸首帷墙立面宜做成斜面，并尽量缩短闸门后帷墙顶面平台的轴线长度，以避免当闸室水面上升至帷墙顶面平台时，水域面积有较大的突变，从而显著恶化船舶的停泊条件。

(8) 输水系统出口布置也应布置为流线型，以提高输水效率，并要求在泄水过程中出口水面不脱顶，不出现远驱式水跃，尤其要注意出口布置应能分散水流，减弱出口水流的紊动并达到引航道内流速分布均匀的目的。出口顶的淹没水深宜大于 1.5 m。

(9) 条件允许时，应优先考虑采用部分或全部引航道外取水的旁侧进口和由引航道外排水的旁侧出口的布置。

4.5 输水系统主要课题研究与设计创新

输水系统的设计，要综合考虑船闸的通过能力、过闸船舶及船闸的安全、工程投资等要求，但这些要求在一定程度上是相互矛盾的。为了合理布置输水系统，在满足性能需求的前提下，应尽可能安全可靠、经济节约，很多输水系统的关键技术问题在使用过程中被不断改进并解决。

4.5.1 主要课题研究

1. 船闸输水系统水动力学研究方法

船闸输水系统经历了一个由简单到复杂、不断完善改进的过程。随着输水系统的复杂化，输水系统中的动水流态日趋复杂，水动力学的研究方法也日益丰富起来。现在常用的船闸输水系统水动力学研究方法可分为三类，分别是物理模型试验研究、原型观测研究、数值模拟研究。

鉴于船闸输水系统水动力学的复杂性，目前，物理模型试验研究仍是船闸水力学研究的一项重要手段，为解决船闸的实际工程技术问题开展了许多极有价值的试验研究，为发展我国的船闸基础理论和设计方法作出了贡献。近年来，随着测量设备的不断发展和更新，一些先进的三维流场测量仪器，如声学多普勒流速仪(ADV)及图像粒子测速仪(PIV)已被应用到了船闸输水系统水动力学的研究中，使得物理模型试验研究结果更加全面细致，为输水系统的改进与创新提供了强有力的支撑。

结合前期开展水工模型试验的研究成果，在船闸投入运行前或运行初期开展相关水力学原型观测研究，对船闸安全高效运行具有极其重要的作用。原型观测可以在无水状态下观测闸、阀门的相关运行特性；参与测试设备调试，进行测控系统的联合调试；在有水状态下观测船闸输水系统水动力特性、引航道和闸室水流流态、船舶停泊条件、闸阀门运行特性等。

相对于物理模型试验而言，用数值模拟建立船闸整体输水系统计算模型可以快速、方便地获取船闸灌泄水时输水系统中的各项指标，且经济节约。1975 年美国陆军工程兵团水道试验站用预测校正法开发了 H5320 水力计算程序，开启了数值模拟的篇章。此后，随着计算机领域的快速发展，国内外在船闸输水系统水动力学数值模拟方面取得了较大发展，已发展到了输水系统的三维紊流数值计算水准。数值模拟技术和计算机图形处理及可视化技术的紧密结合，实现了直观反映输水廊道以及闸室内流场情况和计算结果；通过引入动网格技术，实现了对输水阀门廊道段的三维水流动态仿真模拟。尽管如此，但就现有的船闸输水系统三维水流数值模拟研究手段而言，尚未实现整体输水系统的三维水流动态仿真模拟，数值模拟计算方法有待进一步提高。

2. 船闸的输水时间

为了使船舶快速过闸，闸室的输水时间应越短越好，但在同样的阀门工作水头和船闸规模条件下，缩短输水时间，势必会增大流量增率，会增加单位时间内水体运动伴随的能量，导致进入闸室的剩余能量增加，从而恶化闸室停泊条件。

同样，输水时间的缩短，也受输水阀门工作条件的限制。缩短输水时间，将增大输水的流量和流速，导致阀门段廊道水流压力降低，若压力降低幅度过大，将有可能发生空化甚至空蚀破坏，空泡溃灭产生的能量作用于输水阀门，又会引起阀门及其相连的设备振动，影响阀门的安全运行；同时，该能量也将引起阀门段廊道的振动，恶化廊道结构的工作条件。另外，过高的流速也加速了廊道壁面混凝土的冲刷破坏。所以，输水时间的缩短不是无限的，过度缩短输水时间也将造成工程投资的增加。一般先根据规划的船闸通过能力计算确定输水时间，在满足闸室停泊条件和阀门工作条件的情况下，应尽可能地缩短输水时间。

3. 阀门及阀门段廊道的工作条件

输水阀门是船闸输水系统的关键设备，在复杂工作条件下频繁启闭，其工作性能好坏将直接影响到船闸能否正常、安全运行。特别是高水头船闸，在非恒定高速水流条件下，输水系统的各部位及阀门设备水动力学特性、空化特性、阀门及启闭系统流激振动特性，是船闸设计研究要解决的关键技术问题。

在选择阀门门型时，要考虑阀门的工作水头、阀门最小淹没水深、阀门门型与阀门后廊道体型的适应性以及输水廊道施工条件等因素，从阀门空化、振动和运行等多方面进行分析比较。

鉴于平板门具有结构简单、制造安装容易、便于检修维护的特点，虽然在高速水流的作用下，门槽容易发生空蚀，门体振动较大，启门力也较大，但在平原地区，船闸水头普遍不高，因此平板门一直是平原地区船闸的主流输水阀门型式。

阀门通常采用无级变速开启，使阀门开启速度从 0 逐渐增加，且连续变速。当闸室内外水位差较大时，可尝试采用变速开启方式来减小阀门空化的可能性。具体做法为先小开度开启阀门，并停留一段时间，保持较小的阀门底缘出水流量，当水位差减小至足以抑制阀门底缘空化时再快速全开阀门，以满足输水时间要求。

当阀门型式和开启方式一定时，阀门段廊道体型在较大程度上影响着阀门后水流流态、廊道的压力以及水流的收缩程度，同时它也是影响空化的一个重要因素。目前采用的阀门后廊道体型有平顶型、顶扩型和突扩型。关于不同廊道体型的抗空化性能，顶扩型的门后廊道压力高于平顶型低于突扩型，而阀门的临界空化数则较平顶型的低。平原地区由于水头不高，为了施工方便，通常采用结构简单的平顶型廊道体型。而高水头船闸通常采用突扩型廊道，因为这种体型不仅可显著提高阀门后廊道水流压力，减小阀门后廊壁面水流压力脉动，降低阀门临界空化数，还能利用其周边外扩优势形成超空化结构，即使发生空化，空泡可以在水体内部溃灭，减弱了空泡溃灭产生的冲击，从而对廊道边壁等起到保护作用。

除此之外，降低阀门段廊道高程可显著提高阀门后的水流压力，从而提高阀门的工作空化系数，是防空化空蚀措施中最简单有效的措施。而对阀门后廊道顶部、门楣、跌坎等易发生空化空蚀的部位进行补气，也可以有效抑制空化空蚀的发生。

4. 闸室停泊条件及超灌(超泄)

闸室水流流态的好坏，直接影响着船舶在闸室内的安全停泊。解决闸室停泊条件的问题，对于集中输水系统而言，关键在于通过合理布置输水系统，使水流尽量在廊道内消减能量，同时采用合适的消能措施，减少水流进入闸室的能量，并使水流流速在平面上和立面上充分扩散，均匀分布，减少水流局部力的影响。对于分散输水系统而言，主要是在闸室范围内合理布置输水系统的出水孔，以及对水流采取消能措施，使水流充分消能后，分散且尽可能均匀地进入或泄出闸室。另外，分散输水系统在输水末期，在闸室内由于水流的惯性会出现水体的超灌或超泄。当船闸采用人字门时，这种由超灌或超泄引起的水面波动会使人字门承受较大的反向推力，影响人字门的开启，甚至被反向水头推开，恶化闸室内船舶的停泊条件，还可能导致水体涌入启闭机房。

一般采用提前开启人字门或提前关闭输水阀门来将闸室的超灌(超泄)值控制在0.25 m以内。前者仅适用于超灌(超泄)值不大的情况下，在闸室水位齐平的瞬间开启人字门。对于高水头大型船闸，超灌(超泄)值一般都较大，可在物理模型试验和原型观测研究结果的指导下，通过提前关闭输水阀门来有效控制超灌(超泄)。

5. 船闸引航道水力学

船闸引航道水力学的研究内容为引航道及口门区范围内水流对过往船舶的不利影响，以及需采取的措施。引航道及口门区的通航水流条件，与水库调度、电站调峰、河势的稳定与否、河流含沙量大小、引航道布置以及船闸灌泄水等诸多因素有关。本章节仅讨论船闸灌泄水与引航道水力学之间的关系。

由于水域狭窄，船闸灌泄水会在引航道内形成一非恒定流，通常表现为一种阵发性的涌浪。涌浪会突然增加正在航行船舶的阻力和停泊的系缆力，影响人字门的开启，还会使引航道水面降低，减小有效水深，影响船舶的安全航行。

为改善引航道的水流条件，主要通过：①优化船闸输水系统进、出水口的布置，尽可能采用分散式布置以削弱输水过程中非恒定流的影响；②优化阀门开启方式，通过减少流量增速及最大流量值来减少波浪高度、水面坡降和水流流速；③对于双线或枢纽上的船闸，根据需要，可适当错开灌泄水时间，避免相邻水工建筑物灌泄水产生的涌浪叠加。

6. 船闸防淤、清淤

在多沙河流上的船闸灌水时，水流挟沙进入闸室，在船舶过闸的间歇，泥沙在闸室中沉积，泄水时流速不足以大到将全部泥沙挟带出闸室，这些沉积下来的泥沙就沉积在闸室内，直至冲淤平衡。除了闸室内容易淤积泥沙，底板凹凸不平的闸首门槛、消力梁内及流速较小的部位均容易发生泥沙淤积。若闸室内的泥沙淤积超过允许值，会减小闸室的有效通航水深，甚至影响闸门正常开关，也会增加检修时的清淤工作量。因此，妥善解决船闸泥沙淤积问题是保障船闸正常运行的重要方面。

航道含沙量是由自然条件决定的，但普遍认为的是，船闸内泥沙淤积量与输水系统布置、闸室平面尺寸、枢纽冲沙建筑物的运行情况及船闸所处位置等有关。在这些因素中，船闸输水系统的布置型式与泥沙淤积量的关系尤为紧密，因此当船闸使用分散输水系统时，在不恶化闸室停泊条件的前提下，可在容易淤积区域布置出水孔，利用船闸灌泄水时产生的流速对闸室底板及输水廊道进行冲淤，这种防淤减淤措施不需要另设冲淤设施及增加相应的运行维护费用，既有效又经济节约，但需通过模型试验验证。对于上、下闸首部位的清淤，一般通过设置专门的冲淤设施或者采用多功能清淤船进行清淤。

总之，船闸各部位产生淤积的原因及对船闸运行的影响程度不尽相同，需具体问题具体分析，采用防、减、清多种措施相结合的方式，才能有效经济地解决船闸泥沙淤积问题。

7. 水资源的节约——省水船闸

水，是人类及一切生物赖以生存的必需品，是工农业生产、经济发展不可替代的自然资源。但随着人类文明的发展，大量水体被污染，能利用的淡水资源更为紧张。船闸的建设，一方面促进了航运的发展，但另一方面，改变了水流情况，使水的循环、自净受到了一定程度的影响，也引起了水资源的流失。为了有效解决基本建设与环境保护、水资源综合利用的矛盾，省水船闸应运而生。

目前，省水船闸主要有四种类型，分别是带有蓄水池的省水船闸、不待航船闸、灌（泄）水共用互补的双线船闸以及具有中间渠道的船闸。其中，带有蓄水池的省水船闸是这四种省水船闸中较为常用的一种型式，其工作原理是通过在闸室旁设置蓄水池，当船闸泄水时，先泄向蓄水池，多余部分才泄向下游；灌水时，先由蓄水池向闸室灌水，不足部分由上游补给。蓄水池级数越多，占地面积越大，省水率越高。增加蓄水池级数的省水效果优于增加蓄水池面积，但超过三级后，省水效果明显下降，且闸室的灌泄水时间太长，船闸的通过能力明显降低。鉴于此，蓄水池面积通常等于闸室面积，一般最多设置三级蓄水池。

虽然省水船闸具有降低船闸耗水量、削减船闸工作水头、改善引航道及闸室内水流条件的优点，但也面临增加工程投资、降低船闸通过能力和运行程序复杂的问题，在我国应用得较少。但随着通航运河的建设和水资源的日益紧缺，省水船闸将具有更广阔的应用前景，能有效缓解水资源贫乏地区农业、发电、航运三者之间的矛盾，提高航道通航保证率。

4.5.2　平原地区船闸工程输水系统设计创新理念

位于运输繁忙、航运效益好的航段上的船闸，需要具有更高的船闸通过能力和更好的船舶泊稳条件，同时尽量节约工程投资、方便施工，一种新型的、适用于中水头船闸的输水系统——局部分散输水系统应运而生。

局部分散输水系统介于集中输水和分散输水之间，是一种在靠近上闸首闸室局部范围内具有分散输水系统特性的输水系统型式。局部分散输水廊道的进水口一般采用横支廊道顶部格栅进水或顶部与正面联合进水布置方式，其出水段型式可采用闸墙廊道闸底横支廊道型式、闸底纵向廊道型式或闸墙廊道侧支孔型式，下闸首出水口可以采用消能室格栅出水或短廊道出口对冲消能联合消力槛消能布置方式。局部分散输水系统型式既有集中输水系统工程量较省、施工方便的优点，又具有分散输水系统可减弱初始波浪力、可不设镇静段缩短闸室长度、缩短输水时间提高过闸闸次及基础开挖深度也不大的优点，将集中和分散结构有机结合，适用于平原地区水头 7.0～12.0 m 的中水头船闸。

4.6 典型工程案例

4.6.1 合裕线裕溪一线船闸扩容改造工程

1. 项目概况

裕溪闸枢纽位于合裕线航道裕溪口，裕溪河（限制性航道Ⅱ级通航标准）入长江口门处，距离长江口约 3 km，是控制巢湖流域防洪、排涝及引水灌溉的综合性枢纽，由节制闸、船闸、鱼道、拦河坝、导流堤等组成。老裕溪一线船闸有效尺度为 195×14.4×2.5(m)，于 1969 年建成；裕溪二线船闸有效尺度为 200×23×4.5(m)，于 2012 年底建成。扩容改造后的一线船闸有效尺度为 280×34×5.6(m)，采用短廊道集中输水系统。船闸承受双向水头，正向最大设计水头为 4.98 m，反向最大设计水头为 3.8 m。

考虑到裕溪一线船闸扩容改造规模较大，设计通航船舶较大，相关水力指标较高，且为国内外首座承受双向水头的 34 m 口门 2 000 吨级船闸，其输水布置具有很大的研究价值，可为以后承受双向水头的 34 m 口门 2 000 吨级船闸设计提供参考依据。

2. 输水系统方案介绍

由于扩容改造的一线船闸承受双向水头，故上、下闸首闸门选用三角门门型作为工作闸门。经计算，判别系数 $m>3.5$，扩容改建后的裕溪一线船闸上、下闸首输水系统确定为水平环绕对冲消能的平底板短廊道集中输水系统，廊道进水口断面尺度为 5.0×4.0(m)（宽×高，以下同），廊道进口先平转 90°，经门库及支廊道出水，支廊道出口的尺度为 5.0×2.5(m)。

上闸首船闸灌水过程（正向），闸室最大断面平均流速为 0.70～0.87 m/s（正向最大设计水头 4.98 m 时），因此廊道出口采用格栅消能室。上闸首船闸泄水过程（反向），门后最大断面平均流速为 0.44～0.55 m/s，流速较小。考虑船闸双向水头运行，出口设置消力槛，以保证水流充分消能和均匀扩散。

下闸首采用反向布置，以充分利用门库进行消能，泄水过程（正向），门后最大断面平均流速为 0.91～1.13 m/s；下闸首船闸灌水过程（反向），闸室最大断面平均流速为 0.35～0.44 m/s，流速较小。因此，在短廊道进、出水口均设置消力槛，促使水流均匀扩散，改善水流条件。

上、下闸首输水系统布置详见图 4.6-1、图 4.6-2（吴淞高程系，本项目同）。

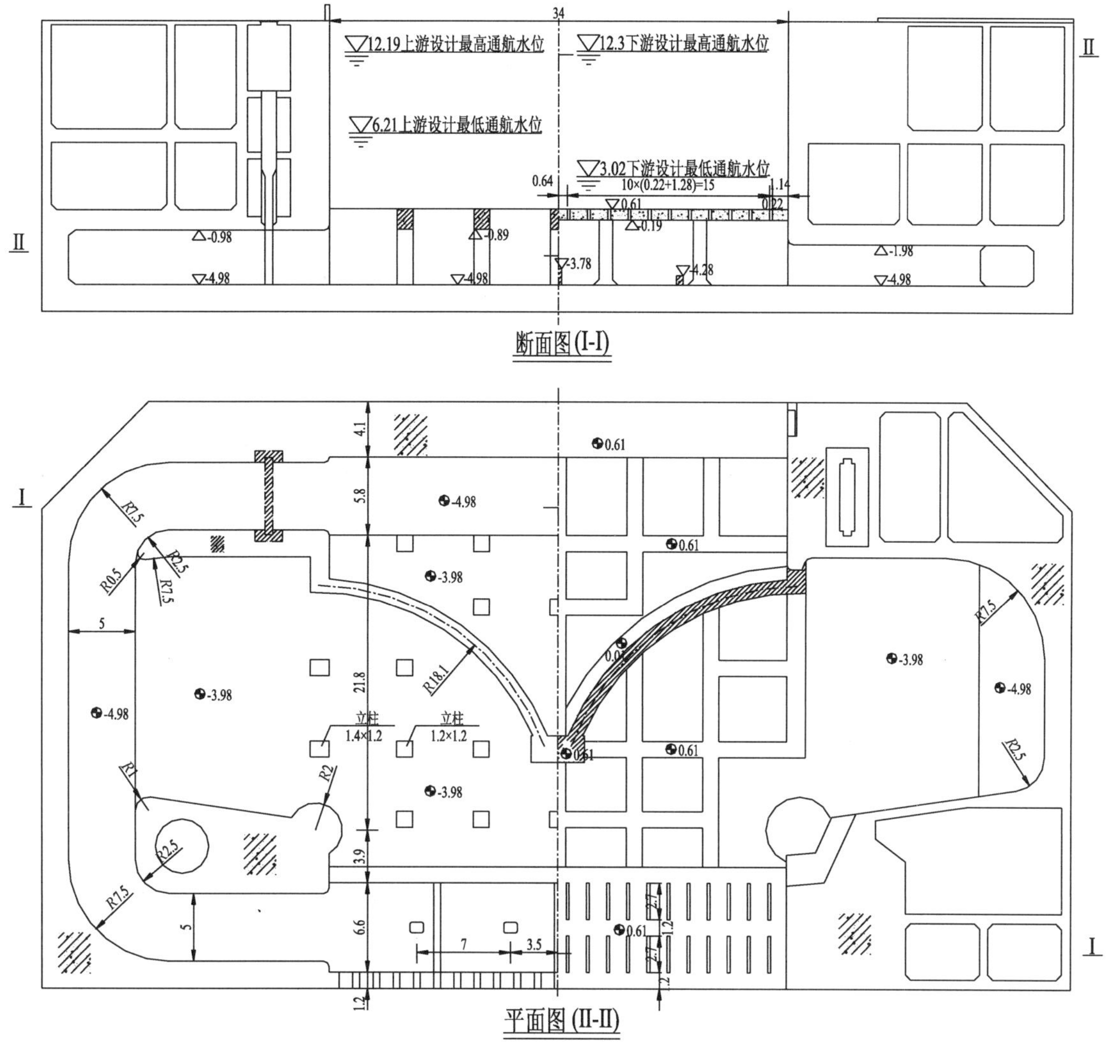

图 4.6-1　上闸首输水系统布置图(长度、高程单位:m)

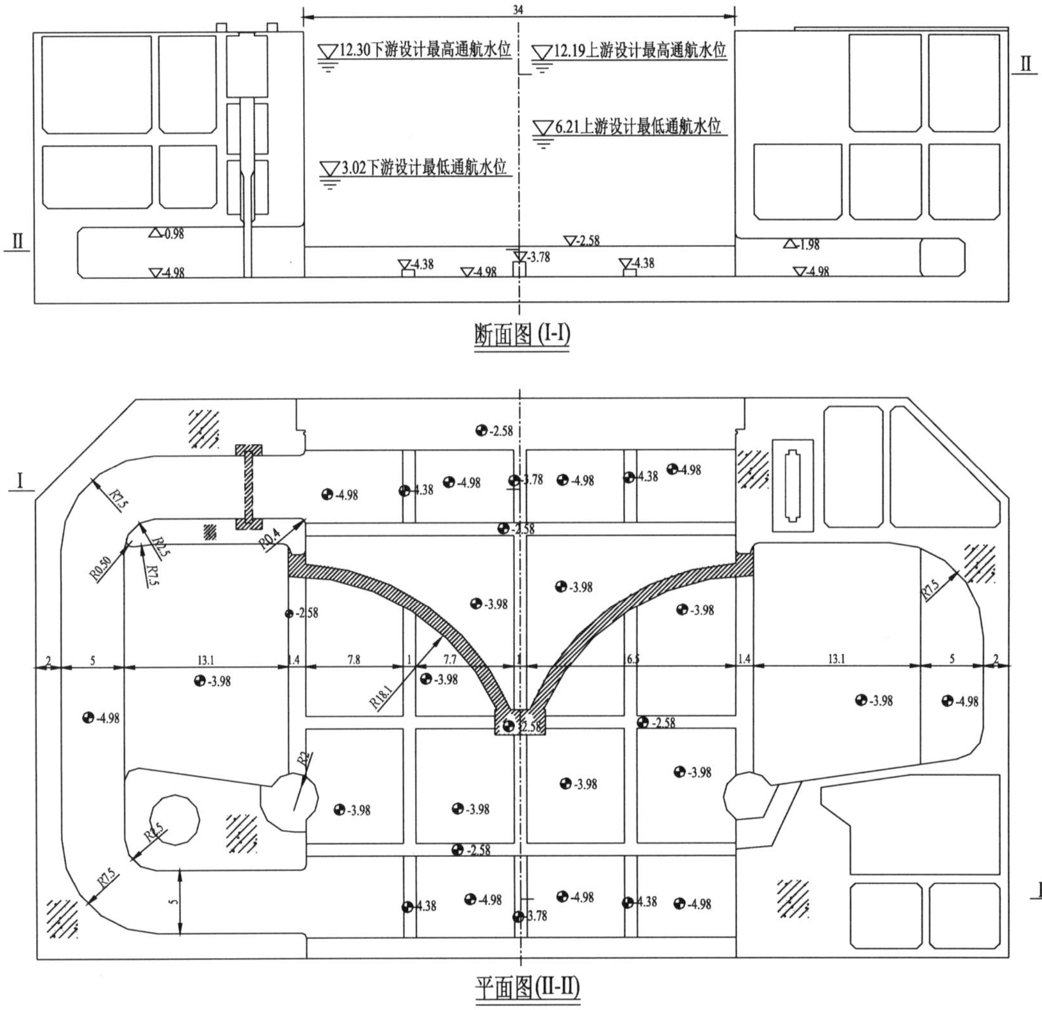

图 4.6-2　下闸首输水系统布置图(长度、高程单位:m)

3. 输水系统评价

考虑到扩容改造的裕溪一线船闸承受双向水头，且规模和设计通航船舶均较大，相关水力指标较高，为保障灌泄水过程闸室内的船舶泊稳条件，开展了比例尺为1∶25的集中输水系统的水工整体模型试验研究，得到以下主要结论。

(1) 对不同运行工况开展多种方案对比试验，综合分析闸室输水水力特性、输水廊道压力特性及船舶、船队停泊条件，推荐船闸上闸首阀门双边开启时间为6 min，下闸首阀门双边开启时间为4～6 min(为充分发挥船闸的航运效益，可取4 min)。

(2) 模型试验实测的裕溪一线船闸扩容改造工程的闸室灌泄水流量系数分别为0.683和0.695。在推荐的阀门开启方式下，不同运行工况下的原型闸室输水时间预计均可控制在10 min以内，船闸输水时间满足设计要求，且灌泄水时的廊道顶部存在3.0 m水柱以上的压力，能够满足规范要求。

(3) 在上闸首阀门6 min开启(船闸正向灌水)和下闸首开启时间不小于4 min(船闸反向灌水)的条件下，设计船舶、船队的纵向系缆力能满足要求；水流横向分配较为均匀，阀门开启过程中上、下闸首中部和两侧的出流较为均匀，设计船舶的横向系缆力亦能满足要求。

综上，裕溪一线船闸扩容改造工程采用的短廊道集中输水系统整体布置设计是合理的，能够较好地满足预期的设计目标和要求。考虑到34 m门型的三角门承受荷载较大，需对门体和运转件进一步研究论证，再确定短廊道和三角门门缝联合输水的可行性，故本次输水模型试验的结论是建立在短廊道集中输水方式的基础上得出的。如经过论证，在门体和运转件受力允许的情况下，船闸灌泄水可采用组合式集中输水方式，则可进一步缩短输水时间，提高船闸通过能力。

4.6.2 通扬线运东船闸扩容工程

1. 项目概况

运东船闸作为通扬线航道的上游起点，是联系京杭运河沿线地区与扬州、泰州、南通、盐城等苏北里下河地区的水上交通枢纽，沟通江苏省规划的干线航道“一纵”(京杭运河)与“二横”(通扬线)。扩容改造后的运东船闸有效尺度为230×23×4(m)，为Ⅲ级通航建筑物，设计最大船舶吨级为1 000 t。船闸承受单向水头，最大设计水头为7.13 m，一般运行水头为5.5～7.0 m，设计输水时间为8 min。

2. 输水系统方案介绍

由于运东船闸承受单向水头，故上、下闸首闸门选用人字门门型作为工作闸门。经计算，判别系数m=3.0，介于2.5～3.5之间，既可采用集中输水系统方案，也可采用分散输水系统。鉴于运东船闸的重要性，不仅船闸规模较大，且通航保证率要求较高，同时参考采用集中输水系统的老运东船闸运行情况(闸室水流条件较差，灌水时间较长)，为尽可能提高船闸通过能力，在工程造价不增加较多的情况下(全分散输水系统较局部分散输水系统约多201万元，较集中输水系统约多418万元)，最终确定运东船闸扩容工程采用全分散输水系统。由于m值大于2.4，因此选择第一类分散输水系统——闸墙长廊道短支孔方案。

上闸首采用正面和顶面进水，进入闸首边墩输水廊道＋闸室墙长廊道侧支孔出水输水系统，下闸首输水系统采用简单消能工的水平环绕对冲消能的平底板短廊道集中输水系统。上闸首输水廊道口进水断面尺寸为 3.3×3.5(m)(高×宽,下同)、3.1×3.5(m),下闸首输水廊道进水口断面尺寸为 3.5×3.5(m),出水孔两个,尺寸分别为 3.3×3.5(m)、3.1×3.5(m)。

闸墙廊道侧支孔进水口采用正面进水与顶面进水相结合的型式,阀门处廊道面积尺寸为 3.5×3.5(m),闸墙廊道放大至 4.0×3.8(m)。侧支孔孔数为 56 个,两侧交错排列,每侧 28 个,出水段布置长度达 156.6 m。上游支孔断面尺寸为 8×0.85×0.65+8×1.7×0.65(兼人孔)(m),中间支孔断面尺寸为 10×0.85×0.65(m),下游支孔断面尺寸为9×0.85×0.6(m)。

全分散输水系统方案布置详见图 4.6-3 至图 4.6-5(85 国家高程,本项目同)。

3. 输水系统评价

考虑到运东船闸扩容工程承受的最大水头为 7.13 m,一般运行水头为 5.5～7.0 m,且船闸运行频繁,下游引航道水流条件复杂,对水力指标要求亦较高,根据 Bernoulli 方程建立船闸输水数学模型,求解出船闸输水过程的水力特征值,并用那吉船闸 1∶25 船闸整体物理模型实测的灌泄水力特性曲线对数学模型进行了验证,得到以下主要结论。

(1) 在最大设计水头 7.13 m 及常水头 6.64 m 两种运行工况下,灌水阀门开启时间为 3～5 min、泄水阀门开启时间为 5～7 min 时,水力特征值、输水廊道压力特性及船舶、船队停泊条件均满足规范要求,输水平均时间均满足不大于 8 min 的设计要求。

(2) 在推荐的阀门开启方式下,输水时间控制在 8 min 以内,廊道顶部存在负压,最小负压为−2.40 m 水柱左右(出现在最大设计水头 7.13 m,阀门 6 min 开启泄水时的 0.5 开度时),但能够满足规范要求(不小于−3.0 m)。

(3) 为了给船闸运行提供较大的调整余地,在设计输水阀门启闭系统时,使其具备在推荐的阀门开启时间上下 1 min 浮动范围内可任意调节的能力,且两侧阀门应保持同步开启。为防止灌水时空气进入闸室,上闸首灌水阀门应采用封闭式(后止水),下闸首泄水阀门由于负压较大,采用侧压板止水(上止水)。

运东船闸扩容工程于 2016 年元月投入试运行,2019 年 9 月通过竣工验收并正式通航。船闸运行状况总体良好,全分散输水让船舶过闸更安全,通航保证率始终保持在较高水平,实践证明本船闸采用闸墙长廊道短支孔输水系统型式是合适的,该型式的输水系统对该船闸的水力指标范围(水头、输水时间及过闸船队)具有较佳的性价比,保证了船闸及过闸船舶的安全。运东船闸扩容工程的输水系统各部分尺寸布置适合船闸的具体条件,可供其他类似船闸设计参考。

4.6.3 京杭运河船闸扩容工程泗阳三线船闸工程

1. 项目概况

京杭运河素有“黄金水道”之称,而苏北运河是整个京杭运河运输最繁忙、航运效益最好的航段,货运量一直保持快速增长状态,对船闸通过能力要求很高。泗阳船闸位于泗阳县县城,是苏北运河自蔺家坝船闸而下的第七个梯级船闸。该梯级现有三线船闸,设计最大船舶吨级为 2 000 t,Ⅱ级船闸,其中一线船闸有效尺度为 230×20×5(m),二线船闸有效尺度为 230×23×5(m),三线船闸有效尺度为 260×20×5(m)。船闸承受单向水头,正向最大设计水头为 7 m,设计输水时间 8 min。

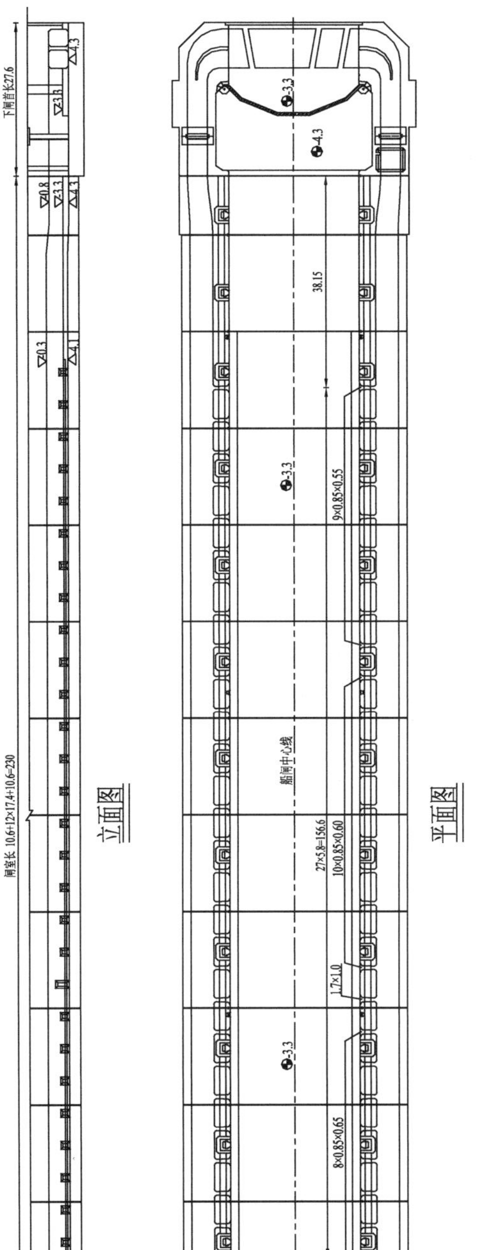

图 4.6-3　运东船闸输水系统布置图(长度、高程单位:m)

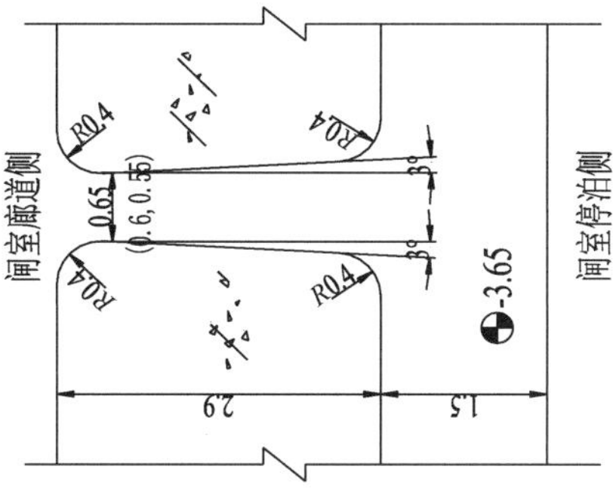

图 4.6-5　侧支孔布置图(长度、高程单位:m)

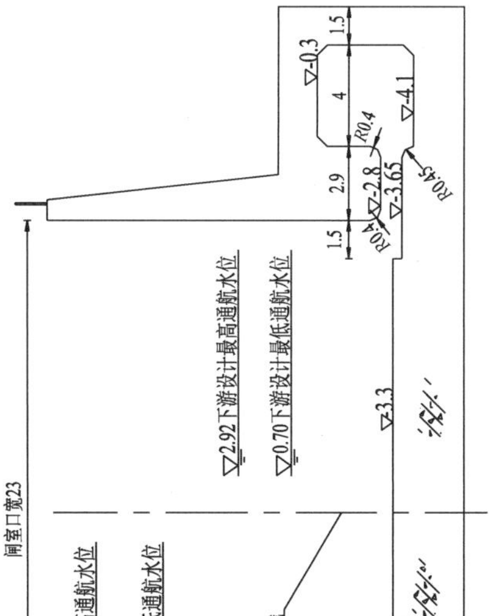

图 4.6-4　输水廊道段闸室断面图(长度、高程单位:m)

2. 输水系统方案介绍

由于本梯级船闸承受的最大设计水头为 7 m，为京杭运河苏北段沿线 11 个梯级船闸承受水头最大的一个。泗阳一、二线船闸均采用短廊道格栅消能集中输水系统，使用情况不理想。一线船闸闸室内水面波动较大，近闸首处水流掺气及紊动强烈影响船舶，尤其是小型船舶的停泊安全；二线船闸输水时的流量系数较低，闸室灌水时间较长，最大设计水头时的灌水时间将近 11 min，远不能满足船舶快速过闸的要求，且闸室内水流条件不够理想。三线船闸的闸室长度比一、二线船闸闸室长度增加 30 m，总长度达 260 m，如采用短廊道格栅消能集中输水系统，将使闸室内的水力学条件更为不利，且与上下梯级的船闸船舶过闸效率不匹配。

鉴于泗阳船闸运行频繁，对水力指标（满足闸室内的停泊条件，闸室灌水时间控制在 8 min 内，提高船闸通过能力）要求亦较高，设计三线船闸时，通过模型试验、技术、经济综合比较，确定本船闸合适的输水系统型式。

综合考虑后，三线船闸采用消能效果较好的倒口出流消能室集中输水系统、分散输水系统、局部分散输水系统这三种输水方案进行比选。

(1) 倒口出流消能室集中输水系统方案

短廊道出口连接一段长度与闸式宽度相同的横向廊道，水流经横向廊道底部格栅孔口出流，经孔口下方消力池水垫层及底板撞击消能。其布置尺寸及其特征值如下：进水口采用顶部格栅进水型式，水流分别进入两侧闸墙廊道，其末端分别与出水廊道相连，形成左、右各自独立的输水廊道，水流从上闸首正面与上面进水后，转两个 90°弯后，分别交叉进入闸首底板中部下跌倒口消能室内，从正面与反面出水。为减少正面进水对停泊船只的影响，还要求闸室首段布置消能工及变速开启门方式，以改善闸室水流条件。下闸首输水系统采用简单消能工的水平环绕对冲消能的平底板短廊道集中输水系统。

根据各种不利的工况计算，当出现最大设计水头 7 m 时的组合，如闸室输水时间控制为8 min，廊道进口水面有明显下凹，并产生旋转水流，表面呈负流速，且闸室镇静段出现横轴旋滚，底流较大，横向流速分布不均匀。只有当闸室输水时间达到 10 min，并采用变速开启阀门方式，闸室内水力学条件才能满足要求。此外，因受顶孔出流涌高的影响，闸室水面有轻度波动，虽然对系缆力影响很小，却对载重重心较高的小船泊稳不利，因此针对倒口出流消能室集中输水系统方案仍需进行物模试验论证。

(2) 分散输水系统方案

输水廊道在闸室墙 9 个结构段（180 m 闸室长度范围内）分别设置 36 个进出水孔。上闸首采用正面进水闸室墙长廊道侧支孔出水的输水系统，即水流从上闸首正面与顶面进水后，转 90°弯后，进入布置在闸室段的输水廊道，经侧面短支孔出水，进入闸室。从底板正面进水入闸首边墩输水廊道，然后通过闸室墙侧支孔出水，出水段廊道支孔断面的总面积为该廊道断面面积的 1.25 倍。下闸首出水口利用水流对冲消能，出水口布置消力槛消能。

根据各种不利的工况计算，当出现最大设计水头 7 m 时的组合，闸室输水时间为 413 s。此时，船舶在闸室内承受的最大水流作用力为 21 kN，小于 2 000 吨级船舶允许系缆力 40 kN，闸室内侧支孔最大平均流速为 0.36 m/s，小于允许值 0.86 m/s，均满足规范要求。

(3) 局部分散输水系统方案（闸墙廊道侧支孔型式）

局部分散输水系统介于集中输水和分散输水型式之间，输水廊道在闸室墙头部两侧 8

个结构段(140 m 闸室长度范围内)分别设置 28 个进出水孔。上闸首采用正面进水闸室墙长廊道侧支孔出水的输水系统，布置同分散输水系统方案，下闸首采用简单消能工的水平环绕对冲消能的平底板短廊道集中输水系统，同倒口出流消能室集中输水系统方案。局部分散输水系统方案布置详见图 4.6-6 至图 4.6-8(85 国家高程，本项目同)。

根据各种不利的工况计算，当出现最大设计水头 7 m 时的组合，闸室输水时间为 463 s。此时，船舶在闸室内承受的最大水流作用力为 28 kN，小于 2 000 吨级船舶允许系缆力 40 kN，闸室内侧支孔最大平均流速为 0.46 m/s，小于允许值 0.86 m/s，均满足规范要求。

3. 输水系统方案比选

三种输水系统方案在船闸灌泄水时间、闸室内的水力学条件、船闸通过能力、基坑开挖难度及工程投资方面存在一定的差异，结合工程造价，得出以下结论。

(1) 倒口出流消能室集中输水系统是一种较好的输水型式，工程费用最低，但由于受到船舶通过量、货运量的要求、设计水头、闸室尺度、船型及输水时间等因素的影响，不适应泗阳三线船闸输水时间 8 min 前提下控制船型停泊条件的要求。

(2) 分散输水系统输水时间最短，船舶通过量最大，闸室内船舶泊稳条件好，但施工较复杂，工程费用最高。

(3) 局部分散输水系统可满足灌泄水时过闸船舶在闸室内的泊稳条件，并能适应输水时间 8 min 的要求，且有富余。船闸采用局部分散输水系统，结构工程量比分散输水系统省，却具备分散输水系统水流条件好的一些特点，且不需要设置镇静段长度，从而使闸室有效停泊面积增加 230 m^2，比常规的封闭消能型式输水时间缩短约 4.5 min(常水头情况下，输水时间缩短 5.2 min)，船闸年通过能力将比现有船闸相同规模的集中输水型式提高约 11.5%，但主体建筑物工程费用仅增加 7%，产生的经济效益和社会效益相当可观。

因此，在相同输水时间条件下，通过对灌泄水时闸室内的流态、过闸船舶泊稳条件及工程造价分析，泗阳三线船闸最终选择采用局部分散输水系统的方案。泗阳三线船闸于 2009 年 5 月投入试运行，2010 年 12 月通过竣工验收并正式通航。经过十多年的运营，泗阳三线船闸的运行状况及水力特性明显优于一、二线船闸，再次验证了其采用局部分散输水系统的合理性。由此可推出，在平原地区繁忙航道上建设中低水头大型船闸，局部分散输水系统型式是较好的选择，推广应用范围很大，随着水运发展和航道渠化，具有较为广阔的前景。

4.6.4 芜申线高溧段航道整治工程下坝二线船闸工程

1. 项目概况

芜申线航道位于长江三角洲河网地区，横跨安徽、江苏、上海两省一市，是规划的长三角地区高等级航道网“二纵六横”和江苏省干线航道网“二纵五横”中重要的一横，水运地位十分突出，航道规划等级为Ⅲ级。下坝船闸位于南京市高淳县东坝镇，是芜申线航道上重要的交通节点，承担着大量的货物运输。该节点现有双线船闸，下坝一线船闸于 1989 年建成，船闸按Ⅴ级船闸设计，船闸有效尺度为 160×12(14)×2.5(m)，设计最大船舶吨级为 300 t。下坝二线船闸于 2014 年建成，设计最大船舶吨级为 1 000 t，Ⅲ级船闸，建设规模为 230×23×4(m)。船闸承受单向水头，正向最大设计水头为 9.78 m，设计输水时间为 8～10 min。

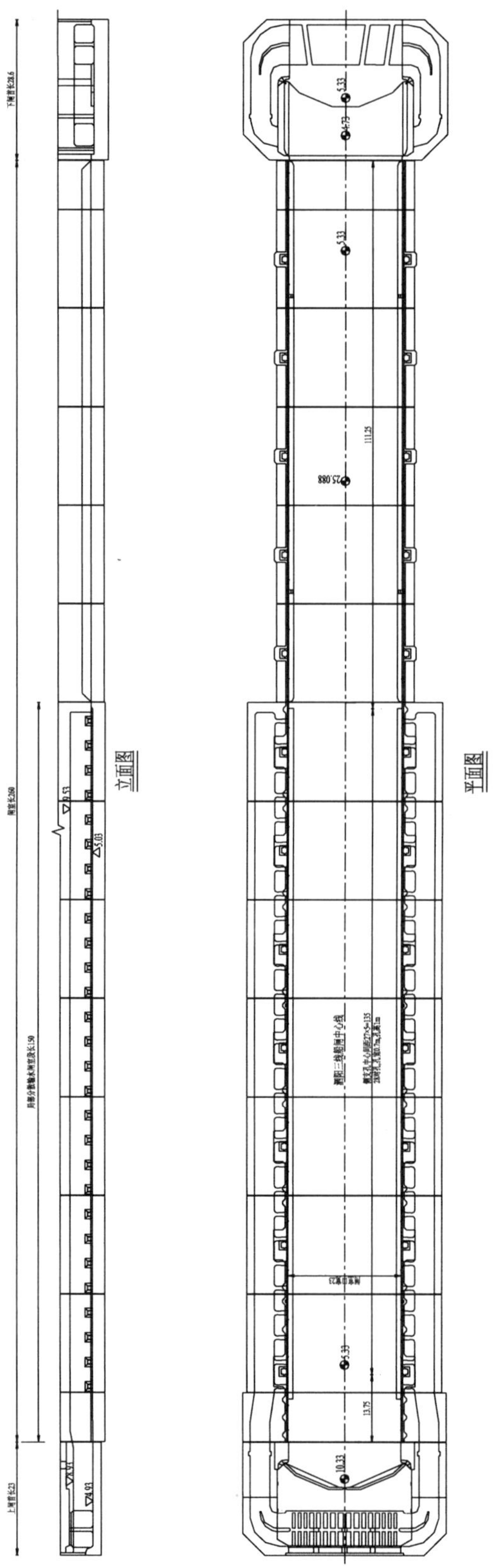

图 4.6-6　泗阳三线船闸输水系统布置图(长度、高程单位:m)

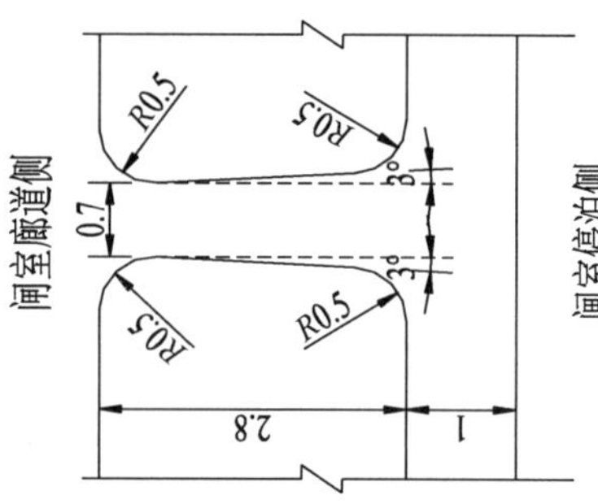

图 4.6-8　侧支孔布置图(长度、高程单位:m)

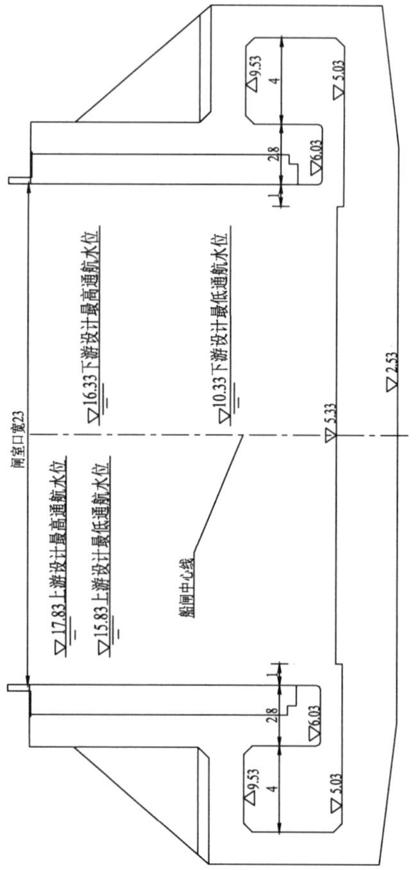

图 4.6-7　输水廊道段闸室断面图(长度、高程单位:m)

2. 输水系统方案介绍

下坝一线船闸采用的是传统的封闭式消能集中输水系统型式，输水时间约为 10 min，闸室水流条件较差。新建二线船闸有效尺度为 230×23×4(m)，较一线船闸大得多，其水位差亦有 9.78 m，加之随着货运量的增长，对输水时间的要求也更加严格，传统的输水系统型式已经不能满足二线船闸的灌泄水需求(平均输水时间为 12.65 min)。为此，二线船闸在设计过程中拟采用全分散输水系统和一种新型的局部分散输水系统进行比选，并通过相关数模、物模研究对这种新型的输水系统型式进行了论证及优化，得出合理的输水系统布置型式与闸门开启方式。

(1) 全分散输水系统方案

闸墙每侧设 28 个短支孔，间距为 5.80 m，出水段总长约占闸室有效长度的 70.6%。上闸首采用正面和顶面联合进水方式，进水口两侧通过水平转弯与灌水阀门段廊道连接，然后通过水平转弯和垂直转弯与闸室出水段廊道相连接，同时输水廊道尺寸由阀门处的 3.5×4.0(m)变为出水廊道段的 4.0×4.0(m)。下闸首泄水阀门段廊道通过水平转弯和垂直转弯与闸室出水段廊道相连接，同时输水廊道尺寸由出水廊道段的 4.0×4.0(m)变为阀门处的 3.5×4.0(m)。泄水阀门后再通过一次水平转弯与下闸首出水口连接，出水口断面面积取阀门处廊道断面面积的 1.7 倍左右，为使出水口水流尽可能均匀，在泄水阀门后水平转弯设中间隔墩，并在消力池内设对称消力槛，以调整出水口的出流分配。

根据各种不利的工况计算，当出现最大设计水头 9.78 m 时的组合，闸室灌水时间为 491 s，泄水时间为 532 s，均满足不大于 10 min 的要求。此时，船舶在闸室内承受的最大水流作用力分别为 7.71 kN 和 8.08 kN，均小于 1 000 吨级船舶允许系缆力 32 kN，但闸室灌水时的流速指标值高达 1.03 m/s，闸室泄水时下游引航道的最大流速为 0.98 m/s，也接近规范要求的上限。

(2) 局部分散输水系统方案(闸墙廊道闸底横支廊道型式)

船闸输水系统将出水段集中布置在闸首及相邻少部分闸室内，进口段由上闸首采用底板顶面格栅进水，经边墩廊道水平转 90°分别进入上闸首左、右侧闸墙廊道，而后经过阀门段后垂直跌落，再次水平转 90°进入闸室。经分流墩在水平向分为 2 个支廊道后，水流进入闸室的消能室。消能室两侧设出水口，设在第一节闸室(20 m 长)底板下部，出水口外侧设消能明沟，下游设 2 道消能明沟，上游设 1 道消能明沟，并利用闸首帷墙正面出水，水流经"T"形、"L"形消力槛等消能工消能后进入闸室。下闸首采用简单的集中输水系统，利用水流对冲消能，出水口布置消力槛消能。局部分散输水系统方案布置详见图 4.6-9 至图 4.6-11(85 国家高程，本项目同)。

经过水力计算与模型试验分析比较，综合考虑输水时间、船舶系缆力及水流流态等多种因素，确定最大水头时灌水阀门采用变速开启($t_{v1}=800$ s，$t_{v2}=400$ s，$n_1=0.32$)；常水位组合时采用匀速 $t_v=400$ s 开启；泄水阀门均采用匀速 $t_v=7$ min 开启。

在推荐的阀门开启方式下，不同运行工况下的原型闸室输水时间预计均可控制在 10 min 以内，船闸输水时间满足设计要求。灌泄水时，船舶在闸室内承受的最大纵向系缆力分别为 30.04 kN 和 27.2 kN，满足规范要求。船闸上闸首廊道进水口采用横支廊道顶支孔布置，进水口水流条件良好，且出水口消能布置可较好地适应不对称的引航道布置，保证了水流在引航道内的分布基本均匀。

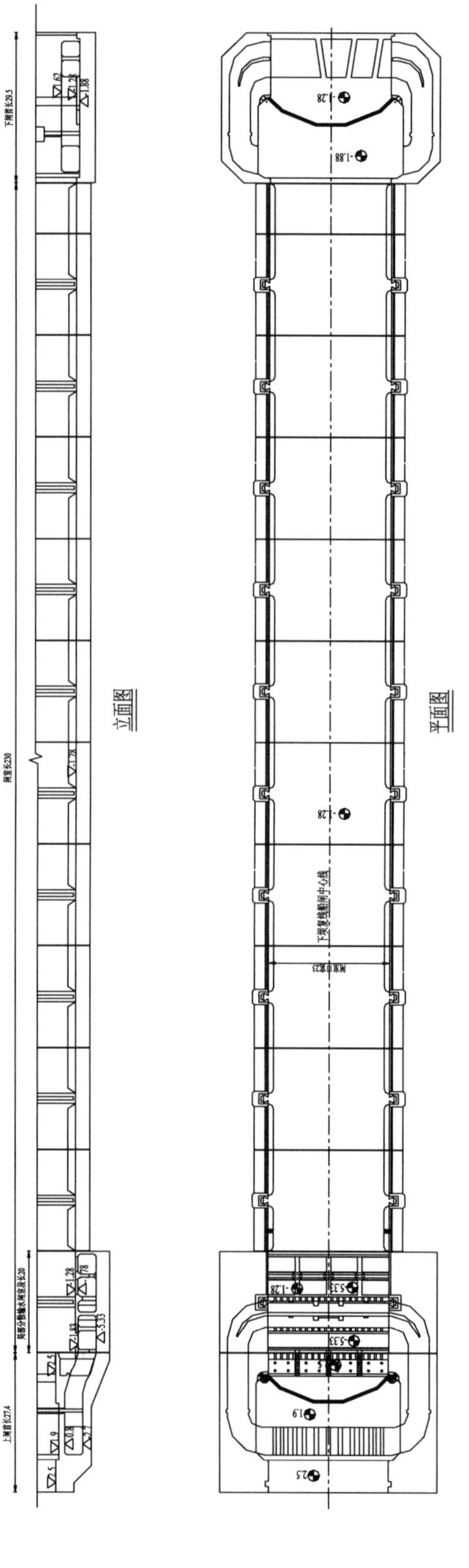

图 4.6-9　下坝二线船闸输水系统布置图(长度、高程单位:m)

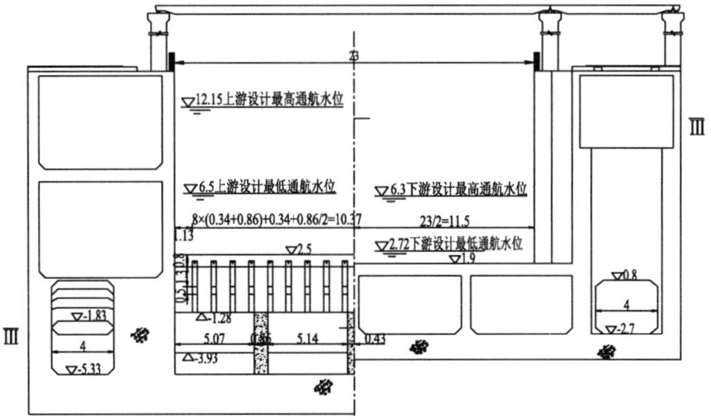

上闸首断面图 (I-I)

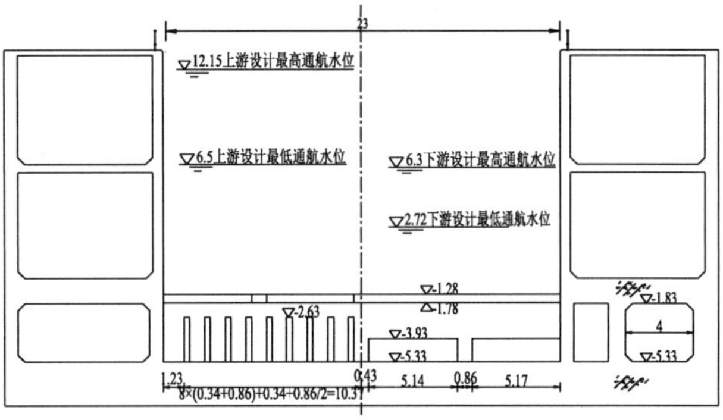

首节闸室（局部分散输水段）断面图 (Ⅱ-Ⅱ)

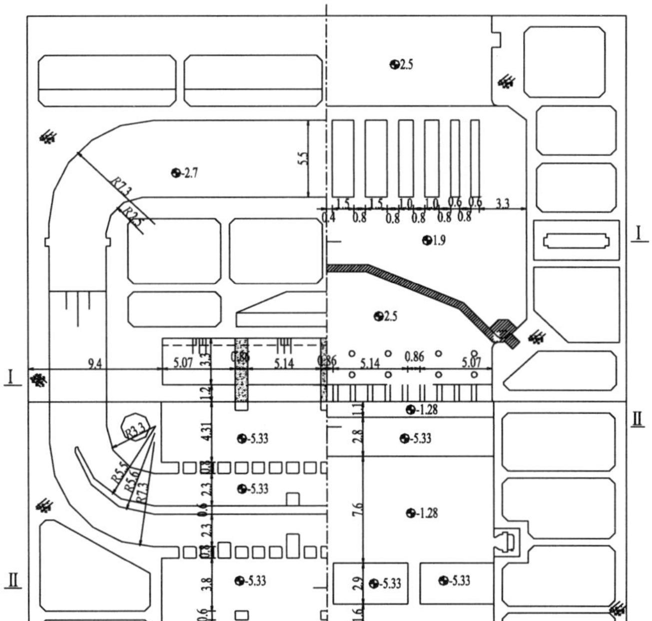

上闸首与首节闸室平面图 (Ⅲ-Ⅲ)

图 4.6-10　上闸首与首节闸室输水系统布置图（长度、高程单位：m）

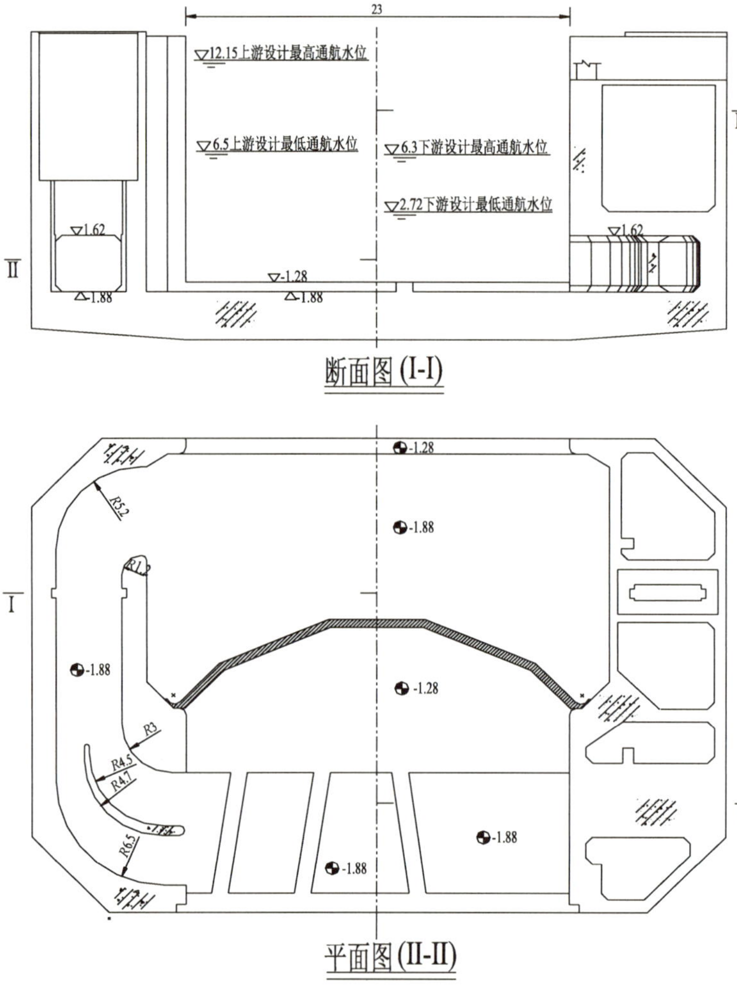

图 4.6-11　下闸首输水系统布置图(长度、高程单位:m)

3. 输水系统方案比选

通过水力计算及模型试验分析,从船闸输水系统运行安全及船舶安全快速过闸、提高船闸的通过能力来看,全分散输水系统和局部分散输水系统均能满足设计和使用的基本要求,但从造价及经济效益来看,局部分散输水系统方案优于全分散输水系统方案,具体结论如下。

(1) 下坝二线船闸采用局部分散输水系统方案的主体建筑物工程费比采用全分散输水系统方案少 1 029 万元,两者与集中输水系统方案(出自《芜申线(高溧段)航道整治工程工程可行性研究报告》)相比,前者主体建筑物工程费用仅增加 5%,后者增加 24%。

(2) 通过经济效益计算分析,局部分散输水系统的内部收益率为 11.70%,经济净现值为 17 494 万元,而全分散输水系统的内部收益率为 11.18%,经济净现值为 16 101 万元。

通过以上分析论证,下坝二线船闸最终选择采用局部分散输水系统的方案。下坝二线船闸于 2014 年建成,2015 年 1 月通过竣工验收并正式通航。经调研,下坝二线船闸营运状况良好,可以得出其采用局部分散输水系统方案是合理可行的结论。这种采用闸墙廊道闸底横支廊道型式的局部分散输水系统既有集中输水系统工程量较省、施工方便的优点，又有分散输水系统可降低初始波浪力提高阀门初始开启速度、缩短输水时间的优点；同时，由于采用了消能效果较好的侧支孔出水双明沟消能的布置，所以更具有水力条件好、可不设镇静段的优点，提高了闸室面积利用率。因此，局部分散输水系统是一种适合中低水头船闸的新型输水系统，对类似工程具有推广价值和重要的指导意义。

第五章 船闸水工建筑物

船闸水工建筑物是船闸工程的重要组成部分。其结构型式的选择和布置，在技术方面的合理性、可靠性和先进性，是船闸工程能否安全、可靠地长期运行的关键。

船闸水工建筑物结构主要有闸首、闸室和靠船、导航及隔流结构等。

船闸闸首是船闸工程的关键部位，是克服水头的主要结构，不仅布置在闸首的设备较多，而且其受力状态十分复杂。船闸闸室位于上、下闸首之间，是船舶过闸的主要通道，同时可以为船舶提供一个随着水位升降的空间。

船闸的靠船结构通常指靠船墩，其功能主要是供引航道内的进闸船舶在闸前等待进闸时临时停靠；船闸的导航结构，通常指布置在闸前的导航墙，主要引导进闸的船舶由引航道进入船闸；引航道隔流结构，通常是指为改善引航道口门区的通航水流条件或减少引航道内泥沙的淤积，而在船闸上、下游设置将引航道水域与主河道隔开的结构。

相对于山区船闸，平原地区的船闸水工建筑物结构主要有以下几个特点。

(1) 船闸上下游水位差相对较小，大多数在 5～10 m 之间。

(2) 受平原地区河网的水利管控，水位无明显的骤升骤降。

(3) 场址主要以土基为主，地基承载力相对不高。

(4) 水工挡水建筑物的挡水高度相对较小。

5.1 平原地区船闸工程水工建筑物设计的主要原则

5.1.1 设计主要原则

平原地区船闸工程的水工建筑物应根据船闸功能需求、总平面布置、施工围堰、基坑支护以及与临近建筑物的关系等进行合理科学的设计，并应考虑以下主要设计原则。

(1) 应优先考虑整体刚度较大的上部结构型式以及结构的均匀对称性，合理设置沉降缝，避免采用对不均匀沉降敏感的结构型式。

(2) 应充分考虑基础持力土层的承载力等特性，宜采用轻型上部结构。

(3) 可利用平原地区水位稳定、水量充沛的特点，充分考虑引航道护岸生态绿色的设计。

(4) 地基中的软弱土厚度影响上部结构安全稳定时，应结合软弱土的工程分类、物理力学指标、渗透性等资料进行分析设计，并充分考虑地基处理型式的可靠性、经济性、环保性。

(5) 周围环境不允许大开挖时，应选用合适的基坑方式，亦可考虑永临结合的结构型式。

(6) 设计方案应充分考虑施工工艺、施工设备等，并按相关环保要求，严格控制施工产生的废气、废水、噪声及固废等污染。

5.1.2 各水工建筑物高程的设计原则

平原地区船闸工程的水工建筑物相应高程主要与上下游水位、船闸等级、水利防洪等有关，具体设计原则详见下表。

表 5.1-1 水工建筑物高程的设计原则

序号	部位	高程拟定的原则
1	上闸首边墩顶	结构布置要求与防洪要求综合确定
2	上闸首闸门顶	上游设计最高通航水位(或防洪水位)加安全超高，并考虑结构布置
3	上闸首门槛顶	上(下)游设计最低通航水位减设计最小门槛水深
4	下闸首边墩顶	结构布置要求与防洪要求综合确定
5	下闸首闸门顶	上(下)游设计最高通航水位(或防洪水位)加安全超高，并考虑结构布置
6	下闸首门槛顶	按下游设计最低通航水位减设计最小门槛水深
7	闸室墙顶	按上(下)游设计最高通航水位加空载干舷高
8	闸室底板顶	按上(下)游设计最低通航水位减设计最小门槛水深
9	上游导航墙顶	按上游设计最高通航水位加安全超高
10	上游靠船墩顶	按上游设计最高通航水位加空载干舷高
11	上游导航墙护坦顶	按上游设计最低通航水位减设计最小门槛水深
12	上游引航道底	按上游设计最低通航水位减引航道水深
13	下游导航墙顶	按下游设计最高通航水位加安全超高
14	下游靠船墩顶	按下游设计最高通航水位加空载干舷高
15	下游导航墙护坦顶	按下游设计最低通航水位减设计最小门槛水深
16	下游引航道底	按下游设计最低通航水位减引航道水深
17	上游远调站和停泊锚地顶高程	按上游设计最高通航水位加安全超高
18	上游远调站和停泊锚地底板顶高程	按上游设计最低通航水位减航道水深
19	下游远调站和停泊锚地顶高程	按下游设计最高通航水位加安全超高
20	下游远调站和停泊锚地底板顶高程	按下游设计最低通航水位减航道水深

5.2 闸首结构

将闸室与上、下游引航道或相邻两级闸室隔开的挡水建筑物称为闸首，其中位于上游端的称为上闸首，位于下游端的称为下闸首。在闸首内设有工作闸门(用来封闭闸首口门，将闸室与上、下游引航道隔开)、检修闸门、输水系统(供闸室灌、泄水用,如输水廊道等)、输水阀门及启闭机系统等。此外,在闸首上还设有交通桥及其他辅助设备。

5.2.1　结构主要型式

闸首结构由两侧边墩和底板构成,平原地区一般采用钢筋混凝土或混凝土等材料刚性连接的整体式结构。闸首结构型式的选择主要取决于船闸的设计水头、地基条件和设备布置等因素,其控制性技术条件一般为地基承载力不足、沉降不均匀及结构变形等,设计时应通过技术经济比选确定。

5.2.2　结构特点及适用条件

整体式闸首结构具有稳定性好、基底应力较均匀、边墩不均匀沉降小、对地基适应性较强、抗震性能好、对闸门工作条件友好等优点,但其底板拉应力比较大、钢筋用量高,且混凝土浇筑仓面大、温控要求高,通常需设置施工宽缝,增加了施工难度。

对于平原地区,地基主要以土基为主,地基承载力相对不高,地基不均匀沉降相对明显,因此闸首大多采用整体式结构。为了减小整体式闸首结构的自重,降低浇筑大体积混凝土时产生的水化热,平原地区整体式闸首通常会在边墩及底板设置空箱,空箱大小根据结构受力与构造要求确定。

5.2.3　结构布置及构造

船闸闸首一般设有输水廊道、闸门、阀门及其启闭机械,以及其他相关设备。因此,闸首结构布置及尺寸与地基及结构受力条件、所选用的闸阀门型式及其启闭机械布置、输水系统的型式及其布置等密切相关。一般是在选定闸门、阀门型式和输水系统后,依据使用要求、结构稳定、强度、刚度要求等,根据经验和必要的计算拟定闸首的轮廓和各部位尺寸。

1. 闸首长度

按照地基条件、结构布置和受力情况,闸首在长度(顺水流)方向一般可分成 3 段,分别是门前段长度 L_1 、门库段 L_2 和闸门支持墙段 L_3 ,如图 5.2-1 所示(以人字闸门的闸首为例)。

(1) 门前段长度 L_1

上闸首门前段长度主要根据检修闸门尺度、门槽型式及检修闸门受力要求确定。为缩短闸首长度,节约工程投资,可将检修门槽设于闸首与相邻导航墙的连接处(图 5.2-2),门前段的长度最小可压缩至 1.0 m 左右。但因门槽设在两结构的连接处,当两结构存在不均匀沉降时,可能造成门槽不规整,给维修带来不便,因此需慎重采用。在设置检修门槽不增加闸首长度的情况下,应尽量使检修门槽布置在闸首范围内。

下闸首的门前段长度较短,通常为 1.0～4.0 m,根据设备布置要求而定。门前段除安置检修门槽外,若为短廊道输水,则门前段长度还需考虑廊道进、出口布置的要求。

(2) 门库段长度 L_2

门库段长度主要取决于工作闸门的型式和尺寸,船闸工作闸门常用的型式有人字闸门、三角闸门和平板闸门(包括横拉式、提升式及下沉式平板闸门)。

①人字闸门

对于人字闸门,门库段长度与闸首口门宽度、门库深度以及闸门与船闸中心线的夹角

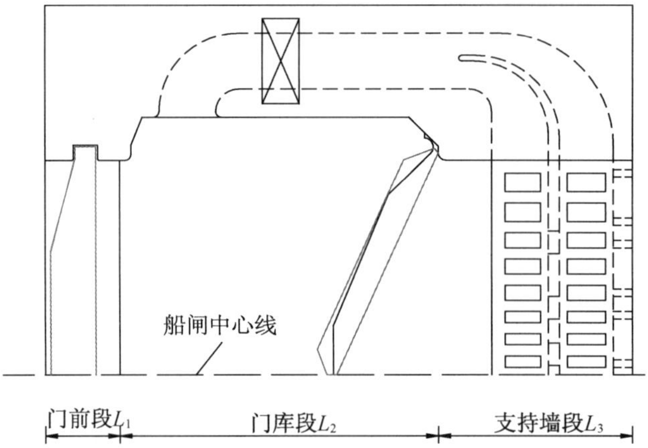

图 5.2-1　闸首纵向平面布置长度示意图

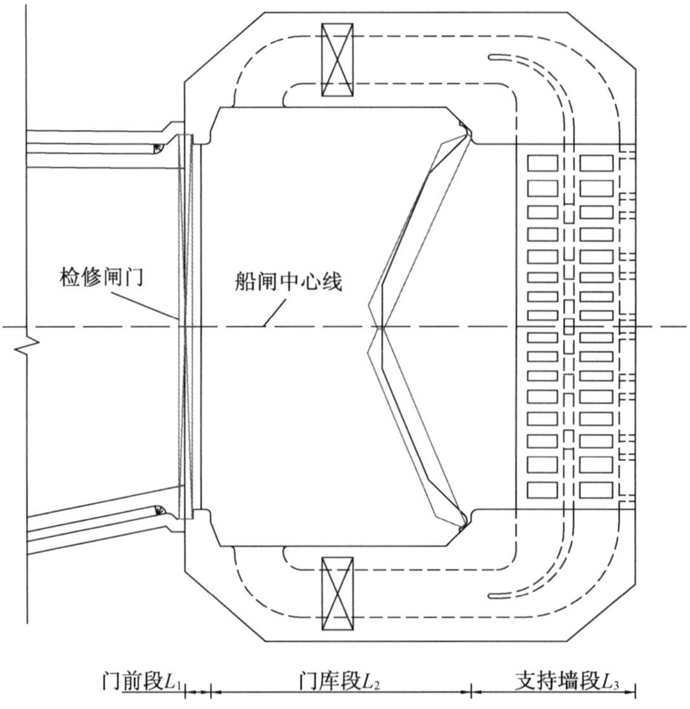

图 5.2-2　检修门槽设于闸首与相邻导航墙连接处

有关，可按式(5.2-1)计算：

$$L_2 = \frac{(0.55 \sim 0.6)(B_c + d)}{\cos\theta} \tag{5.2-1}$$

式中：L_2——闸口门库段长度；

B_c——闸首口门宽度(m)；

d——门库深度(m)，通常为闸门厚度的 1.3～1.5 倍；

θ——人字门轴线与船闸横轴线夹角。

为减小闸门启闭时的动水阻力，适当加大闸门与闸首边墩之间的富裕是一种有效措施，但会增加闸首工程量，据国内外已建大中型船闸统计，人字门的门库长度通常为门扇宽度的1.1～1.2倍。当开关门时间要求较高且侧门宽度和淹没水深较大时，可适当加大门库深度。

为减小闸首长度，经常将头部集中输水的廊道进口布置在门库段，此时门库段还需考虑廊道进口布置、闸阀门型式及其启闭机械布置的要求。

②三角闸门

三角闸门门库较大，其外形尺寸除要满足闸门尺度及构造要求外，还需满足输水消能的要求。据已建船闸三角闸门门库尺度统计，其门库长度可按式(5.2-2)计算：

$$L_2 = (0.5 \sim 0.7)B_c \tag{5.2-2}$$

式中符号含义同前。

③平板闸门

当闸首工作闸门采用平板闸门时，门库段长度由船闸的水头和闸门厚度确定。对于横拉式平板闸门，其门槽宽度由闸门厚度，上、下游支承木及闸墩楔形支承结构厚度组成。据国内外已建船闸统计，矩形横拉闸门的厚跨比一般在1/7～1/4之间，上、下游支承总厚度通常为1.0 m左右。横拉闸门门库的内部尺寸应适当放宽，以便于安装、检修和维护。对于提升式或下沉式平板门，其门槽宽度通常为闸首口门宽度的1/8～1/6。

(3) 支持体段长度 L_3

闸门支持段需满足结构稳定及强度的要求，并需考虑输水廊道进出口布置的要求。根据已建船闸统计，支持体段长度变化幅度很大，大致为0.3～1.2倍设计水头，或者0.4～2倍边墩自由高度。

闸门为人字门的闸首，支持体段为三向受力结构，如按其独立工作来进行稳定和强度验算，则需要有足够的长度。大型水利枢纽中的船闸，通常水头较高，人字门的推力较大，设置稍长的支持体段，不仅能够充分利用混凝土抗压强度，且能使闸首整体应力分布得比较合理，同时支持体段还可作为闸室有效长度使用，是比较经济合理的做法。但在平原地区，水头普遍不高，通常将支持体与门前段、门库段连成整体(一般单节闸首长度不大于30 m)，联合受力，满足闸首自身稳定及强度要求。

2. 边墩宽度

闸首两侧边墩一般对称布置，但也会视地形、地质条件及总体布置要求采用不对称布置。闸首边墩宽度主要取决于结构受力条件和布置要求，与船闸水头大小、地基性质、结构型式、输水系统布置和闸阀门型式等有关。

(1) 闸首边墩下部宽度

闸首边墩下部宽度一般根据门库深度、廊道宽度和转弯半径及阀门井尺度等因素确定，据已建船闸的统计，边墩宽度一般取2～3倍廊道宽度。

(2) 闸首边墩顶部宽度

边墩的顶部宽度主要考虑使用要求，如满足启闭机械及机房、交通通道、管理及维修场地，以及其他设备等的布置要求。为节省工程造价，也可在闸首边墩顶部设外挑牛腿或高架平台来加大边墩顶部宽度。

3. 闸首墙顶高程

闸首墙顶高程根据闸门门顶高程、结构布置和构造、交通要求、邻近挡水建筑物高程等确定。

(1) 人字闸门及三角闸门闸首墙顶高程要根据人字闸门顶枢的构造和布置要求确定。

(2) 横拉闸门闸首顶高程主要根据门顶设桥与否、横拉门入门库检修时的要求确定。

(3) 如按以上原则确定的闸首墙顶高程低于闸室墙顶部高程时,则应取与闸室墙顶齐平。

(4) 位于枢纽工程中的船闸,其挡水前缘的闸首顶部高程应不低于相连的枢纽工程建筑物挡水前缘的顶部高程。

4. 底板厚度

闸首底板型式以平底板为主,有时受制于输水系统的布置,底板呈框架式结构,如图5.2-3所示。

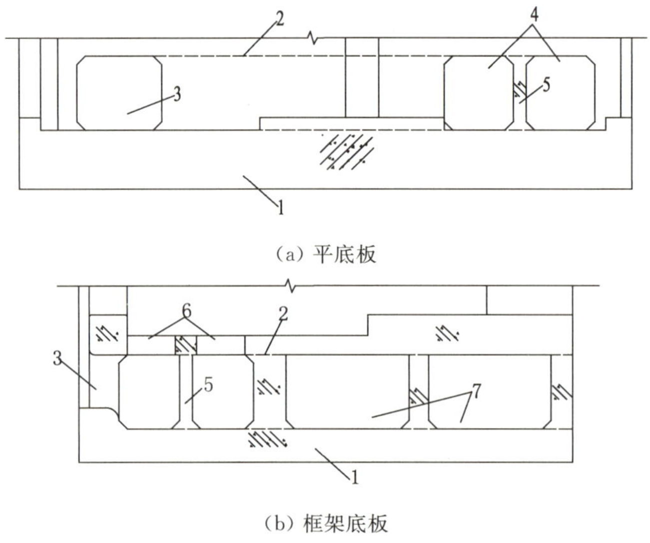

1—底板;2—廊道;3—进水孔;4—出水孔;5—分水导墙;6—格栅;7—空箱。

图 5.2-3 闸首底板示意图

整体式底板厚度与输水布置、边墩高度、地基条件、回填土高程、闸首口宽等均有关系。

考虑到整体式闸首底板拉应力比较大,初步布置时,平底板厚度可取边墩自由高度的1/4.5~1/3.5,但不应小于其跨径的1/7~1/6,根据边荷载弯矩折减的不同,砂性土地基取较大值,砂性土可取小值。如闸首进行地基处理,地基为岩石或闸首施工时预留施工宽缝,则闸首底板厚度可进一步减薄。

框架底板厚度一般受输水布置控制,取决于输水廊道的高度,上顶板受拉应力大,底层以受压为主。上顶板最小厚度不宜小于0.8 m,下底板最小厚度不宜小于1.5 m。

5. 闸首分缝

闸首结构尺度较大,且结构型式和受力状态比较复杂。为防止因大体积混凝土温度收缩和地基不均匀沉降而导致结构产生裂缝,沿水流方向一般不设缝。

为减少地基反力,适应边墩与底板由于自重影响造成的不均匀沉降,在垂直水流方向的底板上设置左、右两道施工缝。闸首分缝有两种,一种为永久缝,一种为临时缝。前者适用于分缝后的各结构块能独立满足稳定和强度要求,其缝面一般为垂直贯通平面,缝宽可采用1~2 cm;后者常用于承受很大荷载的大型船闸,作为大体积混凝土温控措施和减小底板弯矩手段的一种施工临时缝。施工临时缝有宽槽缝和键槽缝两种典型型式。土基上的闸首底板通常采用宽槽缝，待边墩及回填土填筑至顶后，通过加设过缝钢筋回填宽槽，将底板与边墩连成整体共同受力。

6. 闸首止水

闸首所有结构分缝都应设置止水，重要船闸的闸首结构分缝应设两道止水。运行实践表明，船闸结构缝往往是船闸防渗系统的一个薄弱环节，设计止水系统时应充分考虑止水检查和渗漏处理的要求，可将止水系统分隔成若干个独立分区，并在两道止水之间设置止水检查槽，施工完成后进行压水检查，有渗漏的分区，可利用止水检查槽灌注遇水膨胀性材料封堵，或采取在缝口嵌填塑性止水材料、粘贴防渗盖片等措施。

5.2.4　结构计算

整体式闸首应进行整体抗滑、抗倾、抗浮、渗流稳定性和地基承载力验算，以及结构强度和限裂等计算。

闸首结构是整个船闸最复杂的结构，其计算属于空间问题，为简化计算，通常将空间问题简化为平面问题，分段进行。但随着有限元软件的应用与推广，闸首结构和地基可以建立三维有限元模型，模拟施工过程，较精确地计算出在各种工况下闸首各部位的应力大小和位移。根据有限元计算结果的收敛情况，对闸首的稳定性作出判断。

5.3　闸室结构

5.3.1　结构主要型式

船闸闸室结构型式应根据地基条件、水头大小、输水系统型式、材料来源和施工条件等因素，通过经济比较确定。闸室结构型式可分斜坡式和直立式两种。其中斜坡式闸室虽然具有结构简单、造价低等优点，但灌泄水的容积比直立式的大得多，延长了灌泄水时间，降低了船闸的通过能力，并增加了过闸耗水量；并且船闸过闸时容易搁置在斜坡上以致发生事故，同时护坡的维护工作量较大，随着工程技术的进步，斜坡式闸室在新建船闸工程中已不再采用。

直立式闸室结构由闸墙和闸底组成。按其构造可分为整体式结构和分离式结构两大类。两侧闸墙和底板浇筑在一起的称为整体式结构，如图 5.3-1 所示。

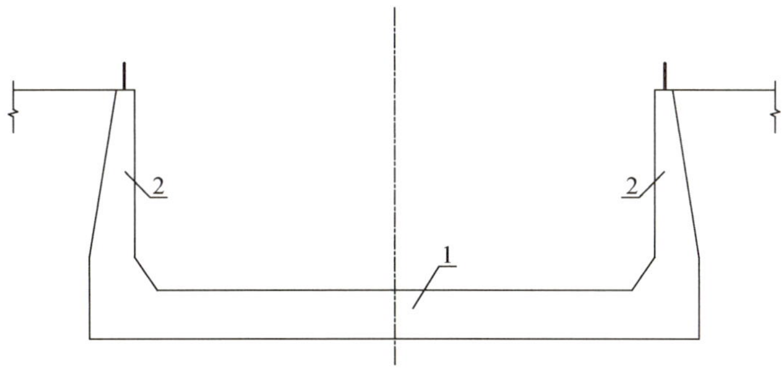

1—闸室底板；2—闸室墙。

图 5.3-1　整体式结构

闸墙和闸底分开设置的为分离式结构，分离式闸墙类型较多，主要有板桩、重力式、悬臂式、扶壁式、衬砌式、混合式等型式，在平原地区常用的主要是前四种结构型式，如图 5.3-2 所示。

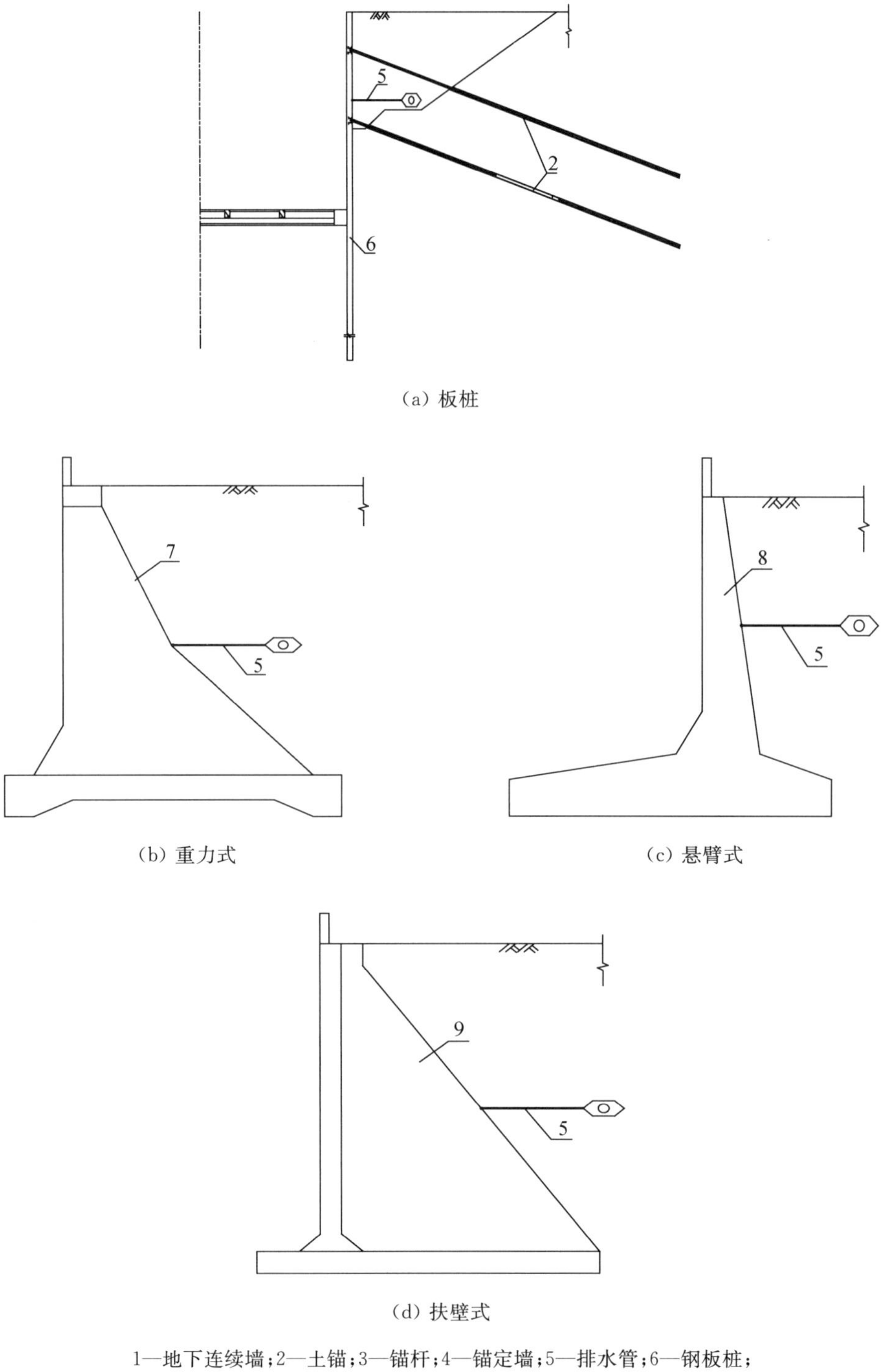

（a）板桩

（b）重力式

（c）悬臂式

（d）扶壁式

1—地下连续墙；2—土锚；3—锚杆；4—锚定墙；5—排水管；6—钢板桩；
7—重力式闸墙；8—悬臂式闸墙；9—扶壁式闸墙。

图 5.3-2　分离式结构

5.3.2　结构特点及适用条件

关于斜坡式闸室，在前文中已介绍现不再采用。故本节主要介绍直立式闸室结构，直立式又可分为整体式结构和分离式结构两大类。

1. 整体式结构

整体式闸室结构整体刚度较大，能够较好地适应由软弱地基引起的地基沉降变形，适用于水头较大、闸墙较高且地基较差或具有软弱夹层的情况。

2. 分离式结构

（1）底板结构

分离式底板按是否透水分为透水底板和双铰底板。

①透水底板

平原地区的分离式闸室大多采用带有横撑格梁的透水底板。透水底板下部应设反滤层，当顶层采用浆砌石或混凝土结构时，闸底板顶层应设排水孔，排水孔间距可取 2～3 m，孔内应采用碎石填充。反滤层采用中石、小石、中粗砂构成。砂性地基的反滤层多为 3～4 层；黏性地基则多为 2～3 层。透水底板应布置纵横格梁，每个格梁控制的平面尺寸不宜大于 30 m^2，纵横格梁断面尺寸不宜小于 0.4×0.4（m）。当利用格梁起横撑作用时，格梁宜采用钢筋混凝土结构。

透水底板比较经济，但只适用于水头较小、地基对渗透变形不敏感的情况；当水位差较大，地基为细砂、粉砂、粉质土等时，闸室则可采用双铰式不透水底板。

②双铰底板

在地基土质较差或水位差较大、防渗难以满足的细砂、粉砂、粉质土等地区，以及限制变位的闸首情况下，可采用双铰底板。

双铰底板是两侧闸墙的前趾与底板以斜接或搭接组成两个假想铰，并在铰接处设止水以形成不透水的分离式结构。接缝缝宽可取 20～30 mm。这种型式具有不透水及抗浮、抗渗性能好，闸墙与底板分别受力可减小底板中部的弯矩等优点。有关资料表明，双铰底板使闸墙与底板共同工作，可降低对闸墙抗滑安全度的要求，减小地基反力，节省防渗设施。

双铰底板的轮廓尺度一般按下列因素考虑：合理安排铰的位置，使中底板与闸墙前趾的最大弯矩值相近。

（2）闸墙结构

分离式闸室按闸墙分类，主要有板桩和地下连续墙、重力式、扶壁式、悬臂式等型式。

①板桩和地下连续墙结构

闸墙主要依靠入土一定深度的板桩或地连墙来满足挡土的结构稳定，桩身的位移可以通过提高刚度或是采用拉锚进行控制，一般适用于无法大开挖施工的情况。闸墙应具有足够的刚度，产生的挠曲变形和闸墙变位不应影响闸室有效宽度。

②重力式结构

闸墙一般依靠自重维持稳定，地基反力较大，且承受水平力，其合力产生偏心，致使地基反力不均匀，最大反力接近于平均反力的 2 倍，对地基承载能力要求较高，因此重力式结构只适用于较好的地基。对于淤泥、淤泥质土、冲填土、杂填土或其他高压缩性土层，则不宜采用重力式结构。若必须采用，则需对地基采取工程措施，以改善受力状态或增强地基强度。

③扶壁式结构

闸墙由立板、肋板和底板组成，底板分为趾板和内底板。闸室分段的端部一般均设肋板。立板、肋板和底板等的连接部位须设置倒角。

④悬臂式结构

闸墙是由墙身、底板和后悬臂组成，从船闸轴线分成两半的对称结构，在底板中间接缝中设置有止水。悬臂式结构适用于地基承载力较低的地基且闸墙高度和闸室宽度之比较大的情况。

5.3.3 结构布置及构造

1. 整体式结构

整体式闸室结构的断面尺寸需根据强度和构造确定。闸墙顶的宽度一般取 0.6～0.8 m。当墙后填土不到顶时，需根据闸顶工作要求加设牛腿以放宽墙顶。闸墙的底宽和底板厚度一般约为墙高的 0.16～0.25 倍。

对于大型船闸，墙高底板宽，施工期可能产生较大的不均匀沉降。为改善底板的工作条件，在底板设置临时施工缝，待闸墙沉降基本完成后，再进行封缝形成整体，以减小底板的内力。

底板临时施工缝一般在靠近两侧闸墙各设一条，其缝宽为 1～1.5 m，为有利于闸墙单独稳定，临时缝与闸墙的距离，一般约为 2.5～3 m。

2. 分离式结构

(1) 板桩和地下连续墙结构

板桩和地下连续墙应按现行行业标准《码头结构设计规范》(JTS 167)进行设计，同时应满足闸墙附属设施布置的要求。在设计最低通航水位以下 0.5 m 至墙顶范围内，地下连续墙的闸墙面应设现浇钢筋混凝土衬砌，并应与墙体整体连接。

对于板桩接缝处，应在墙后设置可靠的防渗设施，保证墙后土体的渗透稳定。板桩和地下连续墙入土深度应满足整体稳定和地基渗透稳定的要求。墙身受力应计入闸底横撑和边纵梁的作用，可按竖向弹性地基梁进行内力计算。

锚碇结构型式可采用锚碇墙、锚碇板、锚碇叉桩、锚碇板桩或锚碇桩，对抗剪强度较好的土层，也可采用土层锚杆。

(2) 重力式结构

重力式闸墙结构宜采用混凝土或钢筋混凝土结构。按断面型式可分为梯形和衡重式两种。衡重式闸墙结构对地基要求较高，荷载变化反应灵敏，因此在土基上的重力式闸墙以梯形断面为主。梯形结构底宽大，能适应荷载变化，稳定可靠，但不能充分发挥墙身材料的强度，工程量大，投资亦大。

重力式闸墙一般采用折线型墙背坡。重力式闸墙的顶宽主要根据交通安全要求，并结合回填土是否到顶以及砌筑石料尺寸等因素确定。一般墙顶宽度不小于 0.6 m，顶部应设置高度不小于 0.3 m 的现浇混凝土压顶。当闸身基础采用混凝土底板时，应在墙身与底板结合部的混凝土内预埋石榫。

(3) 扶壁式结构

立板厚度应根据扶壁高度和混凝土施工工艺确定，预制扶壁立板厚度不小于 0.4 m，悬臂端厚度应满足布置止水的构造要求，扶壁肋板厚度不应小于 0.3 m，顶宽不宜小于0.8 m，底宽应与底板宽相同。趾板前段厚度不应小于 0.35 m，内底板厚度不应小于 0.3 m。立板、肋板和底板等连接部位应设置倒角。当扶壁结构顶部设有胸墙时，立板和肋板竖向钢筋应伸入胸墙。

(4) 悬臂式结构

闸墙与底板的断面尺寸应满足强度和构造要求。闸墙顶部宽度宜取 0.6～0.8 m，中缝处的底板厚度应满足止水布置的构造要求，不宜小于 0.6 m。为确保安全，在中缝处设置两道止水为好。

5.3.4　结构计算

由于闸墙的长度远大于宽度，且作用其上的荷载通常是沿着闸室长度均匀分布的，因此可按平面问题选取一个标准断面进行计算。如果闸墙高度变化较大，当地基条件较复杂时，则须根据具体情况，选取几个断面分别进行计算。随着有限元软件的应用与推广，闸室结构也可通过建立有限元模型进行计算。

1. 整体式结构

整体式闸室须进行下列验算：整体稳定性验算，包括抗浮稳定性验算和抗滑稳定性验算；截面强度验算，包括闸墙计算和闸底板计算。

由于整体式闸室承受较大的扬压力，因此须验算抗浮稳定性，一般以检修工况闸室抽空作为控制情况。对于地基中有倾斜的软弱层面，或由于结构受力不对称，当闸室墙一侧地面高程低于另一侧时，还应验算其侧向抗滑稳定性，防止整个闸室结构向某一侧向滑移，如图 5.3-3 所示。

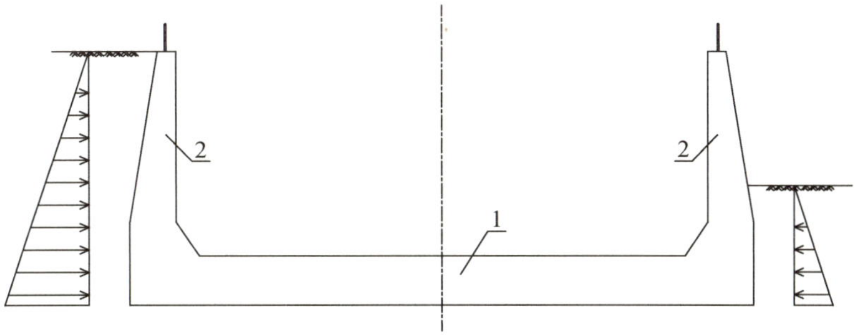

1—闸室底板；2—闸室墙。

图 5.3-3　不对称受力情况下闸室稳定

闸墙应根据受力情况按悬臂梁或偏心受压构件验算截面强度。计算截面应力时须考虑渗透水压力。

关于整体式闸室的底板计算，通常简化为平面形变问题的地基梁进行计算。地基梁的计算目前分为两大类型：一是按基床系数假定的方法；二是按弹性半无限体和有限弹性压缩层假定的方法。当地基可压缩层较厚时，可按半无限大弹性体或有限弹性压缩层假定进行计算;当压缩层厚度小于0.25倍闸底板半宽时,可按基床系数假定进行计算。

地基按弹性体假定计算底板内力时,应考虑边荷载的影响。边荷载分布值应根据回填土形状确定,其分布长度可取1～1.5倍闸底板半宽。边载的分布形状视回填土断面形状而定,一般为三角形分布或矩形分布。具体计算时,可将边荷载化为若干个集中力,分别计算对底板的内力值,然后叠加为整个边荷载作用下底板的各种内力值。

边荷载的作用在设计中应该计入多少,主要根据地基的性质而定。一般砂性地基的沉降往往在施工期间可以完成总沉降量的80%左右,而黏性土地基的沉降则需要经历相当长的时间才能完成。在实际工程中,需考虑这一特点。

对于整体式大型船闸,施工期可在底板上设临时施工宽缝,并在宽缝底部设临时止水,待闸墙沉降基本稳定后,再进行封缝形成整体。在底板内力分析计算中,可考虑闸墙和回填土自重力对地基的预压效果。

2. 分离式结构

底板地基反力和内力可按弹性地基梁计算。透水底板的格梁设计应考虑边墩不均匀沉降的影响因素,按偏心受压构件计算。

当底板柔度指数大于1时,双铰底板地基反力和内力宜按带双铰的弹性地基梁计算。当底板柔度指数不大于1时,双铰底板的地基反力可近似按折线分布。双铰底板铰接处的承压面应进行局部强度验算。作用在双铰底板上水平力的作用点位置应考虑墙后边载和负摩擦力等因素影响,可取底板中心线以下1/6～1/4板厚处。

底板应进行抗浮稳定性验算。当自重不能满足抗浮稳定性时,根据具体条件可采用设置锚筋将底板锚固在地基上、底板两端支撑在闸墙上或底板下设纵横向排水系统等方法,通过技术经济比较确定。

有廊道的底板可按弹性地基上的框架或按均布地基反力的框架进行计算。在验算结构强度时,应考虑动水荷载,当缺少水力实测资料时,总水压力可取静水压力的1.3～1.5倍。

(1) 板桩和地下连续墙结构

板桩和地下连续墙结构计算内容包括:

①前墙入土深度、前墙内力、拉杆拉力;

②锚碇结构的稳定性;

③板桩和地下连续墙闸墙结构的整体稳定性;

④桩的承载力;

⑤构件强度。

(2) 重力式结构

重力式结构须进行下列强度和稳定验算,计算内容包括:

①整体稳定性验算,包括抗滑稳定和抗倾稳定验算;

②地基承载力验算;

③渗流稳定验算;

④土基沉降计算;

⑤截面强度验算。

(3) 扶壁式结构

扶壁式结构须进行下列强度和稳定验算，计算内容包括：

①整体稳定性验算；

②地基承载力验算；

③立板、肋板和底板强度计算；

④肋板与立板、肋板与底板的连接强度计算；

⑤渗透稳定验算；

⑥地基沉降验算。

在计算扶壁结构各构件时，应按下列规定计算：

①趾板按固定在立板上的悬臂板计算；

②肋板按固定在底板上的悬臂板计算；

③多肋扶壁的立板和内底板在距底板交线1.5倍肋板间距区段内，按“三边固定一边简支”的双向板计算，在1.5倍肋板间距区段外按连续板计算；

④肋板与立板、肋板与底板的连接按轴心受拉构件计算。

(4) 悬臂式结构

悬臂式闸墙须进行下列强度和稳定验算，计算内容包括：

①地基承载力验算；

②闸墙和底板的截面强度计算；

③抗浮稳定验算；

④地基沉降计算。

悬臂式结构的地基反力可按偏心受压公式（即直线法）计算，不应出现拉应力。为保证闸室纵缝处止水的正常工作，其地基最大与最小应力的比值须加以控制，一般对于砂性地基应小于5，对于黏性地基应小于3。为满足地基反力的比值要求，可调整后悬臂的长度，但当墙高与闸室宽度比值小于0.5时，调整后悬臂的长度已不起作用，说明在这种情况下已不宜采用悬臂式结构。按偏心受压公式计算地基反力，计算简便，而且当闸墙高度与闸室宽度比值较大时，其结果与按弹性地基梁法计算的结果比较接近。

悬臂式结构的底板和后悬臂可按嵌固于闸墙上的悬臂梁进行计算。当闸室宽度和闸墙高度较大时，闸室底板应按两个相邻的弹性地基梁计算，必要时应按有限元法等进行计算分析。

底板截面强度的计算，应计入底板与地基之间的摩擦力和作用在底板中缝处的水平力，摩擦力的分布与地基反力成正比，水平力的作用点宜取底板中心线以上1/4板厚处。

5.4 其他水工建筑物

船闸中一般设有导航、靠船、引航道护岸、远调站和停泊锚地等建筑物，这些建筑物主要是为船舶安全进出船闸和船舶等待过闸而设置的。船闸引航道中的导航、靠船、远调站和停泊锚地建筑物是船闸重要的组成部分，对保证船闸正常运行、船舶安全过闸、最大限度地提高船闸通过能力，均起着重要的作用。

导航建筑物是与闸首结构相邻的具有导航调顺作用的建筑物。导航建筑物设有主、辅导航墙，主、辅导航墙紧靠上、下闸首布置。有时主导航墙也可兼作翼墙挡土之用，亦可配合闸首防渗要求，在导航墙前做不透水护坦或在导航墙下加施打板桩。平原地区一般是采用在与闸首结构相邻的河底设置不透水混凝土护坦延长渗径长度的方式进行防渗，与该护坦对应范围内的导航建筑物一般设计为直立式结构，以便于布设止水。

靠船建筑物用于过往船舶等待过闸时停靠，其长度一般与一闸次的过闸船舶长度相匹配，故靠船建筑物布置较长。考虑到船舶停靠方式为顺靠，一般采用间隔布置，以减少工程造价。

引航道护岸是靠船段与引航道口门区连接段，由于经常受船闸泄水和溢洪时水流的冲刷、暴雨、风浪及船行波等影响，容易造成岸坡崩塌，引起引航道泥沙大量淤积，防碍船舶航行。因此，引航道部位的岸坡一般均考虑采用水工结构物加以保护。

远调站及停泊锚地主要是为方便船舶快速过闸而设置，当靠船段的待闸船舶进闸、船闸关门泄水时，远调站及停泊锚地就调度船闸进入靠船段区域待闸，以提高整个船闸运行的效率。

另外，船闸隔流建筑物的主要功能是将引航道与主河道隔开，改善引航道的通航水流条件，在多沙河流上，还可起到减少泥沙在引航道内淤积的作用。因其工作特点是只隔流、隔沙，不挡水，故称为隔流堤。

目前平原地区的船闸导航、靠船、引航道、远调站和停泊锚地建筑物型式较多，型式的选择需根据地质条件、船闸规模、材料来源、施工条件及使用要求等因素综合确定，应尽可能采用结构简单、便于施工、使用方便、经济合理的结构型式。

5.4.1 结构主要型式

导航、靠船、引航道护岸、远调站和停泊锚地建筑物的类型一般分为固定式和浮式两大类。

建筑物类型选择主要取决于其适应水深和水位变幅的条件，通常需通过技术经济比较确定。平原地区水深和水位变幅不大，一般是采用固定式水工建筑物；在较大水利枢纽中的船闸，其上游水深和水位变幅往往较大，则应考虑采用浮式水工建筑物的可行性。

1. 固定式水工建筑物

固定式水工建筑物结构简单、使用方便可靠，应用较广泛。其结构型式主要有重力式、悬臂式、扶壁式、墩板式、空箱式、沉井式、板桩式和衡重式等，如图 5.4-1 所示。

2. 浮式水工建筑物

浮式水工建筑物为一种可随水位同步升降的结构，一般应用于通航建筑物位于水库深水区的区域，结构多为钢浮箱、钢筋混凝土浮箱或高密度分子材料浮箱等。

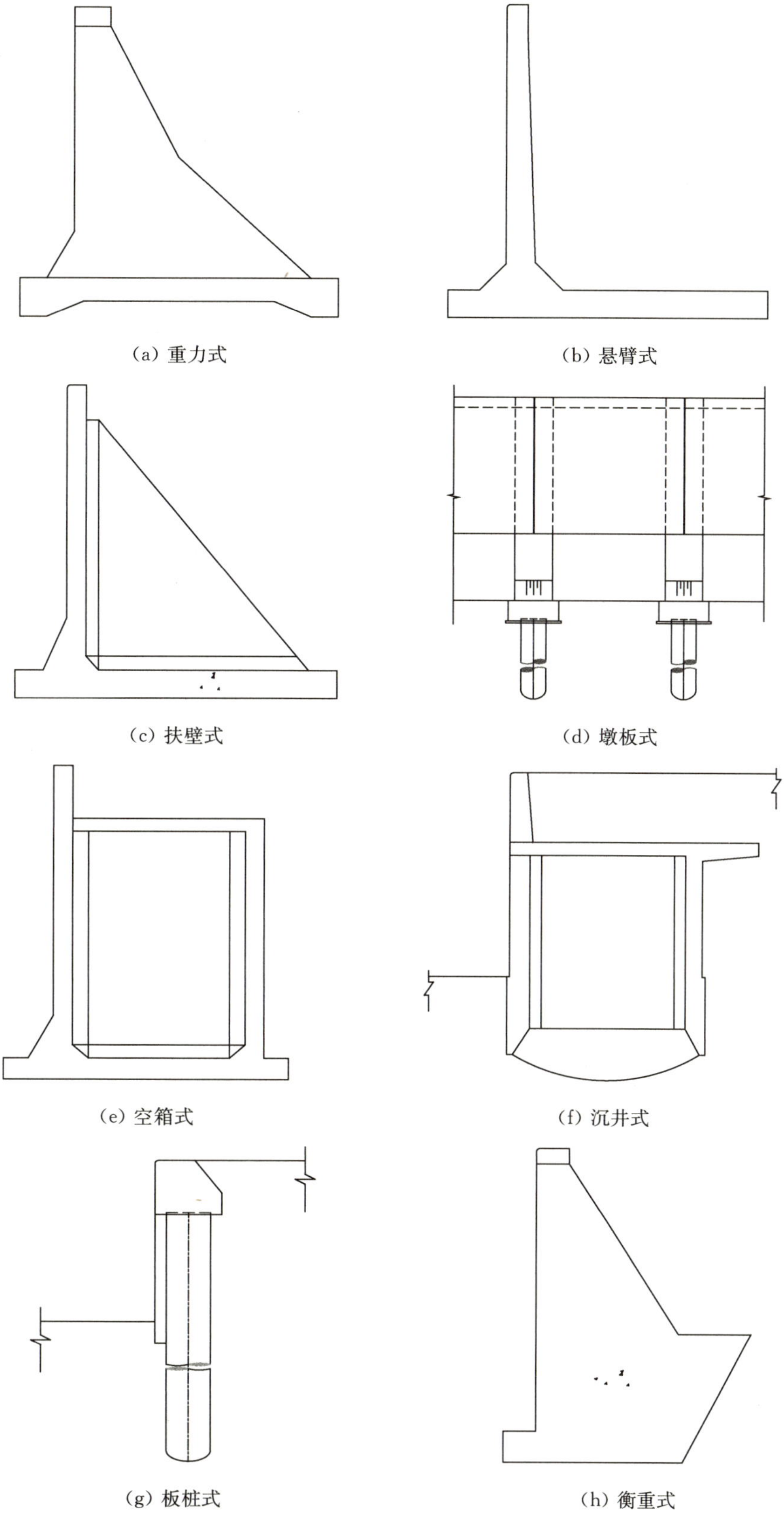

图 5.4-1　固定式建筑物结构型式

5.4.2 结构特点及适用条件

1. 固定式水工建筑物

(1) 重力式结构

重力式结构是利用墙体本身重量平衡外力以满足稳定要求，现多采用素混凝土建造。重力式结构由于体积和重量较大，在平原地区的土基上，往往由于受地基承载力的限制，结构高度不能太高；在岩基上，虽然承载能力不是控制条件，但是较高的重力式结构由于断面大，材料耗费较多，亦不经济。经统计，一般高度在 6 m 以下较为经济。由于重力式挡土墙构造简单，施工方便，经济效果较好，故在平原地区的水工建筑物中得到广泛应用。重力式挡墙按其墙背的型式，主要分为俯斜、仰斜、直立式三种，俯斜式墙后填土易压实，利于防渗，且便于施工；仰斜式可降低土压力，但墙后填土不易压实，不便于施工。

(2) 悬臂式结构

悬臂式结构由断面较小的立板和底板组成，属轻型钢筋混凝土结构。其稳定性主要靠底板以上填土重来保证，一般适用于挡土高度较小的地区，因此地基应力相对较小，对地基承载力的要求较低。

(3) 扶壁式结构

扶壁式挡墙由立板、底板和肋板三部分组成，属轻型钢筋混凝土结构。其稳定性也主要是靠底板以上填土重来保证，地基应力相对较小，对地基承载力的要求较低。挡土高度大于 10 m 的挡墙结构多采用这种型式。

(4) 墩板式结构

墩板式结构由桩基、承台和隔板三部分组成。其稳定性主要是靠桩基来承载竖向和水平力。墩墙间隔布置，具有较好的经济性，且适用于地质条件较差的地区。

(5) 空箱式结构

空箱式结构由前墙、后墙、隔板（含平隔板和立隔板）、底板和顶板五部分构成，属钢筋混凝土轻型结构。箱内可填土，填土高程可根据结构稳定性确定；亦可不填土。这种结构主要靠自重及空箱内填充物的重量维持其稳定。其特点是地基应力相对较小，且分布均匀，适用于墙身高度很大且地基承载力较低的情况。但空箱式结构较复杂，施工较繁琐。

(6) 沉井结构

沉井结构由前墙、后墙、隔板（含平隔板和立隔板）和顶板构成，属钢筋混凝土轻型结构。沉井利用底部刃脚结合井内挖土下沉，沉至设计高程后再进行底部素混凝土的封底，最后进行顶板的浇筑和上部结构的施工。这种结构主要靠自重及沉井内填充物的重量维持其稳定。其特点是无需设置围堰就可以施工，适用于原地面高于常水位却无干地的施工条件。沉井结构对地基土的要求较高，若地基的软土层较厚，则不太适宜该结构。同时沉井式结构的施工较繁琐，尤其是在下沉过程中难以控制，容易出现偏倾的现象。

(7) 板桩式结构

板桩式挡墙分为无锚板桩和有锚板桩两种。无锚板桩是由板桩埋入土中和悬臂挡土的两部分组成。有锚板桩则是由板桩、锚碇系统组成，锚碇系统按结构型式可分为锚碇板（墙）、锚碇桩或土锚等，如图 5.4-2 所示。板桩一般采用预制钢筋混凝土板桩、钢板桩、连排灌注桩或地连墙等。板桩顶部一般需设置钢筋混凝土帽梁，以增加桩顶刚度和板桩整体性。若是采用不设置钢筋混凝土帽梁的钢板桩结构，则应考虑采用槽钢等钢导梁进行加强板桩的整体性。

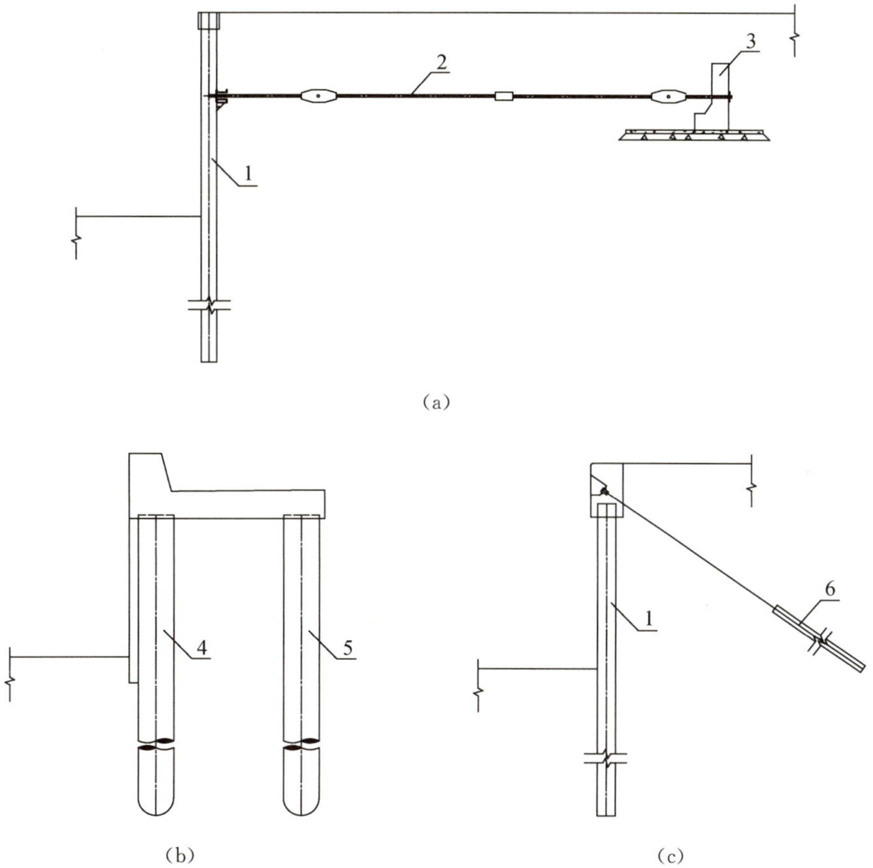

1—板桩；2—锚杆；3—锚碇墙；4—单排灌注桩；5—锚碇桩；6—土锚。

图 5.4-2 锚碇系统结构型式

(8) 衡重式结构

衡重式结构适用于地质条件较好的地区，其结构的墙背开挖如遇坚硬黏土，允许边坡较陡，衡重台以下可直接在开挖边坡内浇筑混凝土，以节省模板费用。

(9) 斜坡式结构

一般采用浆砌块石、干砌块石、素混凝土、预制块体、生态垫及草皮等护坡型式，基本上满足了岸坡的防护要求。但是斜坡式结构占地较多，并且船型波对斜坡表面的冲刷有一定的影响，因此斜坡的坡比和表面防护物的选择应根据土质、水位、船行波高等因素综合选定。

2. 浮式水工建筑物

浮式水工建筑物的主要优点如下。

(1) 能适应的水深和水位变幅大。

(2) 当采用锚系定位时，基本上不受地基条件的影响。

(3) 当航道水深较大时，其造价通常比固定式导墙相对便宜。

(4) 可预制拼装，施工迅速，拆迁方便。

其缺点是浮式建筑物与相邻结构的交通联系较为困难。此外，在水流、风浪等作用下将有不同程度的摇摆。

5.4.3 结构布置及构造

1. 固定式水工建筑物

(1) 重力式结构

平原地区的重力式结构一般采用俯斜式，迎水面为直立面，主要由底板、墙身和压顶组成。

重力式结构底板的厚度 d 一般考虑为 0.6～1.0 m，不宜超过 1.2 m。前趾和后趾的宽度不宜超过 1.5d。底板总宽度与挡土高度的比值在 0.8～1.3 之间，比值过大会导致墙背过缓，不利于素混凝土的浇筑振捣，易产生浇筑不密实的现象。若经结构验算，确实需要较大的底板宽度时，可考虑底板后趾加长，同时根据底板后趾的结构受力配布钢筋，防止后趾断裂。有时为减小墙身断面，墙背采用折线型式。在重力式结构中，为避免结构迎水的直立面与底板之间应力集中，一般都会考虑设置倒角。压顶宽度考虑 0.4～0.8 m，高度考虑 0.4～0.5 m，一般在墙身浇筑完成且沉降稳定后进行压顶的浇筑。

为增强底板与墙身结合面的抗剪能力，底板应与混凝土墙身可靠结合，结合面可采用预留孔洞、增设锚筋或埋石等方式处理；压顶和墙身之间也应通过增设锚筋等措施加强结合面的抗剪能力。当重力式结构的墙身较大、需分层浇筑时，应在结合面处采取必要的工程措施以加强结合面的抗剪能力，保持整体性。

(2) 悬臂式结构

悬臂式结构迎水面为直立面，底板厚度 d 一般考虑为 0.4～0.6 m。前趾宽度不宜超过 2d，后趾宽度根据结构稳定验算结果确定。底板总宽度与挡土高度的比值在 0.8～1.3 之间，立板的厚度一般为 0.5～0.6 m，也可采用顶部窄、底部宽的渐变方式。底板和立板的连接折角处宜设置倒角，其尺寸可采用 0.2～0.4 m。底板和立板的配筋根据结构内力及抗裂计算确定。

(3) 扶壁式结构

扶壁式结构迎水面为直立面，底板厚度 d 一般考虑为 0.5～0.8 m。前趾宽度不宜超过 2d，后趾宽度根据结构稳定验算进行确定。底板总宽度与挡土高度的比值在 0.8～1.3 之间，立板的厚度一般为 0.5～0.6 m，肋板的厚度可采用 0.4～0.5 m。结构的折角处宜设置倒角，其尺寸可采用 0.25～0.5 m。底板、立板和肋板的配筋根据结构内力及抗裂计算确定。

(4) 墩板式结构

墩板式结构上部承台迎水面为直立面。为减少混凝土浇筑过程中的水化热，承台通常采用空箱式，内部可根据结构稳定考虑是否回填土。承台底板厚度 d 一般考虑至少为 0.8 m，迎水面面板厚度至少为 0.8～1.0 m，同时设置钢板护面或钢护木等防撞设施；背水侧和两侧面板厚度宜为 0.6 m 左右；顶板厚度可为 0.4 m。空箱内部结构的折角处宜设置加强角，其尺寸可采用 0.2～0.5 m。空箱底板和面板的配筋根据结构内力及抗裂计算确定。下部的桩基可采用预制混凝土管桩、灌注桩或钢管桩等，桩基应穿越软土层进入持力层，以充分发挥桩基作用。相邻的桩基承台之间迎水面设置预制混凝土竖向板以抵抗船舶撞击力，通常可采用设置板槽插入或是直接现浇挡板。承台之间的通行可通过设置预制人行走道板进行连接，走道板上应设栏杆。

（5）空箱式结构

空箱式结构迎水面为直立面，底板厚度 d 一般考虑为 0.4～0.8 m。前趾和后趾的宽度不宜超过 $2d$，空箱宽度根据结构稳定验算进行确定。底板总宽度与挡土高度的比值在 0.8～1.3 之间，迎水面立板的厚度一般为 0.4～0.6 m，隔板和背水面立板的厚度可取 0.4～0.5 m，顶板厚度可取 30～40 cm。结构的折角处宜设置加强角，其尺寸可取 0.2～0.5 m。底板、立板和肋板的配筋根据结构受力后的内力及抗裂计算确定。

（6）沉井结构

沉井结构迎水面为直立面，迎水面立板的厚度一般为 0.4～0.6 m，隔板和背水面立板的厚度可取 0.4～0.5 m，顶板厚度可取 0.3～0.4 m，顶板以上可设置素混凝土挡墙。立板和隔板的底部均设置刃脚，方便沉井下沉。立板、隔板和顶板的配筋根据结构受力后的内力及抗裂计算确定。

（7）板桩式结构

板桩采用预制混凝土板桩时，板桩厚度由计算确定，宜取 0.4～0.6 m，当厚度较大时，宜采用空心板桩；板桩宽度可取 0.5～0.6 m，施工条件允许时，宜增大板桩宽度，预制板桩端部应设置合理的榫槽，充分考虑板桩之间的防漏土。板桩采用钢板桩时，选定钢板桩型式后，钢板桩的截面模量、厚度和钢材强度等级应由计算确定，考虑施工沉桩的偏差和难度，建议在土质地层中采用的钢板桩厚度不小于 10 mm，且宽度不宜过宽。板桩采用连排灌注桩时，结合现有的灌注桩成桩设备，灌注桩直径宜为 0.8～1.2 m，两桩的间隙宜为 0.1～0.2 m，同时结合桩的悬臂高度、地层土性、成桩设备等进行考虑。板桩采用地连墙时，地连墙厚度由计算确定，厚度宜为 0.8～1.2 m。板桩顶部帽梁的前后两侧宜比板桩宽 0.15 m 以上。

锚碇系统采用锚碇板（墙）时，可用现浇钢筋混凝土墙，也可采用预制钢筋混凝土墙，墙前可采用夯实的灰土等提高被动土压力。同样，锚碇桩可采用预制混凝土桩、灌注桩或是钢管桩，亦可采用与前排板桩一样的结构，即为双排板桩结构。土锚则是采用锚杆或锚索等钻孔埋入土中，再进行锚固段的灌浆，现通常较多采用分散压缩型钢绞线锚索，锚固段采用水泥浆进行灌浆，可考虑二次劈裂灌浆以提高锚固段的锚固力。施工时通过回浆孔可控制浆液的浇筑，上部保留锚索自由段以自由张拉伸缩，锚头处宜采用可拆卸的型式以便于运行过程中锚索松弛后的张紧或是更换。

（8）衡重式结构

衡重式结构由上墙、衡重台与下墙三部分组成，其稳定主要是靠墙身自重和衡重台上填土重来满足。由于衡重台以下墙背为仰斜，其土压力值也大为减小。由于衡重式挡墙衡重台有减小土压力的作用，其断面一般比重力式小。

（9）斜坡式结构

一般来说，斜坡式结构的坡比宜为 1∶3～1∶2，具体坡比需根据计算最终确定。浆砌块石、干砌块石的坡面厚度宜为 0.4 m 左右，素混凝土坡面厚度宜为 0.15～0.2 m，预制块体的单个重量宜根据相关规范试算。通常浆砌块石、干砌块石或是素混凝土护坡应防护至常水位以上 0.5 m 左右，以上至坡顶则可加铺草皮或是生态垫等进行保护。为便于人行，在铺设浆砌块石、干砌块石或是素混凝土护坡范围内应设混凝土踏步。采用素混凝土护坡时应在坡面设置排水管，以降低水位差。

2. 浮式水工建筑物

浮式导航墙主要由浮箱和定位设施两部分组成，按其定位方式可分为锚系式、锚桩式和支墩式三种。

(1) 锚系式是将浮箱在长度方向相互连接，将浮箱的一端采用铰链与相邻结构的导槽相连，另一端则用锚链或钢丝绳锚定在河底的锚墩上，通过锚链收放来调节浮箱以适应水位升降。其优点是体系受力条件较好，通常造价较低；缺点是需要不定期收放锚链，操作较麻烦，且受风浪等的影响，结构会有一定漂移，对导航和船舶停靠有一定影响。

(2) 锚桩式是将浮箱采用定位桩进行固定，浮箱与定位桩之间采用抱桩器，便于水位变幅时浮箱沿定位桩上下移动。其优点是体系受力条件较好，水位变幅无需操作；缺点是定位桩的造价较高。

(3) 支墩式是在各节浮箱之间设置定位并导向的支墩，浮箱通过两端的连接装置限制在支墩导槽内，随水位升降。其优缺点与锚系式相反。

浮箱结构主要有钢结构、钢筋混凝土结构、高密度分子材料结构三种。

(1) 钢结构浮箱的水密性和力学性能优于钢筋混凝土结构，但造价较高，耐久性较差，需定期维护保养，对船闸正常运行影响较大，现已较少应用。

(2) 钢筋混凝土结构浮箱分为普通钢筋混凝土和预应力钢筋混凝土两种。

(3) 高密度分子材料结构浮箱的力学性能都较好，箱体材质一般为高密度聚乙烯，箱内填充发泡聚苯乙烯，具有造价便宜、平时维修保养工作量小等优点，现在应用较为普遍。

5.4.4 结构计算

1. 固定式水工建筑物

(1) 重力式结构

重力式结构需进行相应的强度和稳定计算，主要计算内容和方法同闸室重力式闸墙结构的计算。

(2) 悬臂式结构

悬臂式结构需进行相应的强度和稳定计算，主要计算内容和方法同闸室悬臂式闸墙结构的计算。

(3) 扶壁式结构

扶壁式结构需进行相应的强度和稳定计算，主要计算内容和方法同闸室扶壁式闸墙结构的计算。

(4) 墩板式结构

墩板式结构需进行下列强度和稳定计算，计算内容包括：

①结构稳定性(桩基内力、桩基承载力、桩顶位移等)；

②上部承台处的内力配筋；

③钢筋混凝土结构的抗裂验算。

(5) 空箱式结构

空箱式结构需进行下列强度和稳定计算，计算内容包括：

①结构稳定性(抗滑、抗倾、抗浮、地基承载力、圆弧滑动等)；

②地基沉降计算；

③渗透计算；

④空箱结构的内力、配筋和抗裂验算。

(6) 沉井式结构

沉井式结构需进行下列强度和稳定验算，计算内容包括：

①结构稳定性(抗滑、抗倾、抗浮、地基承载力、圆弧滑动等)；

②地基沉降计算；

③渗透计算；

④钢筋混凝土结构的内力、配筋和抗裂验算；

⑤施工过程中的下沉受力。

(7) 板桩式结构

板桩式结构需进行相应的强度和稳定计算，主要计算内容和方法同闸室板桩闸墙结构的计算。

(8) 衡重式结构

衡重式结构需进行相应的强度和稳定计算，主要计算内容和方法同重力式导航墙结构的计算。

(9) 斜坡式结构

斜坡式结构主要需要验算岸坡稳定。若结构属于防洪建筑物的一部分，还应按照水利堤防规范的要求进行相关工况的验算。

2. 浮式水工建筑物

浮式水工结构需进行下列强度和稳定验算，计算内容包括：

① 结构稳定性(桩基承载力、圆弧滑动等)；

② 钢筋混凝土浮箱的内力、配筋和抗裂验算或者钢浮箱的内力等。

5.5 平原地区船闸工程水工建筑物设计创新理念

5.5.1 结构型式的设计创新

在船闸的设计过程中，结构型式的选择是至关重要的环节。科学合理的结构型式既能满足船闸使用功能的要求，又能够满足整个工程的质量、成本以及进度的要求，因此针对结构型式，需要根据现场情况因地制宜地进行创新。结合船闸与周边构筑物的相关位置，为避免征地拆迁，结构设计需服从总体设计，可考虑多种免开挖的结构型式；为加快工程进度，可考虑能够工厂化预制的构件，既可保证构件的质量，也在一定程度上减少了碳排放。

有时为避免征地拆迁，在设计过程中往往需要将永久工程和临时工程相结合考虑，“永临”结合的结构创新既可保证施工的可行性，加快施工进度，又可减少征地，节约土地资源，对于平原地区，尤其是闸址靠近城镇、周边居民厂房密集的区域十分重要。

结构创新往往和减少征迁、节约土地资源联系在一起。例如平原地区船闸工程中的闸室结构一般较多采用整体式结构；在征拆较为困难的地域则往往考虑“永临”结合，如新孟河延伸拓浚工程前黄枢纽工程，该枢纽工程的船闸建设规模为双线 230×23×4.0(m)，若采用常规的整体式结构进行设计，双线船闸占地面积较大，征拆范围广，为减少征迁，节约土地资源，设计采用钢板桩闸室结构，以最大限度减少对周边环境的影响。

结构创新也往往因施工条件困难、复杂而产生。在舟山碧海蓝天凤凰湾围海工程中，船闸闸首、闸室的施工面临着较大的困难：船闸工程位于近海区域，若是采用常规的整体式结构，需要填筑较高的围堰进行干地施工；若是采用钢套箱施工，则对钢套箱的刚度要求较大，造价较高。经过反复的方案比较，最终选用预制钢筋混凝土沉箱浮运定位后，进行内部闸首、闸室二期混凝土的浇筑。预制沉箱作为主体结构的一部分，同时也兼做临时工程，并且是工厂化预制，质量和工期都能得到有效保证。通过对结构的创新，在保证功能效益、安全可靠的前提下，方便了施工。

有时候结构创新也和施工进度有关。整个项目的施工进度往往因天气、环境、拆迁、机械设备等因素从而与计划发生一定的偏离，较多时候是滞后的。当项目关键部位的工期滞后较多，并且无法通过调整施工进度解决这一问题时，引航道护岸通过采用预制板桩、预制空箱、钢板桩等工厂化装配式护岸结构加快了工程进度。

当引航道水流条件不能满足通航要求时，也可采用结构创新进行改善。如通扬线运东船闸，船闸所处下游侧是一转角约70°的大弯道，船闸泄水时下游水流回流，横流速度较大，水流条件复杂，对船行有较大的影响。通过数模计算，对下游左岸（大弯道凹处）的引航道护岸采用空箱加格栅柱的结构型式，对水流消能，减小了横向流速，保证了通航安全。

5.5.2 绿色生态护岸的设计创新

绿色生态护岸的设计创新理念是贯穿整个设计过程的重要理念，在设计过程中应始终坚持资源节约、节能减排和环境友好的原则。

首先，应充分考虑节约土地资源、水资源等，科学合理地选用水工建筑物结构型式，减少对环境资源的过度占用和浪费，如采用板桩等结构型式可以有效减少项目用地面积。

其次，应选用技术上成熟领先、施工工艺低碳环保的设计方案，在设计要求中应明确禁用已淘汰的施工工艺，并对相关的施工方案和工艺在绿色生态方面给出指导性的要求。

水工建筑物要充分考虑绿色生态建设要求，做到环境友好。水工建筑物应适当考虑柔性、亲水性，护岸景观绿化设计应尽量保持现有的生态系统不受破坏，对构筑物表面雨水进行收集后可用于绿化、灌溉等。绿色生态的结构型式创新，可以减少对自然资源的占用，保护生态环境。例如在平原船闸的引航道设计中，一级挡墙可考虑设置鱼巢，二级护坡可采用生态性的防护垫，以维持植物生境和动物栖息地的质量。

5.6 典型工程案例

5.6.1 京杭运河船闸扩容工程邵伯三线船闸工程

1. 工程概况

京杭运河江苏段是《江苏省干线航道网规划(2017—2035年)》“两纵五横”干线航道网中的“一纵”，是江苏省重要的南北向水运通道。邵伯三线船闸工程处于京杭运河、高水河、盐邵河和淮河入江水道邵伯湖段交接处，是京杭运河徐扬段、长江以北第二个过船梯级。

邵伯三线船闸为Ⅱ级船闸，设计最大船舶吨级为 2 000 t，船闸规模为 260×23×5(m)。船闸承受双向水头，正向最大设计水头为 4.5 m，反向最大设计水头为 1.8 m，于 2009 年 1 月开工建设，2011 年 12 月通过交工验收，2013 年 12 月通过竣工验收。

图 5.6-1　邵伯三线船闸实景图

2. 主要结构型式

（1）闸首结构

船闸上、下闸首采用钢筋混凝土整体坞式结构，输水系统采用环形短廊道输水结合三角门门缝输水的型式。

图 5.6-2　闸首结构施工

图 5.6-3　三角门闸门结构拼装

（2）闸室墙结构

根据闸区粉质黏土渗透性低的特点，选用经济的分离式结构，除靠近闸首的第一个结构段采用钢筋混凝土空箱结构外，其余闸室墙均采用钢筋混凝土扶壁结构。

图 5.6-4　闸室扶壁结构施工

图 5.6-5　闸室空箱结构施工

（3）导航墙结构

上、下游导航墙采用空箱结构。

图 5.6-6　导航墙空箱结构施工

（4）引航道护岸结构

为避免大面积土方开挖，确保淮河入江水道的防洪安全，上游引航道靠船墩和护岸结构采用沉井式结构，运用长臂挖掘机下沉施工技术，解决黏性土地质条件下沉井下沉难题，精确控制下沉高程及平面线型。下游引航道靠船墩和护岸结构采用素混凝土重力式结构。

图 5.6-7　上游护岸沉井结构施工

图 5.6-8　下游靠船墩重力式结构施工

5.6.2　芒稻船闸扩容改造工程

1. 工程概况

芒稻河是《江苏省干线航道网规划(2017—2035 年)》“两纵五横”干线航道网中的“一纵”京杭运河通道的组成部分,上连京杭运河邵伯船闸上游,下接长江,是京杭运河徐扬段入江货物运输的分流航道,同时也是南水北调东线工程的主要送水通道。芒稻船闸闸址位于芒稻河航道入江口门处,是控制芒稻河航道货物流量的重要节点。芒稻船闸为Ⅲ级通航建筑物,最大设计船舶吨级为 1000 t,建设规模为 180×23×4(m)。船闸承受双向水头,正向最大设计水头为8.50 m,反向最大设计水头为 1.31 m,于 2014 年 11 月开工建设,2016 年 12 月通过交工验收,2017 年 12 月通过竣工验收。

图 5.6-9　芒稻船闸实景图

2. 主要结构型式

(1) 闸首结构

为了使闸首具有足够的整体刚度,避免由于闸首边墩不均匀沉陷而影响闸门的正常使用,上、下闸首均采用钢筋混凝土整体坞式结构。本船闸承受双向水头,工作闸门采用横拉门,输水廊道阀门处尺寸为 3.0×3.5(m)。

图 5.6-10　闸首结构

图 5.6-11　横拉门闸门结构安装

（2）闸室结构

闸室采用钢筋混凝土坞式结构，底板宽度为 37.4 m。闸室墙标准结构段长 18.0 m，底板厚2.8 m。闸室边墙下部为带输水廊道闸室墙，宽 7.1 m，内设 3.2×4.0(m)输水廊道。闸室边墙上部采用钢筋混凝土箱式结构，宽 7.1 m。闸室墙两侧侧支孔孔数为 48 个，两侧交错排列，每侧 24 个。

图 5.6-12　闸室结构

图 5.6-13　闸室输水廊道

（3）导航墙结构

上、下游导航墙采用素混凝土重力式结构。

图 5.6-14　导航墙重力式结构施工（一）

图 5.6-15　导航墙重力式结构施工（二）

（4）引航道结构

上游导航墩采用高桩墩式结构，顶部平面尺寸为 2.8×4.5(m)，底部平面尺寸为 4.5×4.5(m)，下部设置 4 根 Φ800 钻孔灌注桩。

图 5.6-16　导航墩结构施工

图 5.6-17　导航墩结构

5.6.3　京杭运河皂河三线船闸工程

1. 工程概况

京杭运河江苏段是《江苏省干线航道网规划(2017—2035 年)》“两纵五横”干线航道网中的“一纵”,是江苏省重要的南北向水运通道。皂河船闸位于京杭运河苏北段的大王庙至淮安航段,是自蔺家坝船闸而下的第四座梯级船闸。皂河三线船闸为Ⅱ级船闸,设计最大船舶吨级为 2 000 t,船闸规模为 23×260×5(m)。船闸承受单向水头,设计最大水头为 5.5 m,于 2004 年 12 月开工建设,2007 年 6 月通过交工验收,2009 年 3 月通过竣工验收。

2. 主要结构型式

(1) 闸首结构

本船闸承受单向水头,上、下闸首工作闸门均采用人字门,输水廊道尺寸为 4.5×4.0(m)。闸首采用钢筋混凝土整体式结构,如图 5.6-18 所示。闸首宽度根据廊道宽度、门库宽度、阀门井尺寸和廊道壁厚等因素确定。闸首口门宽 23.0 m,边墩宽 9.6 m,总宽 42.2 m。

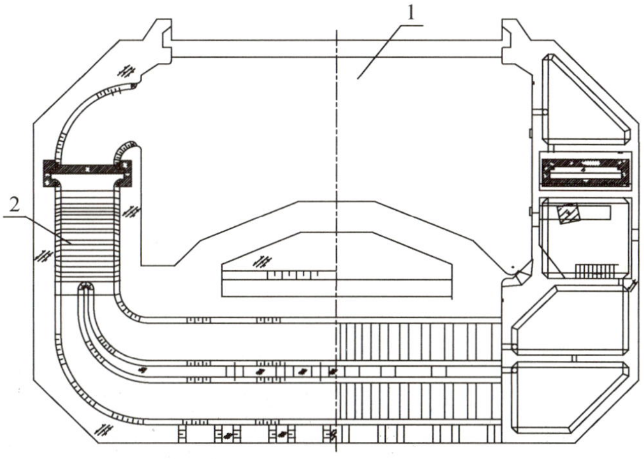

1—人字门闸首;2—输水廊道。

图 5.6-18　闸首整体式结构平面布置图

(2) 闸室结构

由于皂河船闸位于高烈度地震区,对建筑物的抗震要求较高,为减少地震发生时对建筑物的破坏影响,闸室采用钢筋混凝土坞式结构,如图 5.6-19 所示。闸室净宽 23 m,长 260 m,沿纵向设置伸缩缝,共 14 节,中间 12 节每节长 20 m,端部两节各长 10 m。伸缩缝设两道止水,一道为水膨胀橡胶止水带,另一道为弹性橡胶止水带,伸缩缝用 2cm 厚聚乙烯板填充。

(3) 导航墙结构

上、下游导航墙与相邻一线船闸相连,为避免开挖,采用沉井与之相衔接,如图 5.6-20 所示。沉井上部结构为钢筋混凝土悬臂板,高 3 .0m,厚 0.5 m,隔板厚 0.5 m。

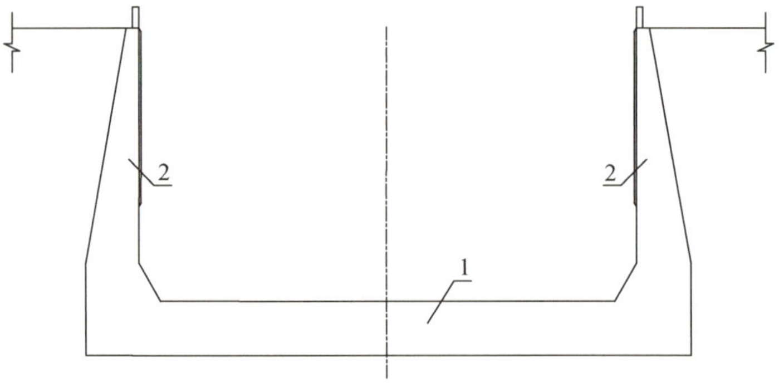

1—闸室底板;2—闸室墙。

图 5.6-19　闸室坞式结构断面图

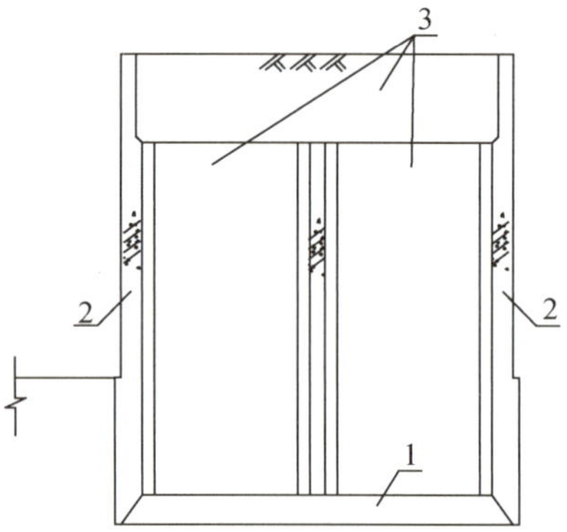

1—沉井封底;2—沉井壁;3—回填土。

图 5.6-20　导航墙沉井结构断面图

5.6.4　新孟河延伸拓浚工程前黄枢纽工程

1. 工程概况

新孟河延伸拓浚工程是提高水环境容量(纳污能力)引排工程的实施项目,也是规划的流域洪水北排长江的重要骨干工程之一。为保证流域洪水北排长江和流域引水的畅通性,在前黄枢纽处建设双线船闸和节制闸一座。前黄船闸工程建设规模为双线 230×23×4.0(m),设计最大船舶吨级为 1 000 t,为Ⅲ级通航建筑物。船闸承受双向水头,正向设计最大水头为 1.28 m,反向设计最大水头为 1.27 m,于 2018 年 6 月开工建设,2021 年 6 月 29 日通过交工验收。

图 5.6-21　前黄枢纽工程鸟瞰图

2. 主要结构型式

(1) 闸首结构

根据本船闸承受双向水头的特点，为保证三角闸门的正常运行，上、下闸首采用整体刚度大的钢筋混凝土坞式结构。

根据闸门门体布置尺寸，边墩宽度为 15.4 m，确定闸首总宽度为 53.8 m。闸首长度主要受门库布置控制，上、下闸首长度均为 23.1 m。三角门中心角为 70°，门库面呈曲面，起导流作用。

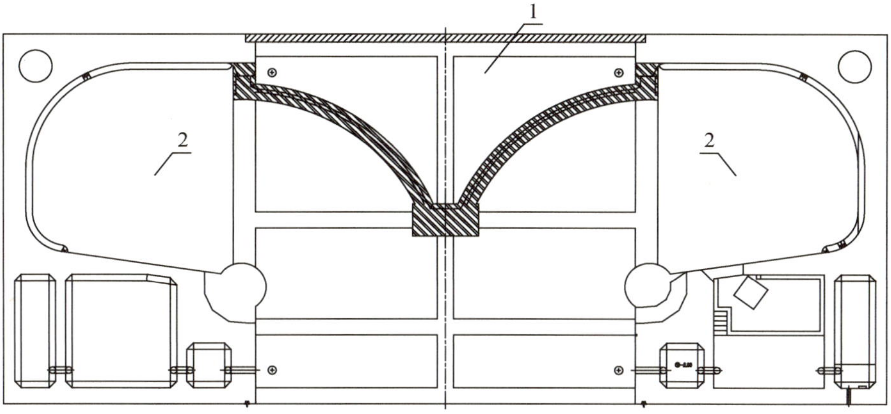

1—闸首；2—门库。

图 5.6-22 闸首结构平面布置图

(2) 闸室结构

为减少船闸主体范围内的征地拆迁，本船闸的闸室结构考虑“永临”结合，采用热轧钢板桩＋墙后锚碇半开挖的结构型式，分节长度为 14.4 m。一、二线船闸之间的钢板桩采用钢拉杆，钢拉杆以上回填 6%水泥土。钢拉杆直径 65 mm，标准段间距 2.4 m，为 550 级等强钢拉杆。单侧采用锚碇，锚碇采用 C25 钢筋混凝土结构，锚碇顶宽 50 cm，底宽 1.0 m，锚碇墙前底宽 2 m 范围采用 C15 细石子混凝土灌砌块石。

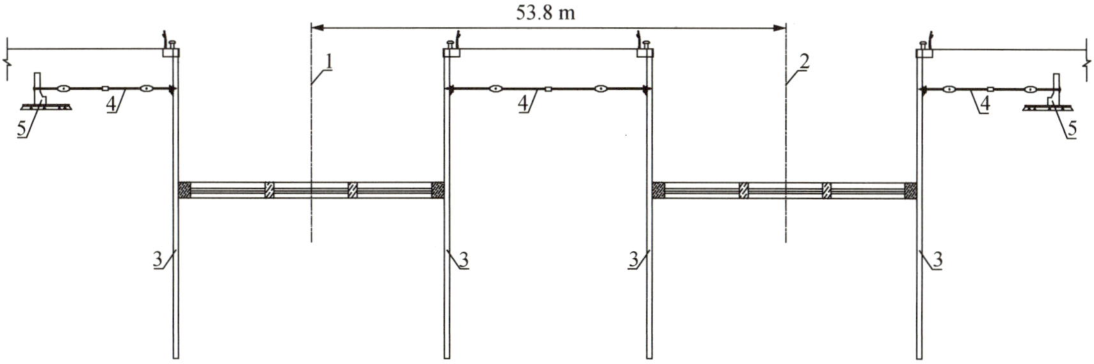

1—一线闸室中心线；2—二线闸室中心线；3—钢板桩；4—锚杆；5—锚碇墙。

图 5.6-23 闸室钢板桩＋锚碇结构断面图

(3) 引航道结构

同样为减少引航道范围内的征地拆迁，引航道局部段落一级护岸采用前排连续钻孔灌注桩+土锚结构，前排下部为直径 1.0 m 的连排灌注桩，在钢筋混凝土帽梁处设置斜度为 15°的分散压缩型土锚，自由段与锚固段之间由止浆器隔离。土锚间距为 3.3 m/根，锚索为钢绞线，采用无黏结型。

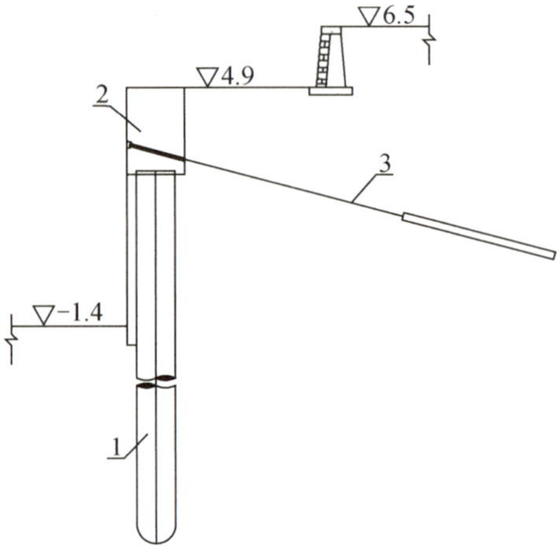

1—灌注桩；2—帽梁；3—土锚。

图 5.6-24　引航道护岸灌注桩+土锚结构断面图

5.6.5　舟山碧海蓝天凤凰湾围海工程

1. 工程概况

舟山碧海蓝天凤凰湾围海工程依托现有舟山凤凰岛和皇地基岛，在两岛之间围海筑堤形成相对封闭水域，构建水位相对静止恒高的港池，为后续凤凰岛游艇俱乐部项目提供基础保障。舟山碧海蓝天凤凰湾围海工程位于舟山岛以南，长峙岛与凤凰岛之间，南侧与松山岛，西侧与东岠岛隔海相望。舟山碧海蓝天凤凰湾围海工程由海堤、护岸、水闸、船闸、跨海桥梁及附属工程等部分组成。船闸建设规模为双线 23×6×2.1(m)，船舶尺度为 18×4.83×1.27(m)(游艇长×宽×吃水)，为Ⅶ级通航建筑物。船闸承受双向水头，正向最大设计水头为 2.08 m，反向最大设计水头为 3.06 m，于 2012 年 3 月开工建设。

2. 主要结构型式

(1) 闸首结构

因本船闸承受双向水头，故采用三角闸门。结合施工条件，上、下闸首结构采用预制钢筋混凝土沉箱与现浇混凝土组合的型式。沉箱为预制厂预制，半潜驳船运就位。沉箱就位后压载，内部进行现浇混凝土的施工。沉箱预制混凝土与船闸后浇混凝土连接部位预埋插筋，且在浇筑二期、三期混凝土之前将接触面混凝土凿毛，确保接合牢固。

(2) 闸室结构

闸室结构型式同闸首，采用预制沉箱作为结构的一部分，船运就位后抽水干地施工，沉箱内后浇主体结构。闸室预制沉箱顶高程▽2.0(吴淞高程系，本项目同)，底板顶高程▽-4.6，底高程▽-5.3，底板厚 70 cm。

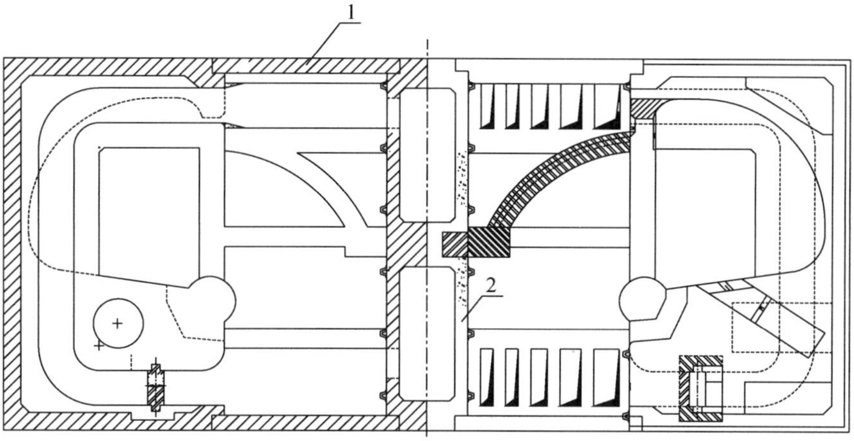

1—预制沉箱；2—现浇混凝土。

图 5.6-25　闸首平面布置图

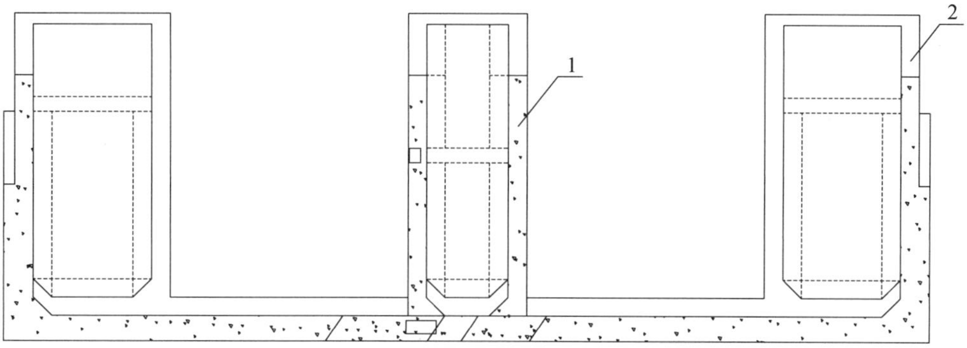

1—预制沉箱；2—现浇混凝土。

图 5.6-26　闸室结构断面图

(3) 导航建筑物

导航建筑物为上、下游设置的分隔堤。分隔堤为高桩结构，基桩采用冲孔灌注桩，单排布置。分隔堤两端设挂板，挂板上布置橡胶护舷，避免船舶撞击。

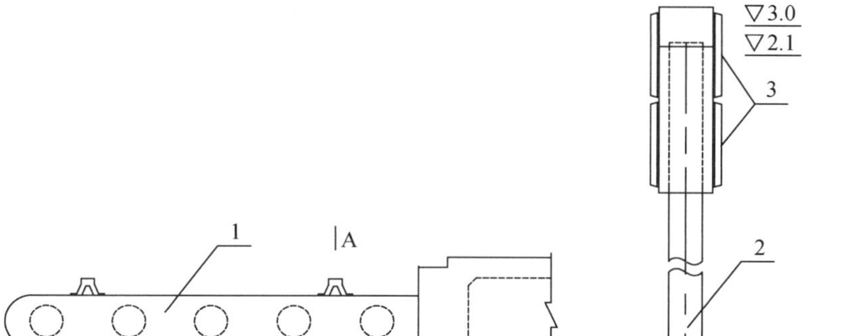

(a) 平面图　　(b) A-A 剖面图

1—分隔堤平面；2—冲孔灌注桩；3—橡胶护舷。

图 5.6-27　分隔堤结构图(单位:m;高程系:85 国家高程)

第六章 地基处理

6.1 船闸工程不良地质种类及特性

平原地区与山区不同，不良地质现象主要为砂土液化，岩溶、崩塌、泥石流等现象较少；主要特殊性岩土为软(弱)土和膨胀土。因此，平原地区船闸工程需重点解决以下几种不良地质及特殊性岩土问题。

1. 砂土液化

砂土液化是指饱和砂土在振动作用下突然被破坏从而呈现液态的现象。地震动峰值大于或等于 0.1 g 的地区，当地面以下 20 m 深度范围内有饱和砂土、粉土时，需进行砂土液化判断。再根据相关规范及项目的场地地震安全性评价报告，确定地基的液化等级。砂土液化常使地基失效，地面出现不同程度的沉降，造成地上建筑物发生倾斜、开裂、倾倒或下沉。

2. 软(弱)土

软(弱)土是天然含水量大、压缩性高、承载力和抗剪强度很低的呈软塑～流塑状态的黏性土。我国软土分布广泛，主要位于沿海平原地带、内陆湖泊、洼地及河流两岸地区。软(弱)土地基极易变形，造成基础整体下沉或不均匀沉降，从而导致水工建筑物结构失稳破坏。

3. 膨胀土

膨胀土一般指黏粒成分主要由强亲水性的蒙脱石和伊利石矿物组成，具有吸水膨胀和失水收缩的特性且胀缩性能显著的黏性土。膨胀土主要分布于低山丘陵区洪积区，根据现有资料，其在广西、云南、贵州、湖北、河北、河南、四川、安徽、山东、陕西、江苏和广东等地均有不同范围的分布。膨胀土发生膨胀和收缩时会产生膨胀压力，对工程危害大。

6.2 船闸工程地基处理设计的主要原则

6.2.1 地基处理设计基础资料

为科学地进行地基处理设计，对地基中存在的影响水工建筑物安全的断层、软弱夹层、倾斜岩面、岩溶、滑坡体、被淹埋的古河道、古冲沟等，须特别注意要勘察清楚。

地基处理设计所需的主要资料如下。

（1）由水工建筑物的尺寸和类别所决定的一定深度内地层情况的详细描述。

（2）岩土的物理力学性质，如承载力、渗透性、压缩性和抗剪强度等。

（3）地下水部位和深度，有无承压水等。

6.2.2 地基处理设计原则

在船闸工程设计中应优先考虑使用天然地基，当天然地基在稳定、沉降或不均匀沉降等方面不能满足规范要求时，首先应从结构设计、施工及其他方面采取适应性措施。若仍不能保证船闸水工建筑物的功能和安全要求，或不经济、不可行时，则应对地基进行处理，以提高地基强度和减小沉降量。当地基防渗不能满足要求时，还必须进行防渗处理。

地基处理设计方案应针对地基承载力、稳定安全系数的不足或对沉降变形不适应等问题，根据地基情况（尤其要考虑地基中渗流作用的影响）、结构特点、施工条件和运用要求，并综合考虑地基、基础及其上部结构的相互协调，经技术经济比较后确定。船闸工程地基处理的特点和要求如下。

（1）船闸上、下闸首主要受纵向和横向两个方向的水压力及闸门推力等荷载作用，对地基的强度、完整性和均匀性有较高要求。船闸上、下闸首地基处理的重点是严格控制地基应力和沉降变形，防止在闸首结构与周围相邻结构间发生相对变位，损坏结构段之间的止水，影响闸门的工作条件。水利水电枢纽中的船闸上闸首是枢纽挡水建筑物的一部分，同时应按枢纽挡水要求，做好上闸首地基的防渗处理。

（2）在船闸灌、泄水时，闸室结构承受的横向作用力在闸墙前、后变化，闸室两侧对地基的强度、完整性和均匀性要求较高。

（3）水利枢纽中的船闸上、下游引航道的地基处理与枢纽其他水工建筑物基本相同。当隔流建筑物位于枢纽泄水建筑物与船闸之间时，对靠枢纽泄水建筑物一侧地基的防冲和防淘刷有较高的要求。

（4）船闸地基除有沿河道水流方向的渗流外，还有垂直于水流方向的横向渗流，并可能产生沿闸室内、外的往复式渗流。

6.3 船闸工程地基处理主要方法及适用条件

6.3.1 软土地基处理

目前采用的地基处理方法有很多，但各种方法都有其局限性和适用范围。可根据船闸的地基情况、结构特点和施工条件等，采用一种或多种处理方法。选择处理方法时，应考虑对灵敏度较高的软土扰动从而引起的承载力降低问题。船闸软土地基的处理方法主要有换土垫层法、深层搅拌桩法、劲性复合桩、桩基础等。

1. 换土垫层法

换土垫层法是把建筑物基底下软弱土部分挖除或全部挖除（当软弱土层较薄时），然后换填强度大、压缩性小的填料作为地基持力层，从而将建筑物基底应力通过垫层扩散，使下卧松软土层的应力满足稳定要求，并使建筑物沉降（特别是沉降差）有很大的改善。该方法是工程上施工简便、应用广泛的一种地基处理方法。

(1) 垫层材料的选择

原则上应就地取材。一般来说,均质的不含有机物腐殖质的砂土、黏土均可作垫层材料。粉砂、细砂抗液化性能较差,一般不予采用。

(2) 垫层强度

垫层自身的容许承载力一般宜通过试验确定,无试验资料时,可参考以下经验值(压实度不小于 0.96)选取:碎(卵)石为 200～300 kPa,碎石土为 150～200 kPa,中、粗砂为 150～200 kPa,粉质黏土为 130～180 kPa,灰土为 200～250 kPa,水泥土(水泥掺量不小于 8%)为 250～350 kPa。

(3) 垫层设计

通常假定垫层为建筑物基础的一部分,垫层底面的平均压力 $\overline{p_d}$ 按下式计算:

$$\overline{p_d} = \frac{B}{B_d}\overline{p} + \gamma_0 h_d \tag{6.3-1}$$

$$B_d = B + 2h_d \tan\theta \tag{6.3-2}$$

式中:$\overline{p_d}$ ——垫层底面的平均压力(kPa);

$\overline{p}$ ——底板底面的平均压力(kPa);

B ——底板宽度(m);

B_d ——扩散至垫层底面的宽度(m);

γ_0 ——垫层材料的重度(kN/m^3);

h_d ——底板底面以下的垫层厚度(m);

θ ——垫层材料的扩散角(°),黏土可取 22°～25°,中、粗砂可取 30°～35°。

若有水平推力,可用同样方法换算。

垫层厚度 h_d,可由按式(6.3-1)、式(6.3-2)算出的 $\overline{p_d}$ 必须小于软土层容许承载力[R]的条件确定。

考虑到垫层材料扩散角的选用不够准确,加之垫层边缘部位的施工质量往往不易保证,因此为保证安全,通常选用垫层的实际宽度 B_{ds} 要比扩散至垫层底面的宽度 B_d 大 2～3 m。

(4) 垫层的沉降

换土垫层除按上述方法确定承载力外,还应进行沉降计算。砂土垫层尚需做好防渗措施,并注意在船闸灌、泄水时因荷载突然增加和振动等原因所产生的突然沉降。

2. 深层搅拌桩法

深层搅拌桩法利用水泥作为固化剂,也可以掺入适量的粉煤灰、减水剂和速凝剂等外掺剂,通过深层搅拌将软土和固化剂强制拌和,使固化剂和软土通过物理、化学反应硬结成为有一定强度的水泥土桩。深层搅拌桩可用于各种软土地基加固及基坑围护。采用深层搅拌桩法加固地基既能提高其容许承载力、减少沉降量,也能提高地基的抗振动液化能力,其最大加固深度可达 30 m 左右。深层搅拌桩在设计计算上处于半理论半经验状况,搅拌桩加固地基对施工质量要求较高。因此,选用深层搅拌桩法加固地基时,应根据不同的地基土质情况和工程的重要性,严格控制施工质量,进行必要的室内和现场试验。

深层搅拌桩的设计包括计算单桩竖向承载力和复合地基承载力,必要时还需验算下卧层的地基强度以及沉降量。

单桩竖向承载力特征值可按下列两个公式计算，取其中较小值。

$$R_a = \eta f_{cu} A_p \tag{6.3-3}$$

$$R_a = u_p \sum_{i=1}^{n} q_{si} l_i + \alpha q_p A_p \tag{6.3-4}$$

式中：R_a ——单桩竖向承载力特征值(kN)；

f_{cu} ——与搅拌桩桩身加固土配比相同的室内加固土试块(边长为 70.7 mm 的立方体)在标准养护条件下 90 天龄期的立方体抗压强度平均值(kPa)；

η ——桩身强度折减系数，可取 0.25～0.33；

q_{si} ——桩周第 i 层土的侧阻力特征值(kPa)；

q_p ——桩端地基土未经修正的承载力特征值(kPa)；

α ——桩端天然地基土的承载力折减系数，取 0.4～0.6，桩端天然土承载力高时取高值；

u_p ——桩的周长(m)；

n ——桩长范围内划分的土层数；

A_p ——搅拌桩的截面积(m^2)；

l_i ——桩长范围内第 i 层土的厚度(m)。

深层搅拌桩复合地基承载力按桩土分担荷载的原理计算。复合地基承载力标准值的计算公式为：

$$f_{spk} = m\frac{R_a}{A_p} + \beta(1-m) f_{sk} \tag{6.3-5}$$

式中：f_{spk} ——复合地基承载力特征值(kPa)；

f_{sk} ——处理后桩间土承载力特征值(kPa)，可取天然地基承载力特征值；

β ——桩间土承载力折减系数，当桩端土为软土时，取 β=0.5～1.0，当桩端土为硬土时，取 β<0.5，当不考虑桩间土作用时，取 β=0；

R_a ——单桩竖向承载力特征值(kN)；

m ——深层搅拌桩面积置换率(%)；

A_p ——搅拌桩的截面积(m^2)。

在重要或规模较大的船闸工程中采用搅拌桩基础时，应进行单桩承载力和复合地基承载力现场试验。

3. 劲性复合桩

劲性复合桩是一种近年来在水泥土桩的基础上发展而来的地基加固技术，将原单一桩基改造为组合桩基，在水泥搅拌桩成桩后的规定时间内压入混凝土芯桩，形成一种混凝土芯桩与水泥土共同工作、承受荷载的新桩型。按芯桩与水泥土桩的长度关系可分为短芯桩、等芯桩和长芯桩。劲性复合桩能够结合水泥搅拌桩及混凝土桩的优点，可有效地提高地基承载力，减小基础变形，控制沉降。

劲性复合桩可按散柔复合桩、散刚复合桩、柔刚复合桩和三元复合桩等类型进行设计。劲性复合桩用于桩基础时应穿透软弱土层。

劲性复合桩的设计计算可依照现行《劲性复合桩技术规程》(JGJ/T 327)进行，必要的计算项目有单桩竖向抗压承载力、复合地基承载力等。

4. 桩基础

船闸工程中，最常用的是钢筋混凝土预制桩和钻孔灌注桩。按桩的受力情况，可分为摩擦型桩和端承型桩。根据船闸工程的运用特点，在以水土压力为主的水平向荷载作用下，结构底板与地基土之间应有紧密的接触，以避免形成渗流通道。因此，为了保证闸基的防渗安全，土质地基上的船闸桩基一般采用摩擦型桩。如果采用端承型桩，底板底面以上的作用荷载几乎全部由端承型桩承担，直接传递到下卧岩层或坚硬土层上，底板与地基土的接触面上则有可能出现脱空现象，加之地下渗流的作用，造成接触冲刷，从而危及结构安全。因此，船闸桩基础通常宜采用摩擦型桩。

(1) 桩基的布置

船闸水工结构底板面积较大，桩的根数和尺寸主要与底板底面以上的作用荷载及施工条件等有关，因此桩的根数和尺寸可按照承担底板以上的全部荷载(包括竖向荷载和水平荷载)确定。

桩基的平面布置，应尽量使群桩的重心与结构底板底面以上基本荷载组合的合力作用点相接近，使各桩实际承担的荷载尽量相等，这对减少地基的不均匀沉降、维护船闸水工结构安全和正常使用是有利的。

桩基的平面布置，如只设一排基桩，一般按等距布置；多排基桩，常采用三角形、矩形或正方形布置。桩距一般为(3～6)d(d 为桩径或边长)。群桩的边桩至底板边缘的净距，一般不小于 0.5d，且不小于 250 mm。预制桩的中心距不应小于 3d，钻孔灌注桩的中心距不应小于 2.5d。

在同一块底板下，不应采用直径、长度不同的摩擦型桩，也不应同时采用摩擦型桩和端承型桩。

(2) 桩基的设计计算

单桩的竖向荷载和水平荷载，以及容许的竖向承载力和水平向承载力，可按现行的《水运工程地基设计规范》(JTS 147)、《港口工程桩基规范》(JTS 167-4)、《建筑地基基础设计规范》(GB 50007)和《建筑桩基技术规范》(JGJ 94)等有关专业规范计算确定。

深厚软土地基上的船闸桩基础，在垂直荷载作用下，端承群桩、桩数不少于 9 根的摩擦群桩和条形基础下不超过 2 排的摩擦群桩，如采用的桩距不小于 3d，则群桩的容许承载力为各单桩容许承载力之和。对桩距不大于 6 m、桩数超过 9 根的摩擦桩基，可把群桩范围内的桩和土看作一个假想的实体深基础，以桩尖平面的深度作为假想基础的埋置深度进行地基强度和变形计算。其桩尖平面处的地基压应力和沉降不应大于该平面处地基土的容许承载力和容许沉降量。

在水平荷载作用下，桩基础的水平容许承载力为各单桩的水平容许承载力总和。

6.3.2　膨胀土地基处理

膨胀土遇水膨胀、失水收缩的特性会造成地基变形和沉陷，引起船闸水工建筑物失稳和不均匀沉降，需采取相应的地基处理措施，具体处理措施主要如下。

(1) 采用非膨胀性材料或灰土进行置换，换土厚度可通过变形计算确定，并做好防水处理。

(2) 当膨胀性土层较为深厚时，应采用桩基础处理，桩基础应支承在非膨胀土层上或支承在大气影响层以下的稳定土层上。

膨胀土地基处理设计计算可依照现行《膨胀土地区建筑技术规范》(GB 50112)进行。

6.3.3 砂土液化地基处理

液化土层对船闸的危害主要有船闸水工建筑物上浮、下沉、倾斜和地基失稳等。因此，在地震区应避免采用未经加固处理的可液化土层做天然地基的持力层。

地震区液化地基的处理措施主要如下。

(1) 采用非液化土替换全部液化土层。一般适用于液化土层厚度小于 3.0 m 的情况，替换土可以采用黏性土或水泥土。

(2) 采用加密法，包括振冲加密、振动加密、挤密碎石桩、强夯等方法，系采用强夯提高液化土层的密实度，使液化土层转换为非液化土层，一般适用于液化土层厚度大于 3.0 m 的情况。

(3) 采用桩基础法。桩基础深入非液化土层，承担全部荷载，采用时应注意液化土层液化后结构底板下可能脱空，底板下形成渗流通道所带来的渗流稳定问题。

(4) 采用围封法。采用混凝土地下连续墙、水泥搅拌桩连续墙或高喷连续墙等措施将液化土层围封，使其在地震时不会产生喷水冒砂现象，以维持地基的整体稳定性。

液化地基处理采用何种措施，应通过技术经济分析比较确定。此外，当液化土层顶部上覆一定厚度非液化土层时，经论证也可以不采用地基处理措施。

砂土液化地基处理设计计算可依照现行《建筑抗震设计规范》(GB 50011)和《水运工程抗震设计规范》(JTS 146)进行。

6.4 船闸工程地基处理设计创新理念

地基处理设计方法的创新可以从以下四个方面入手。

(1) 分析现有地基处理方法，寻找其不足，再通过其他加固措施加以弥补，形成多种措施共同作用的方法，包括相同效果的叠加与不同效果的整合。

(2) 寻找现有地基处理方法工艺或桩基物理性质的不足，对原方法进行改进以获得更好的处理效果，进行微创新。

(3) 根据实际施工情况，考虑经济、技术、环境等多方面因素，从其他领域选择合适的方法引入地基处理方法中并进行改良。

(4) 针对现有地基处理方法中出现的不足，结合以上 2 种或 3 种创新思路，得到新的创新思路，在原方法的基础上加以改进发展。

根据以上分析，地基处理设计创新理念可分为组合式创新、修正式创新、引入式创新和开放式创新四类。

6.4.1 组合式创新

组合式创新往往为 2 种或 2 种以上方法的组合，一般遵循优势互补、有效结合的原则。

该创新方法的难度相比其他三类低，所以在地基处理中，该方法的应用较为普遍。如长短桩复合地基、SMW 工法、真空联合堆载预压法、劲性复合桩等。

6.4.2　修正式创新

修正式创新是针对原有方法的不足之处，通过改进原方法工艺来弥补缺点。如双向水泥搅拌桩、钻孔灌注桩后压浆等。

6.4.3　引入式创新

引入式创新是指通过大胆引入其他领域的方法以及模仿生活中某些物体的力学特性，达到处理不良地基的目的。如爆破挤淤法、液氮冻结法、树根桩等。

6.4.4　开放式创新

开放式创新为以上三种创新方式相互搭配，从而得到的第四种创新方式。如螺杆桩、钉型双向水泥搅拌桩等。

6.5　典型工程案例

6.5.1　芒稻船闸扩容改造工程

1. 工程概况

芒稻船闸扩容改造工程位于芒稻河江都段。扩容改造后的芒稻船闸为Ⅲ级船闸，设计最大船舶吨级为 1 000 t，船闸尺度为 180×23×4(m)，工程总投资 2.35 亿元。

图 6.5-1　扩容改造后的芒稻船闸实景图

2. 地质情况

根据设计阶段地质勘察报告钻孔揭露，①、①′层为第四系全新统(Q_4)长江冲积层，其下诸层为第四系上更新统(Q_3)下蜀组冲-洪积层。其岩性及分布特征如下。

A层：素填土，粉质黏土，局部含铁锰质斑，灰黄杂灰、灰褐、褐黄色，层厚0.5～11.1 m，场地分布不规则。

B层：素填土，砂质粉土、粉砂，杂粉质黏土，灰黄、灰、青灰色，含云母片，层厚0.5～11.5 m。

①层：砂质粉土，局部粉砂，偶夹粉质黏土，灰黄渐变灰色，含云母片。摇振反应中等，无光泽反应，干强度低，韧性低，层厚0.8～10.5 m。

①′层：粉质黏土，灰色。手捻较光滑，稍有光泽，干强度及韧性较高，层厚1.5～1.7 m。

②层：粉质黏土、黏土，灰黄、褐黄色，局部上部呈灰绿色，含铁锰质斑。手捻光滑，有光泽，干强度及韧性较高，层厚7.7～21.6 m。

②′层：砂质粉土，夹粉质黏土薄层，褐黄色。摇振反应中等，无光泽反应，干强度低，韧性低，层厚1.0～4.5 m。

③层：粉质黏土、黏土，棕黄、棕红色，含砂礓，铁锰质斑，夹粉土薄层。手捻光滑，有光泽，干强度及韧性较高。

③′层：砂质粉土，局部近粉砂，灰黄色，局部夹粉质黏土薄层，含少量云母片。摇振反应中等，无光泽反应，干强度低，韧性低。

④$_1$层：粉质黏土、黏土，棕黄、棕红色，含铁锰质斑、结核，局部夹粉砂、粉土。手捻光滑，有光泽，干强度及韧性较高，层厚2.5～11.6 m。

④$_2$层：粉砂、砂质粉土，夹黏土，灰黄、棕黄色，含砂礓。摇震反应中等，无光泽反应，干强度低，韧性低。

各主要土层物理力学性质见表6.5-1。

表6.5-1 土层物理力学指标推荐采用值表

岩土编号	岩土名称	含水率(%)	天然孔隙比	液性指数	黏聚力 c_q(kPa)(快剪)	内摩擦角 φ_q(°)(快剪)	推荐容许承载力 f(kPa)
A	素填土	26.2	0.77	0.41	16.4	15.6	70
B	素填土	25.3	0.85	0.32	6.8	23.7	70
①	砂质粉土	30.2	0.84	0.70	6.4	24.0	130
①′	粉质黏土	35.4	0.99	0.97	—	—	90
②	粉质黏土、黏土	28.1	0.78	0.47	38.2	16.3	190
②′	砂质粉土	31.4	0.86	0.91	11.2	23.7	140
③	粉质黏土、黏土	28.0	0.78	0.41	41.1	16.3	260
③′	砂质粉土	29.9	0.84	0.75	5.3	23.8	190
④$_1$	粉质黏土、黏土	28.1	0.78	0.66	36.0	17.4	300
④$_2$	粉砂、砂质粉土	28.3	0.78	0.90	5.8	24.2	260

3. 地基处理方案——换填地基处理

闸室边墩的底板坐落于①层砂质粉土上，承载力不能满足设计要求，因为①层砂质粉土厚度仅不到 1 m，考虑采取 10%水泥土换填，换填厚度 1.1 m，换填后的地基承载力能够满足闸室底板的地基应力。

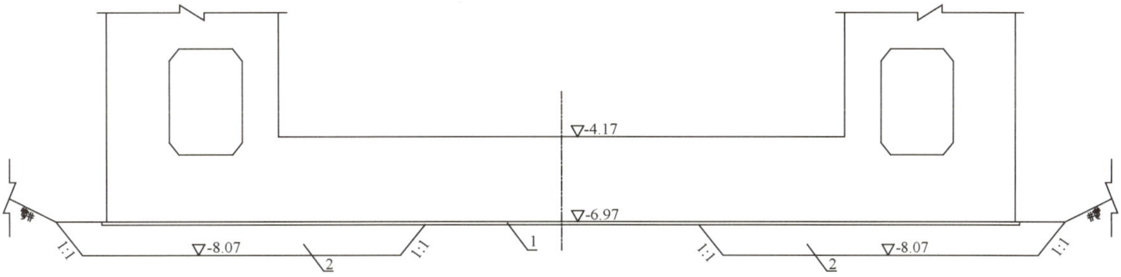

1—C15 素混凝土封底；2—10%水泥土换填。

图 6.5-2 芒稻船闸闸室换填处理断面图（单位：m；高程系：1985 国家高程）

6.5.2 合裕线裕溪一线船闸扩容改造工程

1. 工程概况

合裕线裕溪一线船闸扩容改造工程位于合裕线航道裕溪口，裕溪河入长江口门处。扩容改造后的裕溪一线船闸为Ⅱ级船闸，设计最大船舶吨级为2 000 t，船闸尺度为 290×34×5.6(m)。

图 6.5-3 裕溪一线船闸效果图

2. 地质情况

根据设计阶段地质勘察报告钻孔揭露，岩性及分布特征如下。

A层:杂填土,灰、灰黄色,软可塑,中等压缩性,主要为船闸墙后回填土和道路表层路基土,夹少量碎砖块等。层厚0.7～2.5 m,层底高程▽12.07～▽9.26 ,零星分布。

B层:素填土,灰黄色,软可塑,中等压缩性,主要分布于堤身及分流岛位置,局部含少量碎石子。层厚0.7～6.8 m,层底高程▽9.50～▽5.96 。

①层:粉质黏土,黄褐、灰黄、灰等色,稍湿～湿,可塑状,中等偏高压缩性,夹粉土薄层。层厚1.3～4.7 m,层底高程▽7.96～▽3.36,为地表覆盖层。

②层:淤泥质粉质黏土、粉砂互层,灰、灰黑色,很湿,软塑状,高孔隙比,高压缩性,多呈千层饼状,单层厚0.1～0.5cm不等。层厚2.4～14.5 m,层底高程▽3.07～▽－6.04,普遍分布。

③层:粉砂夹粉质黏土,灰色,饱和,松散～稍密状,粉质黏土夹层多呈薄层状、透镜状分布。层厚1.0～13.8 m,层底高程▽0.41－～▽16.79,分布不均。

④层:粉细砂,灰色,饱和,中密～密实状,下部多分布有粉质黏土透镜体,自上而下强度渐强。已见最大厚度34.6 m,最深层底高程为▽－36.34,普遍分布。

$④_1$ 层:粉质黏土透镜体,灰色,很湿,可塑～硬塑状,夹粉砂薄层。以透镜体状分布于④层下部,层厚1.0～10.7 m,层底高程▽－25.59～▽－36.34。

$⑤_1$ 层:砂砾石,灰色,饱和,密实状,由上而下,颗粒渐粗,砾石含量亦递增。该层大部孔未钻穿,已见最大厚度10.85 m,最深层底高程▽－50.79,普遍分布。

$⑤_2$ 层:砂卵石,灰、杂色,饱和,密实状,卵石含量可达30%～50%。埋藏深,已见最大厚度5.8 m,最深层底高程▽－45.89。

⑥层:灰岩,灰、紫灰色,硬质岩,揭示部分为强风化,块状结构,芯样主要呈碎块状。已见最大厚度3.8 m,最深层底高程▽－49.69。

各主要土层物理力学性质见表6.5-2。

表6.5-2　土层物理力学指标推荐采用值表

岩土编号	岩土名称	黏聚力 c_q (kPa) (快剪)	内摩擦角 φ_q(°) (快剪)	黏聚力 c_g (kPa) (固快)	内摩擦角 φ_g(°) (固快)	标贯击数 N(击)	推荐容许承载力 f (kPa)
A	杂填土	13.5	15.0	—	—	—	110
B	素填土	15.0	13.5	13.0	14.5	3.0	105
①	粉质黏土	25.0	10.0	22.0	12.5	4.9	120
②	淤泥质粉质黏土、粉砂互层	12.0	9.0	13.0	9.5	3.7	80
③	粉砂夹粉质黏土	7.0	25.0	—	—	10.8	145
④	粉细砂	6.0	28.0	—	—	26.1	185
$④_1$	粉质黏土透镜体	28.0	14.0	30.0	16.0	—	190
$⑤_1$	砂砾石	—	—	—	—	46.0	260
$⑤_2$	砂卵石	—	—	—	—	—	350
⑥	灰岩	—	—	—	—	—	500

3. 地基处理方案

(1) 闸首地基处理方案——灌注桩基础

上、下闸首建基面坐落于④层粉细砂上，闸首自重大，地基承载力不足，同时为避免边墩不均匀沉降而影响船闸闸门的正常工作，上、下闸首地基处理采用钢筋混凝土钻孔灌注桩地基处理。

上闸首下部钻孔灌注桩桩径为 1 200 mm，桩长 23 m，数量为 192 根。桩基呈矩形布置，灌注桩桩顶伸入结构底板 10cm。

下闸首下部钻孔灌注桩桩径为 1 200 mm，桩长 20 m，数量为 203 根。桩基呈矩形布置，灌注桩桩顶伸入结构底板 10cm。

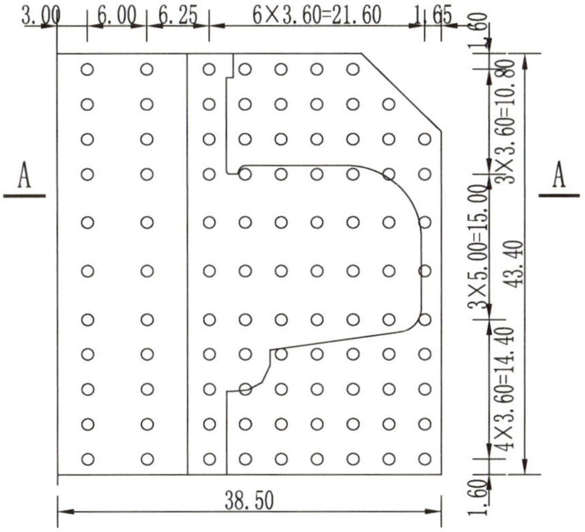

图 6.5-4 上闸首地基处理半平面图(单位:m)

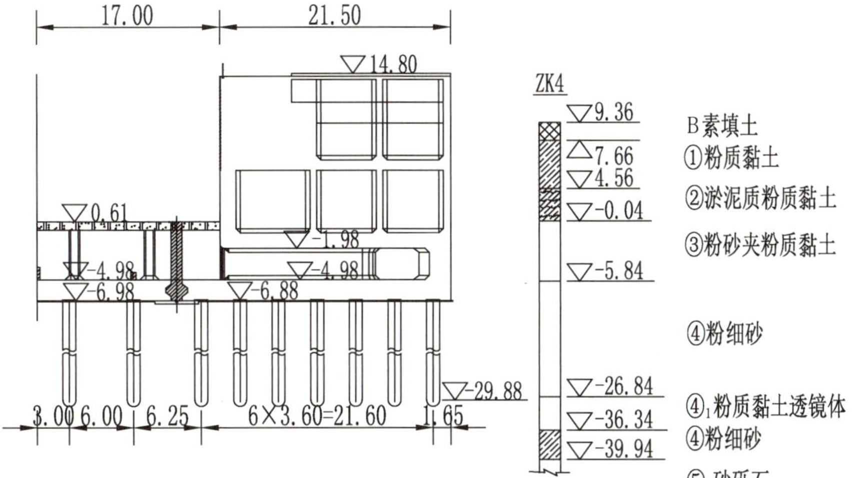

图 6.5-5 A-A 断面图(单位:m;高程系:吴淞高程)

（2）下游导航墙地基处理方案——预制方桩基础

与下闸首相邻位置部分的下游导航墙采用空箱式结构，其建基面坐落于②层淤泥质粉质黏土、粉砂互层中，地基承载力低，不满足下游导航墙结构使用要求，故采用预制方桩进行地基处理，方桩边长 400 mm，桩长 8 m，桩顶伸入 12%水泥垫层 30 cm，采用梅花形布置（前密后疏），纵向间距 0.8 m，横向间距 1.2 m。

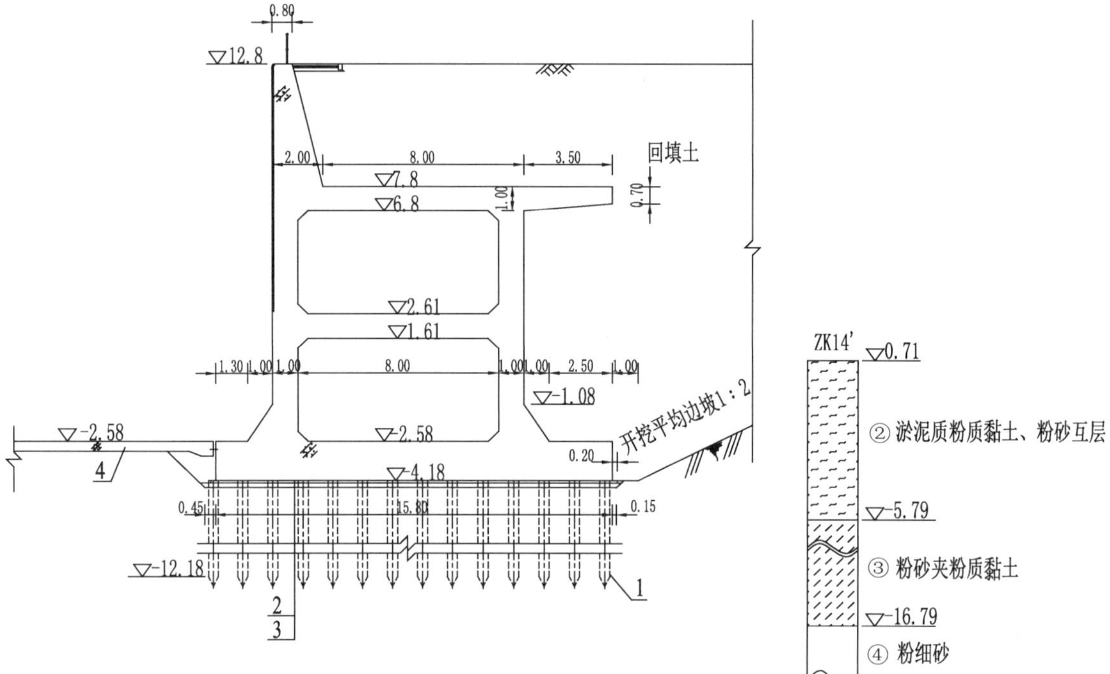

1—预制方桩；2—C15 素混凝土封底（100 mm）；3—12%水泥土（200 mm）；4—钢筋混凝土护坦。

图 6.5-6　下游导航墙结构断面图（单位：m；高程系：吴淞高程）

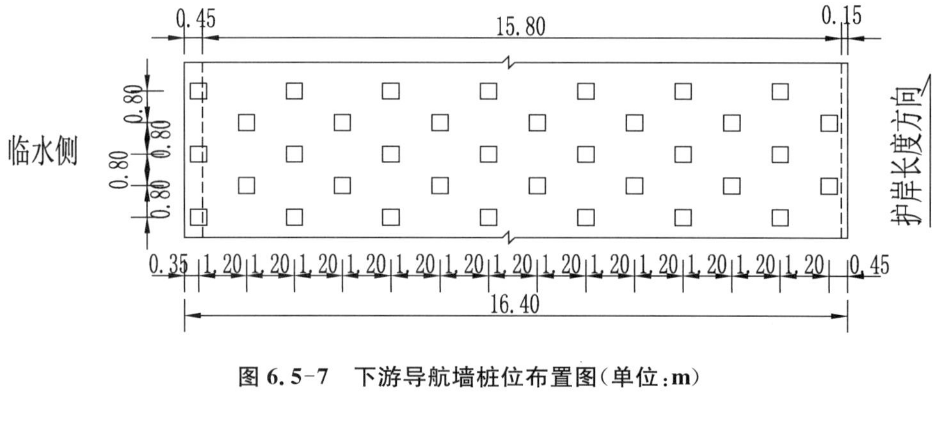

图 6.5-7　下游导航墙桩位布置图（单位：m）

6.5.3 杨林船闸工程

1. 工程概况

杨林船闸位于江苏省太仓市浏家港镇，杨林船闸级别为Ⅲ级，设计最大船舶吨级为 1 000 t。船闸布置于杨林节制闸的北侧，船闸纵轴线与杨林塘老航道中心线（即现有节制闸中心线）平行，两闸中心线相距 90 m。

图 6.5-8 杨林船闸实景图

2. 地质情况

勘察深度内均为第四系地层，勘察深度内均为全新统土层。岩性为灰色粉质黏土、粉土、粉砂及粉质黏土与粉砂互层，水平层理发育。各构筑物的工程地质层分布及特征如下。

1 填土层：土性为粉质黏土，黄灰色，可塑状态为主，中等压缩性，土性差别大，部分为杂填土。局部分布，层厚 0.6～1.7 m。

1-1 粉质黏土层：灰色，可塑状态为主，中等压缩性，局部混粉砂。近地表连续分布，层厚 1.3～2.5 m，表层土土质不均。

1-2 淤泥质黏土层：灰色，流塑状态，高压缩性，抗剪强度低，局部为淤泥，土性差。该层连续分布于 1-1 层表土层以下，层顶面埋深 1.5～4.0 m，一般厚度为 8.8～18.8 m，为区内主要软土层，是工程沉降和稳定性的控制层位。

1-2a 粉质黏土层：灰色，软塑～流塑状态，中等偏高压缩性。呈透镜体状分布于 1-2 层之间或零星分布于 1-1 层之下，层厚 1.0～8.0 m。

1-2b 淤泥层：灰色，流塑状态，高压缩性。分布于 1-2 层之间，层厚 2.0～12.0 m，该层为区内主要软土层，是工程沉降和稳定性的控制层位。

1-2c 粉土层：灰色，湿，松散状态，中等压缩性，部分为粉质黏土混粉砂。呈透镜体状分布于1-2层之间或零星分布于1-1层之下，层厚1.1～3.8 m。

2-2粉质黏土夹粉砂层：灰色，软塑状态，中等偏高压缩性，粉砂为稍密状态。零星分布于2-2c层底部，层厚2.3～3.9 m。

2-2a(淤泥质)粉质黏土层：灰色，流塑～软塑状态，夹粉砂薄层，中偏高～高压缩性，土性较差。连续分布于2-2c层以下，层顶面埋深18.4～22.0 m，层厚11.2～18.7 m，为区内的主要软弱土层。

2-2c粉砂层：灰色，饱和，中密状态。连续分布于1-2层之下，层顶面埋深15.0～17.9 m，层厚1.5～3.9 m。

3-2粉质黏土夹粉砂层：灰色，软塑状态，中等压缩性，粉砂以稍密状态为主。断续分布于2-2a层以下，层顶面埋深30.0～35.1 m，层厚4.4～7.3 m。

3-3粉砂层：灰色，饱和，密实状态。连续分布，层顶面埋深37.5～39.4 m，未钻穿。

各主要土层物理力学性质见表6.5-3。

表6.5-3 土层物理力学指标推荐采用值表

岩土编号	岩土名称	黏聚力 c_q (kPa)（快剪）	内摩擦角 φ_q (°)（快剪）	黏聚力 c_g (kPa)（固快）	内摩擦角 φ_g (°)（固快）	标贯击数 N(击)	推荐容许承载力 f (kPa)
1	填土	—	—	—	—	—	—
1-1	粉质黏土	28.1	13.9	—	—	5.0	110
1-2	淤泥质黏土	10.4	4.3	8.0	7.7	2.0	70
1-2a	粉质黏土	19.5	10.5	—	—	3.2	100
1-2b	淤泥	10.3	1.8	9.3	4.9	2.0	50
1-2c	粉土	21.0	12.7	—	—	2.2	110
2-2	粉质黏土夹粉砂	22.0	16.0	—	—	11.8	120
2-2a	(淤泥质)粉质黏土	20.5	7.5	17.6	12.5	8.7	110
2-2c	粉砂	21.2	17.3	—	—	20.5	150
3-2	粉质黏土夹粉砂	20.1	12.7	—	—	11.2	130
3-3	粉砂	18.3	29.3	—	—	40.0	220

3. 地基处理方案

(1) 闸首地基处理方案——预制管桩基础

下闸首建基面坐落于1-2层淤泥质黏土上，地基承载力仅为70kPa，闸首自重大，地基承载力不足，同时为避免边墩不均匀沉降而影响船闸闸门的正常工作，上、下闸首地基处理采用预制管桩地基处理。采用直径800 mm的PHC桩进行地基加固处理，桩顶在闸首底板底高程以上60cm，桩底(不含桩靴)3-2层粉质黏土层不小于两倍桩径。因下游引航道采用斜坡式护岸，导航墙为坐落在水中的空箱结构，下闸首及靠近下闸首的闸室结构受到较大的扬压力，故在下闸首底板下的下游侧及两侧边施打水泥搅拌桩形成防渗帷幕。

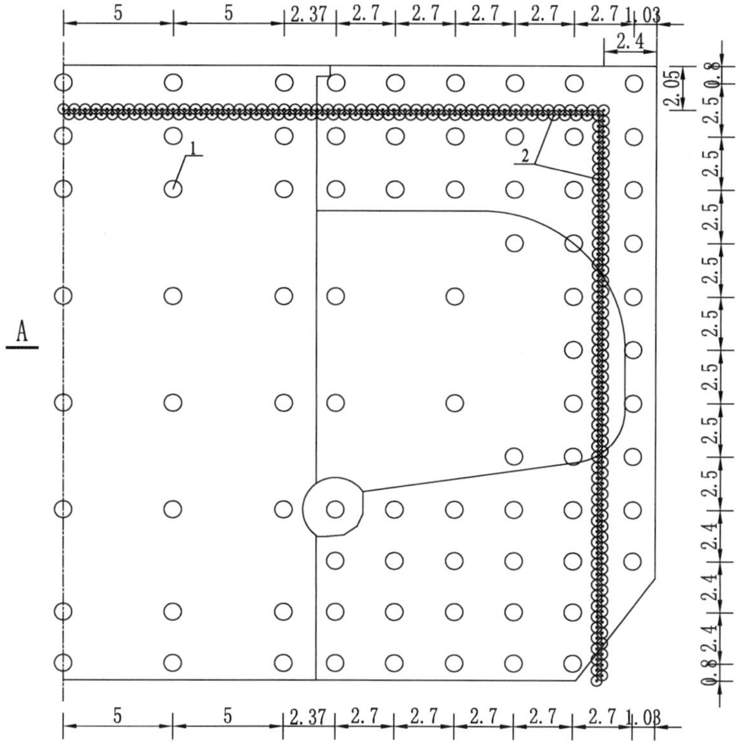

1—Φ800 PHC 预应力管桩；2—Φ500 水泥搅拌桩(长 6 m)。

图 6.5-9 下闸首地基处理半平面图(单位：m)

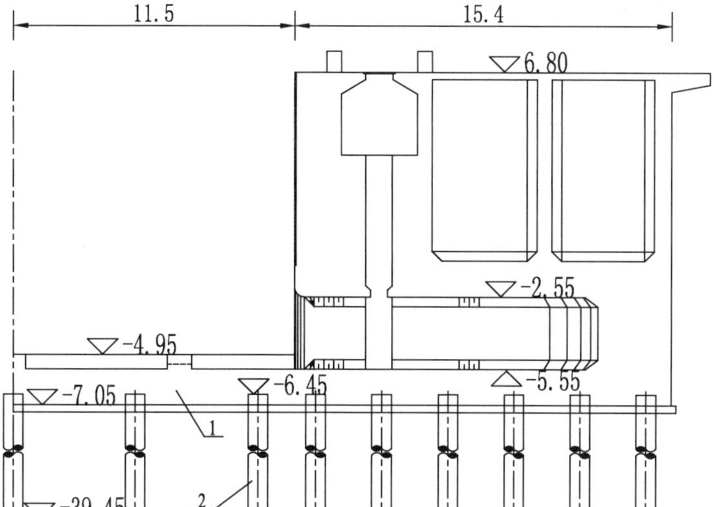

1—闸首底板；2—Φ800 PHC 预应力管桩。

图 6.5-10 A-A 断面图(单位：m；高程系：1985 国家高程)

（2）下游分水堤地基处理方案——钉型双向水泥搅拌桩地基处理

下游分水堤采用钢筋混凝土空箱结构，其建基面坐落于1-2b层淤泥上，地基承载力仅为50 kPa，不满足下游分水堤结构使用要求，底板以下采用钉型双向水泥搅拌桩地基处理以提高地基承载能力，水泥搅拌桩顶部1.1 m范围内直径为1.1 m，下部桩身直径为700 mm，桩排距为1.4 m，采用梅花形布置，桩长8 m。

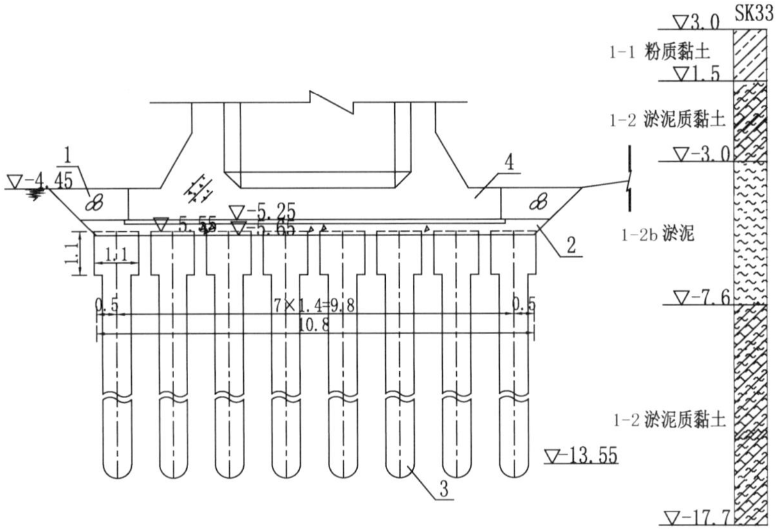

1—灌砌块石护底；2—碎石垫层；3—Φ700钉型水泥搅拌桩；4—分水堤底板。

图6.5-11　下游分水堤结构断面图（单位：m；高程系：1985国家高程）

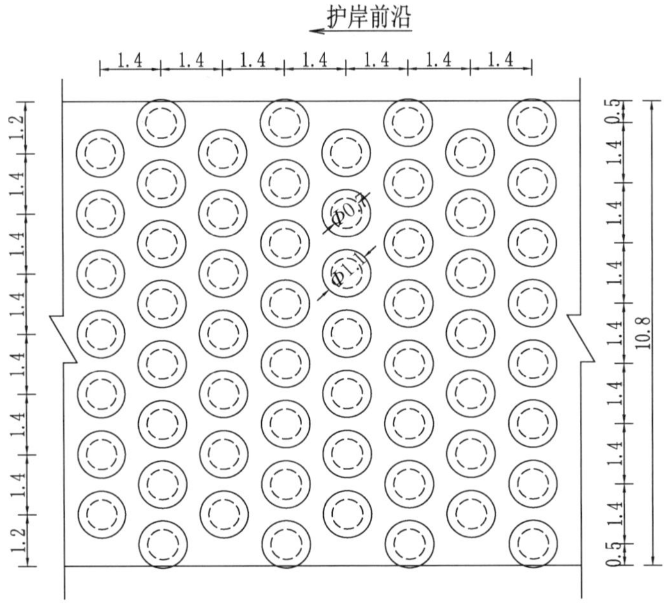

图6.5-12　下游分水堤地基处理平面图（单位：m）

6.5.4 刘埠一级渔港工程

1. 工程概况

刘埠渔港位于南通市如东县城北，掘苴河出海口掘苴闸下游。渔港工程通过新建海堤、导流堤、渔用码头、护岸、水闸、换水闸、船闸、进港航道以及港区陆域、道路堆场、生产设施等其他配套工程，满足渔业生产、渔船停泊及避风等要求。

刘埠一级渔港工程船闸级别为Ⅳ级，规模为 230×18(23)×4.5 m。船闸承受双向水头作用，正向运行水头为 2.81 m，反向运行水头为 4.20 m。上、下游导航段均长 50 m，上游停泊段利用渔港驳岸，长度为 244.3 m，下游停泊段长度为 110 m。

2. 地质情况

勘探深度 50 m 以浅地基土体，根据其物理力学性质、岩性、成因等差异，可划分为 3 个工程地质层 8 个亚层，具体划分如下。

1-2c 粉土层：稍密，很湿，以粉土为主，夹粉砂薄层，局部夹层多见，干强度低，低韧性，摇振反应迅速，无光泽，欠均质。均匀分布，层底高程▽1.00～▽－7.88，厚度为 0.5～0.7 m。

2-3 粉砂层：稍密，饱和，以粉砂为主，主要矿物成分为石英、长石、云母等，含少量贝壳碎屑，局部夹少量粉土、粉质黏土薄层，欠均质。层底高程▽－4.43～▽－7.16，厚度为 2.7～8.0 m。

2-4 淤泥质粉质黏土层：流塑，以淤泥质粉质黏土为主，夹粉砂薄层，局部夹层多见，干强度中等，中等韧性，摇振反应无，稍有光泽，具水平层理，欠均质。均匀分布，层底高程▽－12.50～▽－19.33，厚度为 5.5～14.6 m。

2-5 粉砂层：中密为主，局部稍密，饱和，以粉砂为主，主要矿物成分为石英、长石、云母等，局部夹少量粉土薄层，具水平层理，欠均质。均匀分布，层底高程▽－16.81～▽－21.75，厚度为 0.9～7.0 m。

2-6 粉质黏土层：软塑，以粉质黏土为主，局部夹少量粉土薄层，干强度中等，中等韧性，摇振反应无，稍有光泽，欠均质。局部分布，层底高程▽－21.80～▽－25.25，厚度为 1.7～6.5 m。

3-1 粉质黏土层：硬可塑，含铁锰质氧化物，干强度中等，中等韧性，摇振反应无，稍有光泽，尚均质。均匀分布，层底高程▽－23.98～▽－28.47，厚度为 0.6～3.5 m。

3-2 粉质黏土层：软可塑，以粉质黏土为主，局部夹少量粉砂薄层，干强度中等，中等韧性，摇振反应无，稍有光泽，欠均质。均匀分布，层底高程▽－26.30～▽－28.88，厚度为 0.8～4.9 m。

3-3 粉砂层：密实，饱和，以粉砂为主，主要矿物成分为石英、长石、云母等，局部偶夹少量粉土薄层，具水平层理，尚均质。层底高程低于▽－50.95，厚度大于 23.5 m。

各主要土层物理力学性质见表 6.5-4。

3. 地基处理方案——劲性复合桩地基处理

闸室底板位于 2-3 粉砂夹粉土层，厚度为 0.1～0.6 m，下部为 7～8 m 厚 2-4 淤泥质粉质黏土夹粉砂层。

因闸室结构自重轻、地基应力较小，闸室地基处理采用劲性复合桩。劲性复合桩外芯采用直径 700 mm 的水泥搅拌桩，桩长 11.2 m，内芯采用直径 220 mm 的振动沉管灌注桩，内芯长度为桩顶以下 8 m。劲性桩采用矩形布置，桩间距纵向 2.2 m，横向 2.0～2.4 m。经计算，处理后复合地基承载力为 130 kPa，沉降量为 43 mm。

表 6.5-4　土层物理力学指标推荐采用值表

岩土编号	岩土名称	黏聚力 c_q (kPa)（快剪）	内摩擦角 φ_q (°)（快剪）	黏聚力 c_g (kPa)（固快）	内摩擦角 φ_g (°)（固快）	标贯击数 N(击)	推荐容许承载力 f (kPa)
1-2c	粉土	6.5	15.5	6.9	19.0	4.3	80
2-3	粉砂	4.4	25.0	2.7	30.1	9.4	100
2-4	淤泥质粉质黏土	12.1	8.4	9.8	9.9	3.8	70
2-5	粉砂	3.6	29.2	1.7	33.4	12.4	155
2-6	粉质黏土	14.5	10.0	—	—	4.1	100
3-1	粉质黏土	31.7	11.9	—	—	6.9	180
3-2	粉质黏土	18.8	11.2	—	—	5.4	140
3-3	粉砂	2.8	34.1	—	—	25.6	200

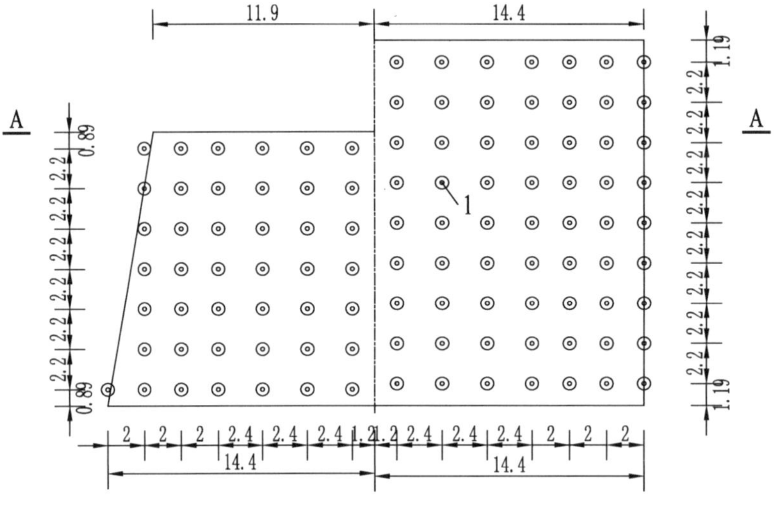

1—劲性复合桩。

图 6.5-13　闸室地基处理平面图(单位:m)

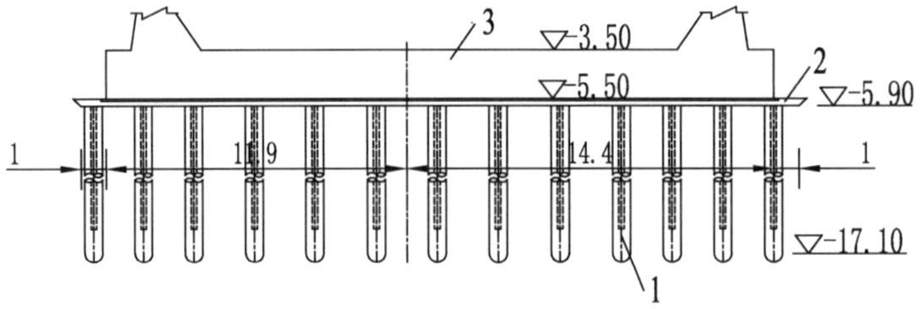

1—劲性复合桩;2—8%水泥土垫层(300 mm);3—闸室底板。

图 6.5-14　A-A 断面图(单位:m;高程系:1985 国家高程)

第七章　闸、阀门及启闭机

船闸工程是集水工建筑物、金属结构、启闭机械、电气系统、房屋建筑和景观绿化等多专业于一体的通航枢纽工程。其中，船闸闸、阀门及启闭机械是控制闸室水位升降和保证船舶、船队安全顺利过闸的重要设备，在船闸系统中发挥着关键作用。船闸闸、阀门及启闭设备选型、布置和结构的合理性，设备运转的灵活性和可靠性，设备设施操作的便利性等，在很大程度上影响着整个船闸的运行效果。

7.1　平原地区船闸工程闸、阀门及启闭机设计的主要原则

1. 结合平原地区船闸特点，合理选型和设计，确保船闸的安全、可靠和高效运行

平原地区船闸以中、低水头为主，部分船闸承受双向水头作用，在门型选择时应充分考虑项目特点及适用条件，结构设计及材料选用应充分考虑耐久性，延长设备设施的使用寿命。

2. 具有一定的成熟性、先进性和代表性

结合国内外行业发展现状，所选用元器件、采用的技术和工艺既具有成熟性和代表性，同时也能体现行业发展的先进性，满足船闸全方位运行的要求，达到全自动控制的目的。

3. 考虑施工的便利性与可行性

船闸金属结构构件复杂、种类繁多，制作、拼装工作量大，结构布置与结构设计应充分考虑制作与安装的便利性，同时应在设计文件中明确质量控制要点，以保证产品质量。

4. 吸取已建船闸的建设、运行与管理经验，便于使用、维护和维修

在闸、阀门及启闭机的设计中，以"通用化、系列化和标准化""合理、经济、便于使用、维护和维修"为设计原则，充分考虑使用、维护和维修的便利，减少备品、备件数量。

7.2　闸、阀门分类与适用条件

7.2.1　闸门分类与适用条件

船闸闸门按工作性质可分为：工作闸门、事故闸门、检修闸门。其中检修闸门在船闸检修时使用；事故闸门在船闸发生意外事故时，为避免事故进一步扩大，需立即切断水流时使

用;检修闸门在设计时可考虑兼做事故闸门的功能。

工作闸门则是船闸日常运行过程中的主要运转结构物,按结构型式及运转方式的不同可进一步划分为人字闸门、三角闸门、横拉闸门、升卧闸门、下卧弧形闸门、一字闸门等。设计时,应根据通航净空要求、孔口尺寸大小、输水方式、水位组合情况、水力学条件等因素,并结合水工建筑物的结构型式、启闭设备的类型,按照经济合理、安全可靠的原则,通过技术经济比较选用。其中,平原地区船闸中应用较广泛的有人字闸门、三角闸门和横拉闸门,在本书后续章节中将重点介绍这三种门型。

人字闸门适用于单向水头作用的船闸,工作条件为静水启闭,在承受单向中、高水头的船闸设计时,工作闸门宜优先选用人字闸门。三角闸门和横拉闸门均可承受双向水头作用,适用于受潮汐影响的口门船闸,其中横拉闸门只能够在静水条件下启闭,而三角闸门则可在动水条件下启闭,还可通过局部开启进行输水,在局部开启条件下输水,以缩短闸室灌、泄水时间,提高船闸运行效率。

7.2.2 阀门分类与适用条件

按工作性质,阀门可分为工作阀门和检修阀门。其中工作阀门是船闸的重要设备之一,设置于输水廊道阀门井处,船闸分别通过上、下闸首工作阀门的开启实现闸室灌、泄水的功能。检修阀门一般在工作阀门检修时使用,部分长廊道输水的船闸由于上游廊道进水口在检修闸门槽外侧,此时也需设置检修阀门,以配合检修闸门共同工作,在船闸大修时阻断外侧水流。

常用的工作阀门型式有平面阀门和反向弧形阀门。《船闸闸阀门设计规范》(JTJ 308)规定:10 m 以下的低水头船闸宜选用升降式平面阀门;10～20 m 水头的船闸可选用升降式平面阀门或反向弧形阀门;20 m 以上的高水头船闸宜选用反向弧形阀门。平原地区船闸设计水头基本处于 10 m 以下,工作阀门的型式也都是采用平面阀门,因此,在后续章节中将重点针对平面阀门的设计进行介绍。

船闸工作阀门的正常工作条件为动水启门、静水闭门,但设计阀门与阀门启闭机时,往往还需考虑在突发事故工况下需要紧急关闭阀门,此时工作阀门为强压动水闭门。

7.3 启闭机分类及特点

启闭机是船闸重要的运行设备,通过启闭机的运转来实现闸、阀门的启闭,进而实现船闸的正常运行。启闭机械按传动方式的不同可分为液压式和机械式,液压式启闭机又可进一步分为液压直推式、液压四连杆式、液压马达式,而机械式启闭机则主要包括钢丝绳卷扬式、滚珠丝杆式、齿轮齿条式、齿条推杆式等。目前,液压直推式启闭机在船闸中的应用最为广泛,安全可靠,自动化程度也较高。

1. 钢丝绳卷扬式机械传动启闭机

钢丝绳卷扬式机械传动启闭机主要由钢丝绳、传动机构、机架、电气控制设备、应急操作装置和安全保护系统等组成。其中,传动机构由电动机、联轴器、制动器、减速器、卷筒装置、滑轮组和同步轴等组成;安全保护系统包括闸门开度显示及位置限制器、荷载限制保护和其他必要的电气保护等。

图 7.3-1　钢丝绳卷扬式机械传动启闭机

船闸平板闸门采用的卷扬式启闭机通常为双吊点启闭型式。其工作原理为：两套卷扬式启闭机的提升系统采用双卷筒同轴线分别驱动布置，通过一台电动机带动减速器，减速器带动开式齿轮，经过变速后，齿轮驱动卷筒旋转收放钢丝绳，钢丝绳带动动滑轮装置和闸门上升或下降。

钢丝绳卷扬式机械传动启闭机作为过去船闸建设中常见的启闭机型式，具有牵引直观、结构简单、操作方便、造价低廉等优点，同时，其能保证严格的传动比，性能可靠。但在使用过程中暴露出的问题也较为明显，如：机械传动部件笨重、钢丝绳松紧不一且磨损易断、牵引点受力不均、启闭效率因壅水较大而被迫降低、能耗高、噪音大等，不仅影响了闸门的正常运行，而且检修较困难。为此，它逐渐被刚性启闭机所取代。

2. 滚珠丝杆式机械传动启闭机

滚珠丝杆式机械传动启闭机由电机减速机组、扭矩限制器、滚珠丝杆、螺母导套、轴承、推拉杆、缓冲器等组成。

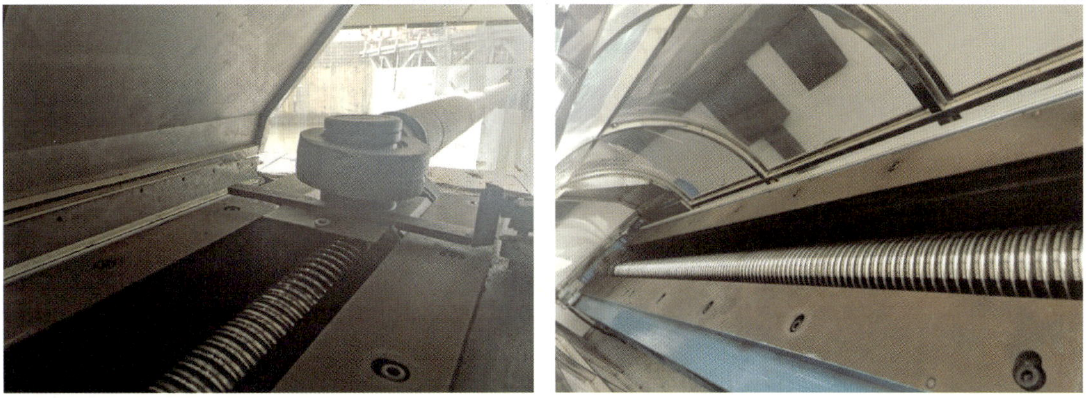

图 7.3-2　滚珠丝杆式机械传动启闭机

闸门启闭机的滚珠丝杆为水平安装，由电机驱动，经减速机减速后带动滚珠丝杆做旋转运动，从而带动滚珠螺母做直线运动。滚珠丝杆被其两端轴承所限制，做旋转运动而不沿轴线移动，螺母则由导套和其两侧导轨限制，不做旋转运动而只沿滚珠丝杆轴线移动。推拉杆通过导套与螺母铰接在一起，螺母的直线运动带动推拉杆做平面运动（移动加摆动），从而带动闸门绕顶底枢轴线转动。阀门启闭机的滚珠丝杆为垂直安装，其工作原理与闸门启闭机类似，区别在于滚珠螺母带动阀门做上下直线运动。

滚珠丝杆式机械传动启闭机具有传动原理简单、判断故障容易、环保无污染等优点。但在后期使用、维护中不难发现，其同样存在机械传动部件庞大、阀门下落时启闭机效率较低造成能源浪费等问题。

3. 齿轮齿条式机械传动启闭机

横拉闸门启闭机主要由顶台车、齿轮齿条式机械传动启闭机、顶轨装置组成。齿轮齿条式机械传动启闭机主要由变频电机、磁力耦合器、减速器、制动器、联轴器、传动轴装置和齿轮齿条传动等组成。除齿条固定于门库内两侧顶轨床上外，启闭机其他部件均安装固定于顶台车车架上。减速器为双轴对称输出，两侧通过传动轴末端齿轮与两侧齿条啮合，从而带动顶台车运行，并通过顶台车与门体推拉装置带动整个闸门的运行，完成闸门的启闭。

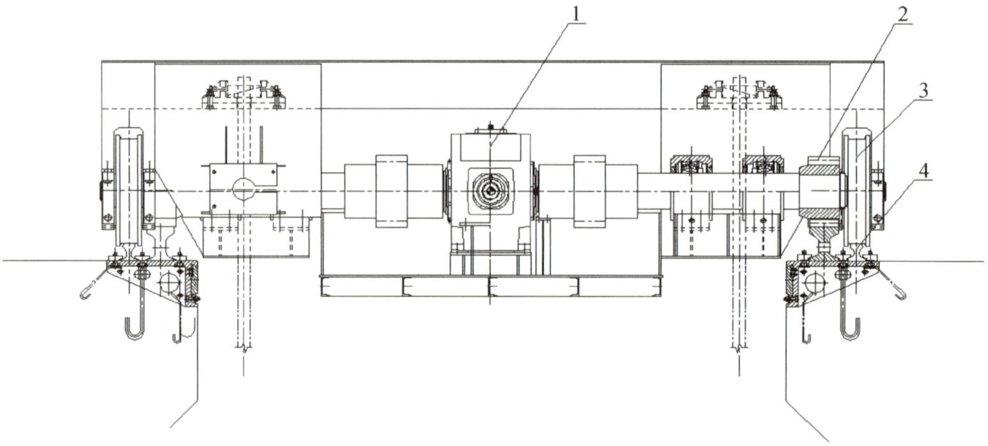

1—启闭机传动装置；2—顶轨及齿条装置；3—顶台车滚轮装置；4—顶台车车架。

图 7.3-3 齿轮齿条式机械传动启闭机示意图

4. 直推式液压启闭机

随着经济技术的稳步发展，工业化制造水平以及液压传动技术的进一步提高，液压启闭机的生产质量得到保障，生产成本有所降低，工程效益日益显著。

目前，我国船闸启闭机绝大多数采用的是直推式液压机型，在江苏省内船闸使用的启闭机类型中，直推式液压启闭机占比为 80%以上，在后续章节中将重点介绍直推式液压启闭机型。

直推式液压启闭机的结构主要由液压油缸、吊杆、泵站、预埋件等组成。其中泵站由电动机、电比例泵、液压阀件、过滤器、各种传感器、油箱等组成。液压启闭机通过电动机驱动液压泵形成工作压力，经液压介质设定的回路阀组将工作压力送入左右液压缸，驱动与活塞杆连接的闸、阀门工作。

直推式液压启闭机具有结构紧凑、体积小、重量轻、运动惯量小、动态性能好、反应灵

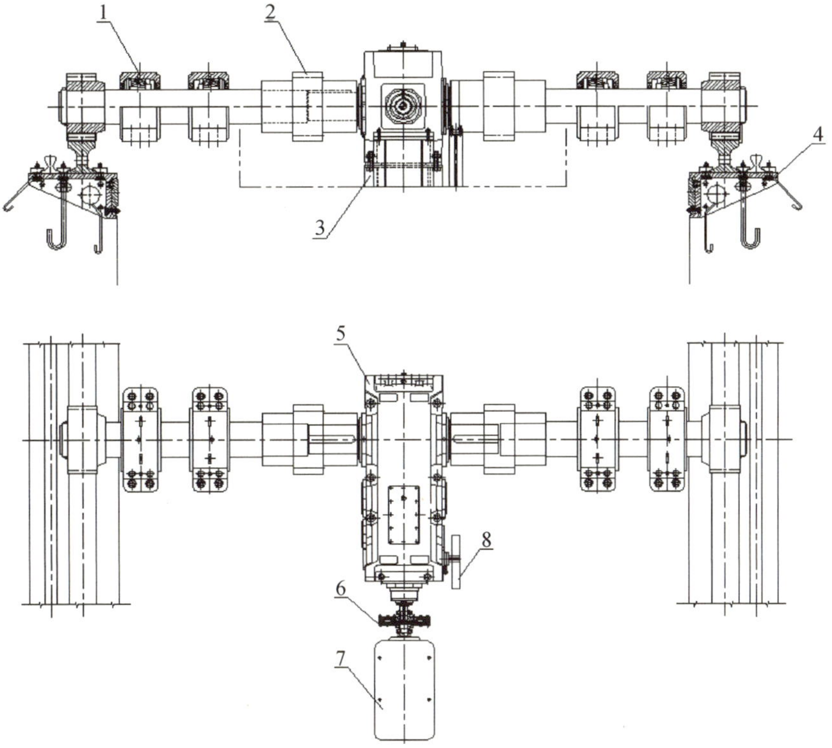

1—传动轴装置；2—联轴器；3—机座；4—顶轨及齿条装置；5—减速器；6—磁力耦合器；7—变频电机；8—制动器。

图 7.3-4　启闭机传动装置示意图

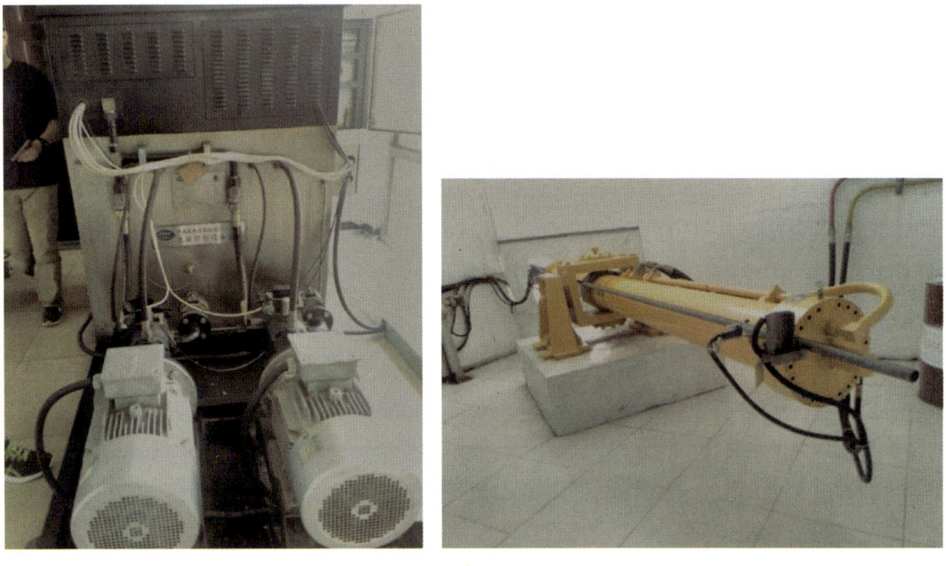

图 7.3-5　直推式液压启闭机

敏、承载能力大、调速范围广、运动平稳和易于自动化等诸多优点，并且液压元件已经实现系列化、标准化，设计简单，制造周期短；液压元件可以自行润滑，经久耐用，易于防止过载，工作安全可靠。因此，直推式液压启闭机日益成为船闸闸、阀门的首选启闭设备。

7.4 闸、阀门及启闭机设计与创新

7.4.1 人字闸门设计

人字闸门是船闸闸门中最常采用的型式，它主要由左右对称的两扇门叶及支承门叶的部件组成，闸门全关闭时的投影呈人字状，故称人字闸门。人字闸门关闭挡水时，水压力通过由横梁系统所组成的三角拱型式进行传力，斜接柱及门轴柱通长布置作为纵向支承梁参与传递轴向力，并与顶、底横梁共同组成闭合框架，垂直力（闸门自重）由底枢蘑菇头承受。在启闭过程中，人字闸门则是靠顶枢、底枢支承，由水平荷载（壅水荷载、风压力）及竖直荷载（偏心自重）引起的扭矩主要由背拉杆承受。

1. 平面布置

(1) θ 角（门轴线与闸室横轴线的夹角）取值

θ 角增大，拱的轴向压力和对闸首边墩的水平推力变小，但门扇的计算长度和主梁的弯矩也相应增大，增加了闸门的用钢量；反之，θ 角减小，门扇的计算长度缩短，但拱轴压力和对闸首边墩的水平推力将显著增大，这对主梁的受力和闸首边墩的稳定不利。关于 θ 角的取值，国际上尚无权威的论述，苏联修建的船闸人字门 θ 角多取为 20°，美国威尔逊（Willson）和尼卡杰克（Nickajack）船闸的 θ 角取值约为 18.5°，由美国设计的巴拿马运河船闸人字门则取 $\theta=26°33'54''$。我国的已建平原地区船闸，人字闸门基本取 $\theta=22.5°$，这有利于人字门结构及其部件的标准化。

(2) 旋转中心位置的确定

人字闸门旋转中心均设置在三铰拱支铰总推力线的上游侧，这样布置有两个目的：一是闸门关闭时，门轴柱上的支垫块能迅速与枕垫块接触，使底枢蘑菇头不承受挡水时产生的拱推力；二是闸门开启时，支、枕垫块能迅速脱开。在美国陆军工程师兵团 1984 年版的《船闸闸门和启闭机》设计手册（以下简称"美国手册"）中建议采用偏心距 177 mm，在《水工钢结构》（中国水利水电出版社）中则建议偏心距取 100 mm。从几何关系的角度出发，门叶的旋转中心应在关门状态的门轴线与全开门状态的门轴线形成夹角的平分线上，从支、枕垫的支承中心向该角平分线作垂线，所得交点即为旋转中心的位置（见图 7.4-1），江苏省内船闸该旋转中心偏心距一般按此法取 96 mm。

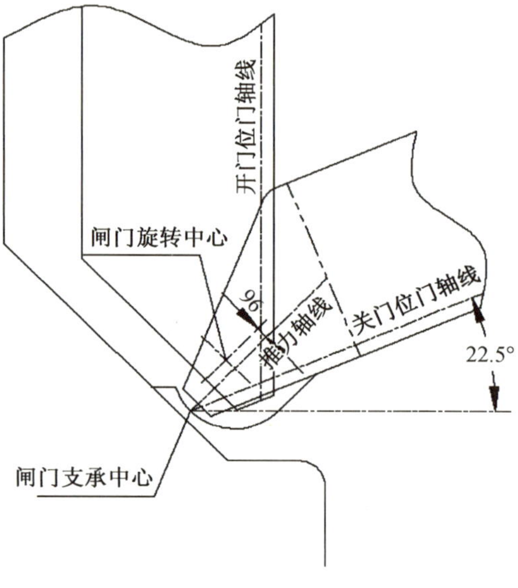

图 7.4-1 旋转中心位置（单位：mm）

2. 门体结构设计

(1) 梁格布置与截面设计

人字闸门的梁格常布置为横梁式，它由水平的主横梁和竖立的横隔板以及次梁构成。主梁间距应遵循等荷载原则布置，且一般不宜大于 2.5 m，在实际工程设计过程中，往往发现上部主梁承受荷载较小，此时在设计梁截面时可考虑采用分组设计法，以实现不同主梁间的变形协调，在节约钢材用量的同时，也可避免给纵向联结系带来不必要的内应力。关于主梁高度，苏联的规范建议为门叶宽度的 1/10～1/8，《船闸闸阀门设计规范》(JTJ 308)则推荐采用门叶宽度的 1/12～1/8，美国手册建议为门叶宽度的 1/15～1/8，并规定梁高的最小值不小于 1.2 m。对于平原地区的中、低水头船闸而言，此梁高通常在 1.2～1.5 m 之间，其中江苏省 23 m 口门的人字门船闸的主梁高度大多取 1.4 m。

人字闸门的梁格连接型式通常采用等高连接，主梁、横隔板以及次梁的前翼缘位于同一竖平面内，并与面板相连接形成刚性整体，在主梁和横隔板的后翼缘连接处一般还设置扩大的节点板，构成刚性节点，在形成刚强框架的同时，对焊缝也可进行有效保护。此外，在主梁、横隔板间距较大处合理布置水平次梁和竖向次梁，可有效减小面板区格，改善面板受力状态，对减轻门体自重也能产生较大的帮助。

(2) 抗扭设计

人字闸门在启闭过程中由于水平荷载和竖向荷载产生的扭矩会导致门体发生挠曲，从而影响闸门的正常运行，甚至出现挠曲过大而使两扇门叶无法准确对中的情况，因此人字闸门的抗扭设计非常重要。常用的有效方法是在闸门背面设置背拉杆。此外，也可以沿背拉杆端头的内周边、主横梁的后翼缘处加封钢板，与面板梁格系一起，形成一组或数组闭口扭矩管。平原地区船闸的人字门高度及淹没水深相对普遍较小，因此通常在门背侧设置背拉杆以增加门体的整体抗扭刚度，也有部分水头较高的船闸人字门采用预应力背拉杆，以达到更好地解决闸门扭曲变形的目的。

(3) 门轴柱与斜接柱

门轴柱与斜接柱的主要作用是连接各主梁，与顶、底主梁共同构成门扇的外框，以保证门扇的整体刚度，并在闸门关闭挡水时，传递主梁反力至支、枕垫块；在闸门启闭过程中，参与传递门重等垂直荷载、壅水压力和风压力等水平荷载。我国早期设计的人字闸门大都采用具有封闭截面的门轴柱与斜接柱，其具有较大的抗扭刚度，缺点是制作加工以及支垫块的安装调整均比较困难。葛洲坝船闸和京杭运河复线船闸人字闸门均采用了开口截面式边柱，这也是目前平原地区中、低水头船闸普遍采用的结构型式(见图 7.4-2)。

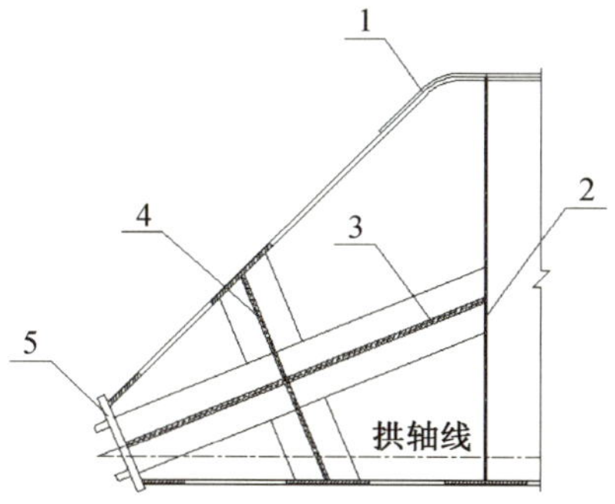

1—面板；2—横隔板腹板；3—推力隔板；4—加强板；5—端板。

图 7.4-2　门轴柱开口截面

3. 支承系统设计

人字闸门的支承系统主要包括支垫块、枕垫块、顶枢装置和底枢装置。其中，支、枕垫块是在闸门关闭挡水工况下传递主梁端部荷载，顶、底枢则支承着闸门的启闭过程。闸门支承系统设计的合理性及耐久性直接关系到闸门的正常运转，也影响着闸门整体的维修周期和后期维护成本。

(1) 支、枕垫块

支、枕垫块作为人字闸门的水平支承，通常沿闸门的推力轴线方向设置，其中，支垫块安装在门轴柱和斜接柱的端板处，枕垫块则安装在闸首对应的预埋支座上。早期，支、枕垫块设计为分块式，在闸门每道主梁端部单独设置，此种结构型式对安装精度要求很高，要保证上、下各道水平支承均匀接触，安装调节难度较大，且还需另外设置侧止水，局部构造复杂。目前，我国大型船闸人字门普遍采用通长承压条的型式，既起水平支承的作用，同时也兼做中缝和边缝止水，且安装调节较为便捷。为了减小启闭闸门时支、枕垫接触部分的摩擦，并使二者间传力明确，宜采用线接触方式，门轴柱部分支、枕垫块可采用一对不同半径的弧面接触型式，斜接柱则可设计为弧面对平面的接触型式(见图 7.4-3)。

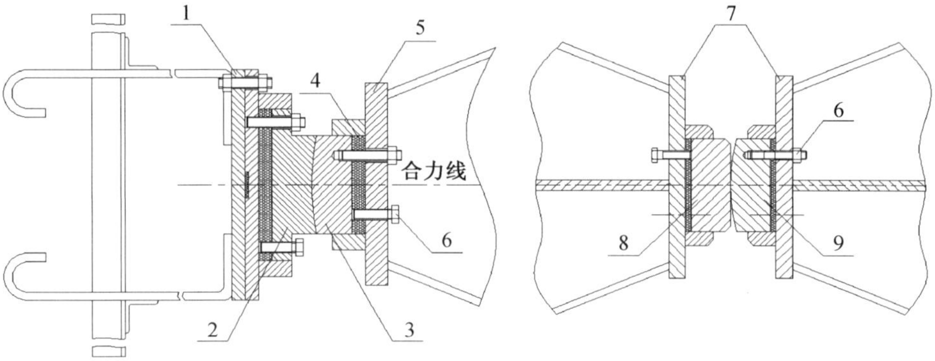

1—预埋支座；2—枕垫块；3—门轴柱支垫块；4—环氧类填料；5—门轴柱端板；6—调整螺栓；
7—斜接柱端板；8—斜接柱平支垫块；9—斜接柱凸支垫块。

图 7.4-3 门轴柱与斜接柱支承示意图

(2) 顶枢装置

顶枢是人字闸门的关键部件之一，它与底枢一起共同作为门叶结构的旋转支点。在理想状态下，人字闸门关闭挡水时，顶枢退出工作，此时门体所受水压力由支、枕垫块承担。但由于受到制造安装误差、长期运行磨损、水下复杂运行环境等不确定因素的影响，当支、枕垫块发生挤卡时，顶枢将承受非正常荷载作用，甚至承受冲击荷载，设计计算时应予以考虑。

人字门顶枢装置通常由拉杆、安装于门上的顶枢座和旋转轴、固定于墙上的拉座与固定轴、调整结构以及预埋件等组成，其结构型式主要包括花兰螺母调整式和楔块调整式(见图 7.4-4 和图 7.4-5)。其中，花兰螺母调整式结构简单，安装调节比较方便，常见于平原地区中、低水头船闸人字门；而楔块调整式结构整体刚度较大，零部件接触紧密，运行中不易松动，在大型高水头船闸中应用较为广泛。通常人字门顶枢由两根拉杆组成，近年来国内外大型船闸人字闸门也有采用由三根拉杆组成的三角形桁架式顶枢，可提高顶枢拉杆的抗弯和抗扭能力。

(3) 底枢装置

底枢是人字闸门中工作条件和构造最复杂的构件，其设计是否合理将直接影响闸门运转是否安全可靠。底枢可分为活动式底枢和固式底枢，我国早期部分小型船闸采用了活动式底枢，该种底枢支承座衬套的球面半径略大于蘑菇头球面半径，支承座可以产生微小的

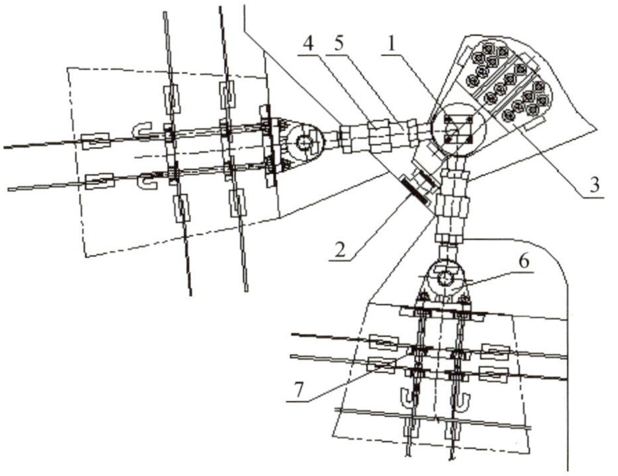

1—旋转中心；2—支承中心；3—顶枢支座；4—花兰螺母；5—顶枢拉杆；6—顶枢拉座；7—预埋支架。

图 7.4-4　花兰螺母调整式顶枢结构示意图

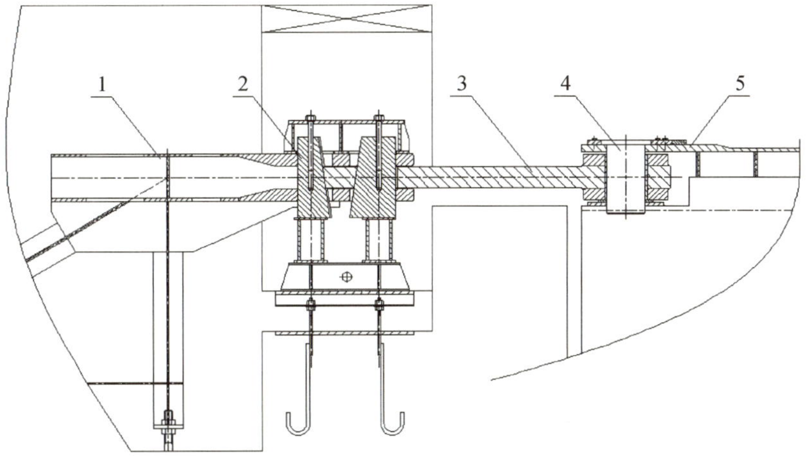

1—预埋三角支架；2—调整楔块；3—顶枢拉杆；4—顶枢旋转轴；5—顶枢支座。

图 7.4-5　楔块调整式顶枢结构示意图

侧向移动，以保证支、枕垫块磨损后仍能够互相压紧，缺点是减小了承压面积及承载能力，并不适合用于大型闸门。当前，国内外大型人字门多数采用固定式底枢（包括葛洲坝船闸和三峡船闸在内），自京杭运河二线船闸建设至今，江苏省内的船闸人字门也基本采用了固定式底枢结构（见图 7.4-6）。

4. 止水设计

人字门止水包括边缝止水、中缝止水和底止水，门轴柱、斜接柱处通长布置的刚性承压条可兼做边缝和中缝止水，底止水则布置于闸门底梁处，其大多采用 P 型橡皮止水，在水压力作用下与底槛止水板紧密贴靠，并与中、边缝止水一起形成闭合止水圈（见图 7.4-7）。

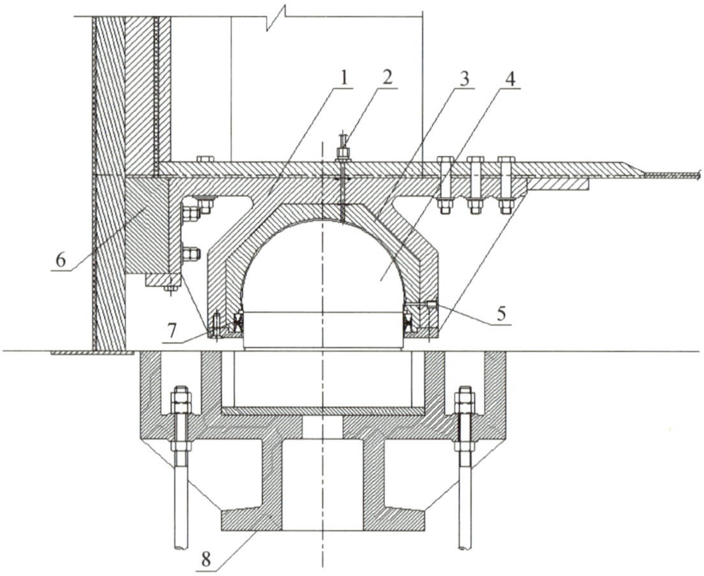

1—底枢支承座；2—进油管；3—支承座衬垫；4—蘑菇头；
5—回油管；6—支承插块；7—密封圈；8—承轴台。

图 7.4-6　人字闸门底枢结构示意图

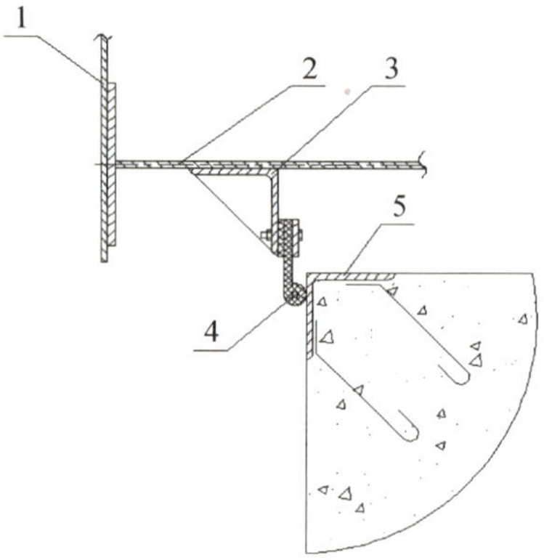

1—闸门面板；2—底梁；3—底止水座；
4—底止水；5—门槛。

图 7.4-7　人字闸门底止水结构示意图

5. 防撞系统设计

国内外大型人字闸门防撞设施基本采用钢质圆弧形通长护舷（见图 7.4-8），该种护舷在船舶的撞击下几乎无消能作用，为刚性碰撞。近年来船舶大型化趋势明显，船舶的撞击动能加大，造成钢护舷在船舶撞击下极易发生变形损坏。严重时，甚至会影响主结构安全，造成门体剧烈振动、焊缝开裂、构件变形损伤，降低门体结构安全度和缩短使用寿命，且维修更换不便，需割除后重新施焊，处理时间长，影响船闸的通航效率。

图 7.4-8　人字闸门刚性防撞系统

针对此问题，作者所在单位于2005年和原江苏省交通运输厅航道局（现江苏省交通运输厅港航事业发展中心）、南京章光水电橡塑有限公司、河海大学等单位共同承担了“船闸钢闸门防撞护舷材料及结构研究”课题研究工作，旨在针对船闸钢闸门的特点，研制一种闸门专用防撞护舷，该护舷应具有良好的吸能特性，具有抗撕裂能力强、表面摩擦系数低的特点，用来取代目前广泛采用的钢质护舷，达到真正的保护闸门的目的。课题组从力学分析、结构设计、材料研究、试验研究等多方面着手，研发了橡胶合金护木，该护木表层材料采用高硬度橡胶HS材料，其具有硬度较高、抗压强度高、摩擦系数低等特点，作为防撞层，直接承受撞击力及剪切力，同时可以吸收部分能量；里层阻尼材料采用橡胶本体材料，其具有永久变形量小、吸能效率高等特点，作为吸能层，还具有适当的强度和机械性能；内层及螺栓孔位置还设置有金属骨架，进一步提高了护舷结构的整体强度及抗变形、抗撕裂的能力（见图7.4-9）。

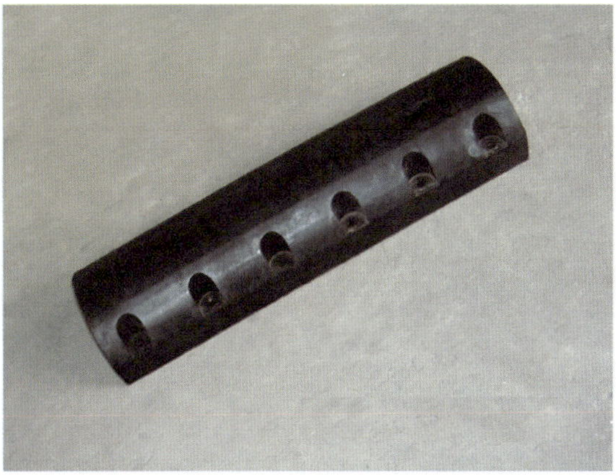

图7.4-9　人字闸门柔性防撞护舷

课题组在京杭运河刘老涧三线船闸人字闸门上安装该护舷，并进行了实船碰撞试验，试验结果表明，该柔性护舷在保持自身结构完好的情况下，能有效吸收船舶撞击动能，起到缓冲消能的作用（见图7.4-10）。

图7.4-10　现场实船试验

7.4.2 三角闸门设计

三角闸门是由两扇绕垂直轴转动的三角形或扇形门扇构成的船闸闸门，可承受双向水头的作用，在低水头条件下，可利用门缝输水。三角闸门多采用空间网架结构，闸门关闭挡水时，水压力由面板梁格系传递至网架结构，再通过端柱传递给顶、底枢支承，门体自重等竖向荷载主要由底枢承担。当三角闸门关闭时，靠两侧羊角产生的力矩差保持闸门可靠压紧，作用于面板上的水压力合力与旋转轴之间的偏心很小，因此合力对旋转轴的力矩不大，闸门启闭力较小，能在动水中启闭，可在低水头条件下（通常指动水头 30 cm 以下）开通闸运行，以提高通过能力。

1. 闸门中心角的选择

当三角闸门利用门缝输水时，闸室的水力条件与闸门中心角 θ 的大小有着密切的关系，因为中心角的大小决定了边缝与中缝的分流比，而中缝进水量的大小，又会直接影响闸室内船舶的停泊条件。

当启闭速度一定时，中缝宽度随着中心角的增大而变小，从而改善闸室内船舶的停泊条件。但是当中心角过大时，一方面闸门结构及闸首工程量均会增加，且边缝输水量过大会增加闸门的启闭力；另一方面，闸门边缝后也会产生回流，引起闸门的振动，对门体受力也会产生不利影响（见图 7.4-11）。

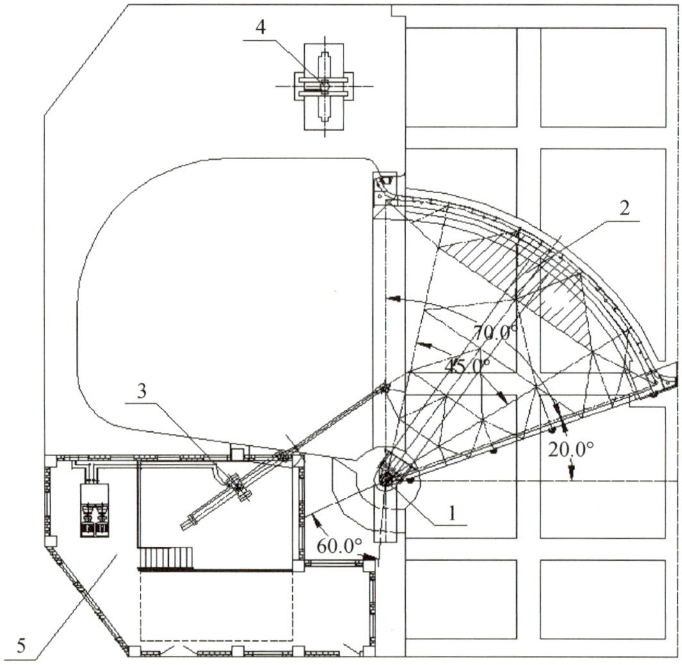

1—旋转中心；2—三角闸门；3—闸门启闭机；4—阀门启闭机；5—启闭机房。

图 7.4-11 江苏省内某座 23 m 口门船闸三角闸门平面布置（半侧）

《船闸闸阀门设计规范》（JTJ 308）中规定："三角闸门的中心角宜取 60°～70°"。目前，在设计平原地区船闸的三角闸门时，中心角大多取 70°，部分口门较小的船闸三角闸门中心角小于 70°。

2. 门体结构设计

(1) 面板梁格系

面板是三角闸门的挡水构件，直接承受水压力的作用。平原地区大、中型船闸三角闸门的面板大多采用以旋转中心为圆心的圆柱曲面；部分小型船闸三角门由于口门尺度较小，为便于制作，也有采用平面型式的。面板梁格一般采用实腹式板梁结构，主要由横梁、横隔板以及纵横向次梁构成，梁格与面板通常采用等高连接，主横梁原则上按等荷载布置，但在实际工程设计时，还需考虑支臂夹角与施工便利性等因素，适当调整主梁间距。

(2) 空间网架

三角闸门面板梁格系与端柱之间由空间网架结构相连，起到传递水荷载的作用（见图7.4-12）。

图 7.4-12 三角闸门门体结构示意图

对应各道主横梁位置自上而下水平布置顶片刚架、上中片刚架、中片刚架、下中片刚架和底片刚架。其中，顶、底片刚架直接与闸门端柱相连；中片刚架通过上斜片和下斜片刚架分别连接至端柱安装顶、底枢位置；上、下中片刚架则通过空间联系刚架与顶、底片和斜片刚架相连，可有效传递面板梁格系所承受的水压力。此外，为进一步提高各刚架的整体刚度，还设置了竖向桁架和其他内部联系桁架。各桁架可采用钢管球节点或型钢节点板型式。

由于门体结构的重心位置远离支承中心，而接近于面板，对顶、底枢的受力不利，因此三角门通常需设置浮箱，以减少门头在水中的下垂量。浮箱应布置于最低通航水位以下，一般可封闭下中片和底片桁架之间的部分空间实现浮箱的功能，浮箱体积大小应根据面板梁格系自重、门体重心及制作便利性等因素确定。

(3) 端柱

端柱承受闸门自重并将网架传来的水压力传递给支承结构。通过端柱将上、下几榀水平网架连接在一起，使闸门形成整体，因此要求端柱应具有较大的刚度。在实际工程中，三角门端柱大多采用组合工字型结构，其具有较大的刚度和强度，能够有效承受水平向和竖向荷载，并保证结构整体稳定。但由于端柱处隔板布置较密集，焊缝很多，因此在结构设计时应提出适当的消减应力措施，以减小焊接残余应力带来的不利影响。

（4）中羊角与边羊角

三角闸门面板两端的边梁上，各设一对凸起的边止水，称为羊角。其中，边羊角的作用除了有安设边缝止水以外，还包括调整边缝进水的宽度，以便增大边缝进水流量；中羊角的作用除了有安设中缝止水以外，还包括平衡边羊角的水压力对旋转轴产生的偏心力矩。三角闸门无论承受正向或反向水头，其关门状态时的压紧力矩均由两羊角处止水点至旋转轴形成的力矩差所提供。因此，三角闸门羊角的设计及止水点的尺寸控制是三角门设计的重要环节。

《船闸闸阀门设计规范》(JTJ 308)中规定："三角闸门两端羊角宜对称布置，其长度宜取300～900 mm"。设计中，为保证闸门门扇能全部隐藏在门库内，一般使边羊角的长度略大于中羊角，而边羊角止水面的切线与船闸纵轴线的夹角取20°（见图 7.4-13）。

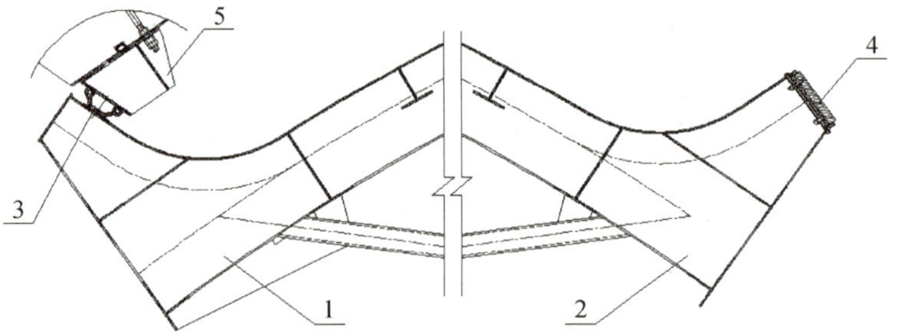

1—边羊角；2—中羊角；3—边羊角止水；4—中羊角止水；5—侧止水盒。

图 7.4-13　江苏省内某座 23 m 口门船闸三角闸门羊角设计示意图

3. 顶、底枢设计

平原地区船闸三角闸门通常承受较低的设计水头，门体高宽比也不大，因此，为便于安装调整，一般均采用顶、底枢双支承的型式，而不设置中枢。与人字闸门有所区别，三角闸门顶、底枢装置不仅作为闸门启闭过程中的旋转支承，而且在闸门关闭挡水时还承受门体传递的水压力作用。顶枢在闸门自重作用下，主要承受拉力，在水压力作用下，承受拉力或压力；底枢则承受闸门全部自重和由自重产生的水平力，在关门挡水时，底枢承受拉力或压力。

顶枢装置通常采用花兰螺母的结构型式（见图 7.4-14），由两根可以调整的拉杆组成，通过花兰螺母进行长度调节，该种结构的缺点是当门扇转动时，在顶枢轴承内产生摩擦弯矩，使拉杆受弯，影响传力效果。

对于大口门船闸的三角闸门设计，也可以采用铰接框架式顶枢，通过增设刚性连接板与辅助拉杆，以改善拉杆的受力条件，后端通过三角架预埋件与闸首边墩相连，提高了顶枢装置的稳定性（见图 7.4-15）。

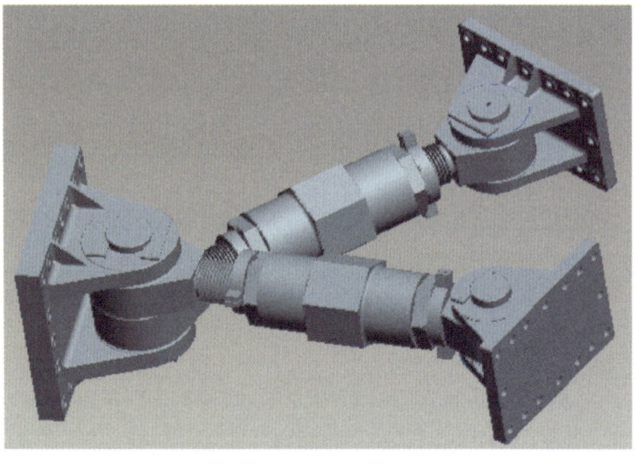

图 7.4-14　花兰螺母式顶枢结构

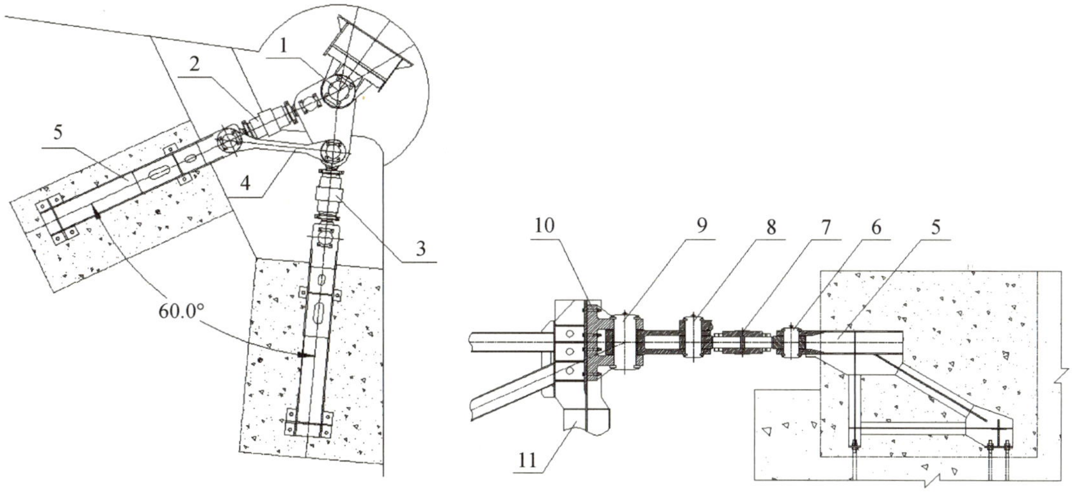

1—旋转中心;2—A 拉杆;3—B 拉杆;4—横向拉杆;5—预埋三角支架;6—拉座轴;7—花兰螺母;
8—联系轴;9—顶枢旋转轴;10—顶枢支承座;11—闸门端柱。

图 7.4-15 铰接框架式顶枢结构示意图

三角闸门底枢承受荷载较大,且水下环境复杂,不易维修更换,因此底枢装置一般采用整体式结构配楔块微调,可减短拉杆的长细比和提高抗压能力,并利用楔块的自锁特性保证位置的稳定(见图 7.4-16)。

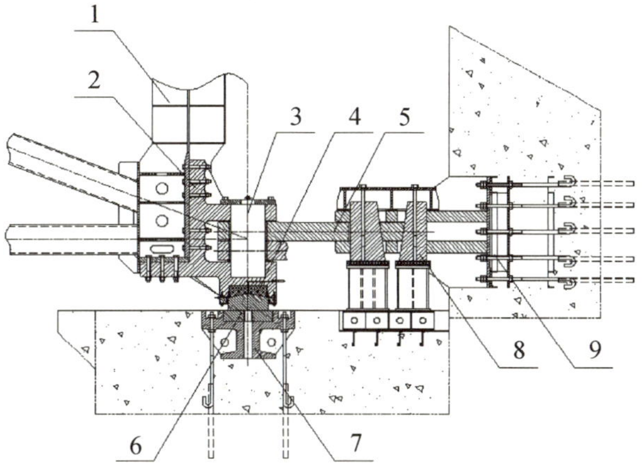

1—闸门端柱;2—底枢支承座;3—底枢轴;4—底枢支承座衬垫;5—底枢拉杆;
6—蘑菇头;7—承轴台;8—调整楔块;9—预埋支架。

图 7.4-16 裕溪一线船闸楔块调整式底枢示意图

4. 止水设计

三角闸门止水系统主要由底止水、边缝止水及中缝止水组成,应根据闸门不同位置的特点进行有针对性的设计。其中,闸门底止水布置于门体梁格底部,由于三角闸门重心偏向面板侧,门头下垂不可避免,因此就要求底止水对门头的垂直变位具有良好的适应性。另外,在闸门的频繁启闭过程中,如何减小底止水的磨损也是底止水设计时需考虑的问题。

而边缝和中缝止水的布置应保证闸门在挡水时产生较大的压紧力矩差，同时应尽量选用变形能力好的止水型式，并考虑安装调整的便利性。

近年来，江苏省三角闸门底止水基本采用改进双 L 型结构，较好地解决了门头下垂适应性的问题，并且在底止水橡皮球头接触表面覆聚四氟乙烯，以提高其耐磨特性，底槛埋件在设计时也预留了纵、横向坡度，在保证关门止水效果的同时，也进一步降低了闸门启闭过程中对底止水的磨损。边缝止水一般采用 V 型止水橡皮，该种型式的橡皮由于其支臂翘起一定的角度，在水压力作用下可以更方便地贴靠。中缝止水一侧采用钢质材料灌环氧树脂，与早期采用的平板尼龙相比，该种型式线膨胀系数低，不受温度变化和干湿交替环境的影响，方便安装调试，且止水效果稳定；另一侧采用双 P 型结构，P 型球头均朝向外侧，这样布置就进一步加大了正、反向水头条件下与边缝止水形成的力矩差，具有较好的压紧效果（见图 7.4-17）。

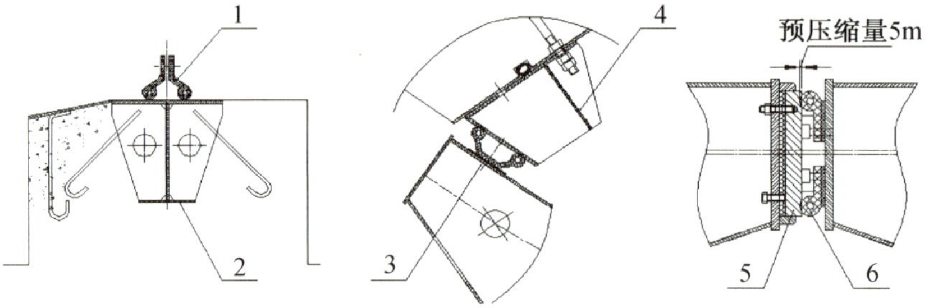

1—底止水；2—底止水埋件；3—边缝止水；4—侧止水盒；5—中缝平板止水；6—中缝双向橡胶止水。

图 7.4-17　三角闸门止水结构示意图

5. 防撞系统设计

三角门船闸在开通闸的条件下，船舶在较大的水流速度下航行，易碰擦闸门迎水面的杆件，因此闸门设计时应考虑设置防撞系统。目前，采用得较多的是刚性防撞系统，在闸门迎水面侧设置钢板，并通过联系杆件与门体连接，局部位置增设柔性护舷，起到缓冲消能的作用（见图 7.4-18）。

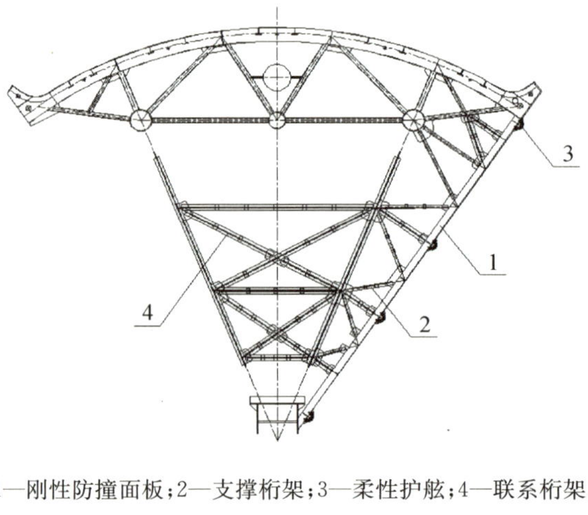

1—刚性防撞面板；2—支撑桁架；3—柔性护舷；4—联系桁架。

图 7.4-18　三角闸门刚性防撞系统示意图

近年来，随着技术水平的进步和材料科学的发展，设计单位提出了一种刚柔相济的防撞系统，其中防撞面板采用了铝合金蜂窝面板，其具有轻质高强、缓冲消能、防腐及耐久性好等优点，同时对支撑刚架的刚度进行了层次化设计(由内至外刚度逐步降低)，防撞面板采用了分块设计，较好地实现了消能、减重和更换方便的要求，在工程案例章节中再进行详细介绍。

6. 单扇型式的三角闸门

部分旅游船闸或渔港船闸，由于口门尺寸较小，也可采用单扇三角闸门型式(见图 7.4-19)。整体结构与双扇对开三角闸门类似，其中缝止水支承于闸墙楔块上(见图 7.4-20)。

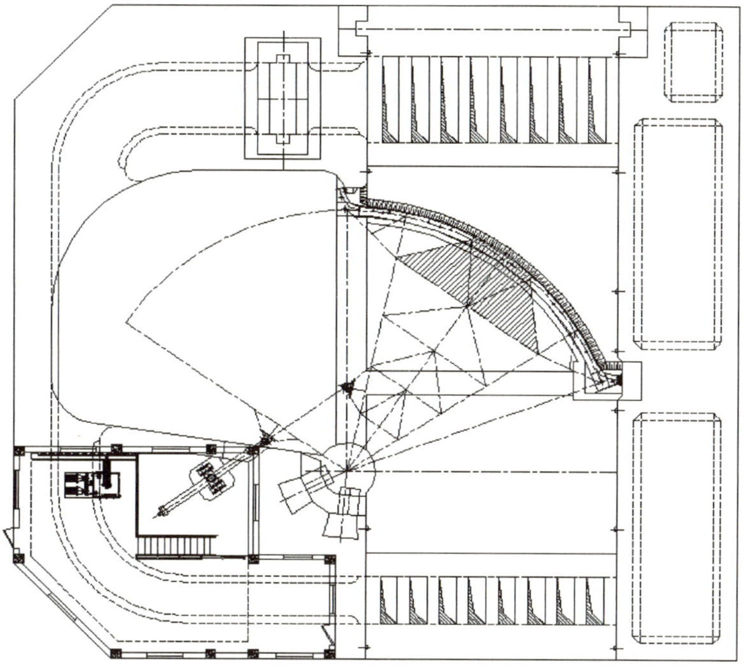

图 7.4-19　江苏省某船闸单扇型式的三角闸门布置图

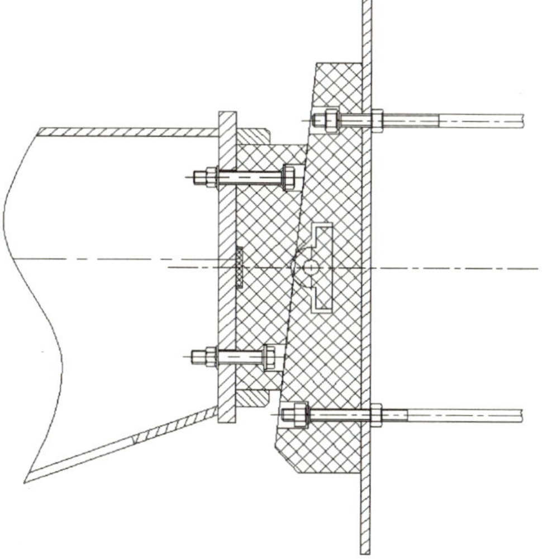

图 7.4-20　单扇型式三角闸门的中羊角止水局部大样图

7.4.3 横拉闸门设计

横拉闸门是沿船闸闸首口门横向移动的单扇平面闸门，可用于承受双向水头的船闸。横拉闸门由滚轮支承闸门的重量，闸门的滚轮分别布置在门顶和门底，闸门沿闸墩和闸底板上的轨道运行。横拉闸门结构简洁、刚固，抗船舶撞击能力较强，在平原地区感潮船闸中多有应用，特别是在大跨度、高水头的口门船闸中应用较为普遍。

1. 闸门的抗倾设计

横拉闸门的抗倾稳定设计是横拉门设计的重点，应结合门体尺寸、淹没水深、浮箱的设置、侧向支承轮的布置等因素综合设计，需考虑以下两种工况。

（1）在安装和检修期间，应验算闸门未关闭且承受该地区最大风荷载时的稳定性。

（2）在使用期间，门体的稳定性按闸门刚离开门槽时，承受一定的水位差（一般取 5～10 mm）、通航允许最大风速（一般为 6～8 级）产生的风压力和相应波浪压力的组合进行验算，这也是抗倾稳定验算的控制工况。

闸门倾覆是假定绕上、下两侧轮的连线轴倾覆，作用的外力对该轴产生的总倾覆力矩 M_T，应由闸门自重 G 对一边侧轮支承产生的支持力矩 M_r 平衡，并满足 $K = M_r/M_T \geqslant 1.25$。图 7.4-21 为江苏省某船闸下闸首横拉闸门抗倾稳定计算示意图。

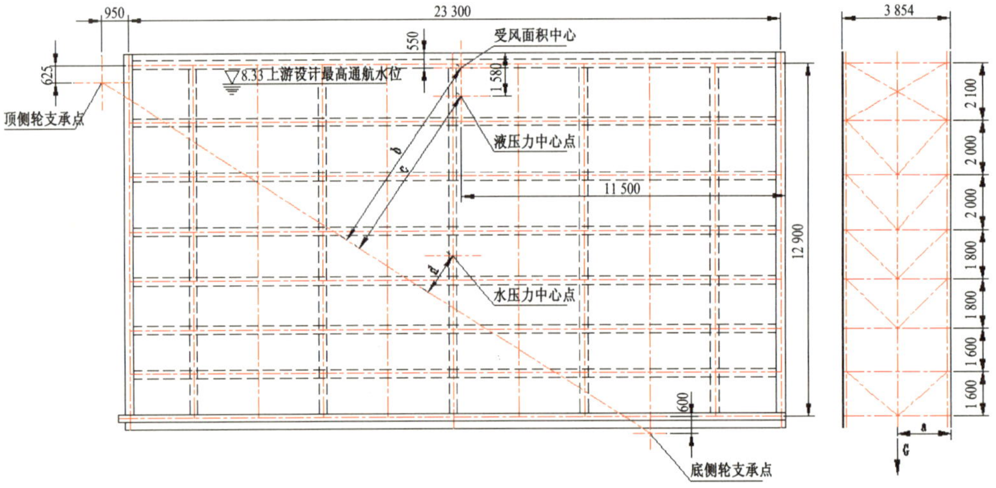

图 7.4-21 江苏省某船闸下闸首横拉闸门抗倾稳定计算示意图（单位：mm）

2. 门体结构设计

横拉门门体可设计为矩形或梯形结构，梯形结构一般适用于高宽比大于 1 的横拉闸门，主要目的是加大闸门底部的宽度，以提高闸门抗倾覆能力，缺点是增加了结构布置的难度，同时也给制作安装带来诸多不便。对于平原地区船闸而言，门体高宽比普遍小于 1，因此基本采用矩形结构。早期建设的部分横拉闸门采用单面板型式，门体存在偏心，影响闸门一侧的抗倾能力，对主梁的强度和刚度也有削弱，近年来所建设的船闸横拉闸门基本采用双面板型式。

横拉门门体结构包括面板系、主横梁、竖向联结系、端桁架、浮箱、工作桥及踏步等几部分。面板与主梁等高连接，纵、横向通常布置次梁，用以增强面板的刚度。主横梁可采用实腹式或桁架结构，并以桁架结构居多，主梁桁架弦杆受力较大，一般采用方管或组合封闭截面，内部杆件根据受力大小分别采用组合截面和型钢拼接截面。各道主梁通过竖向联结系连接，竖向联结系也多采用桁架型式，以减小闸门启闭时的水阻力。

端桁架处为闸门关闭挡水时的支承位置，并与顶、底梁一起构成闸门门体的框架，因此要求端桁架具有较大的刚度。设计时端桁架弦杆多采用组合工字型结构，并与各道主梁端腹杆及斜向联系杆件共同组成刚度较高的端桁架体系。

横拉闸门结构自重较大，因此门体下部通常设有浮箱，可有效减小闸门运行期主滚轮支承的压力和启闭力。

3. 支承系统及连接部件的设计

横拉闸门支承系统主要由两部分组成：一是闸门启闭过程中的支承，主要设有底、顶台车及侧向导向滚轮；二是闸门关门挡水时的水平向支承，主要在两侧端柱处设有尼龙支承条。

顶、底台车是支承闸门重量并能使闸门沿轨道横向行走的支承系统，而侧向滚轮不仅在闸门启闭过程中起导向作用，更是抗倾稳定的支点。横拉门底梁与底台车之间的连接采用辊轴支承的结构型式，门体与顶台车之间则采用柔性连接的型式（见图 7.4-22）。

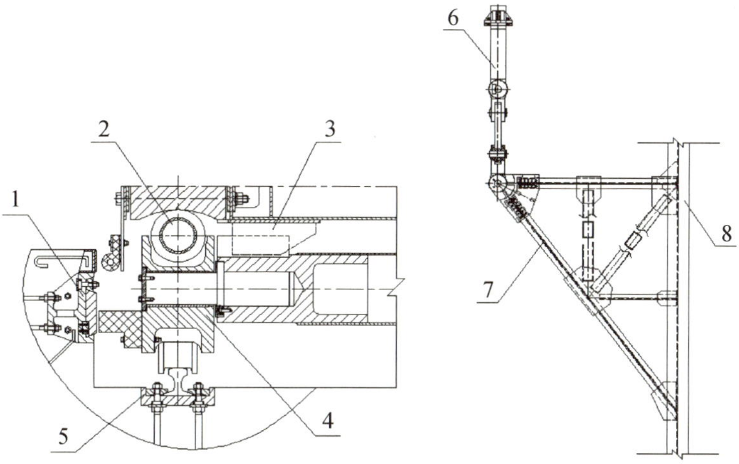

1—底侧轨；2—辊轴支承；3—顶推楔块；4—底台车；5—底轨道；6—吊杆；7—吊架；8—横拉门端柱。

图 7.4-22　横拉门辊轴支承与吊杆连接示意图

根据横拉闸门的实际使用情况来看，支承系统是横拉门最易损的部件，特别是底台车，由于连接部件辊轴支承的辊子转动不畅、底滚轮水下卡阻，以及闸门偏移造成较大的轴向荷载等因素导致底台车轴承极易损坏，更换频繁，影响了横拉门船闸的使用效率。因此，支承系统设计的好坏直接关系到横拉门设计的成功与否，应予以重点关注。

闸门两侧端桁架面板处一般设置竖向通长的尼龙支承条，关门时水压力通过支承条传递给闸首支墩，支承条可设计为楔型结构（见图 7.4-23），以方便闸门顺利入库。

4. 轨道设计

横拉门轨道主要由顶轨装置、底轨装置、底侧轨装置组成，顶、底主轨通常采用起重机重轨，以提高强度和耐磨性，轨床以整体铸钢件为主。其中，顶轨床顶面除安装主轨道外，还需安装齿条，齿条及轨道侧向通过压块固定，端部设置车挡固定，顶轨床侧面一般还设置顶侧轨，作为顶侧轮的导向支承（见图 7.4-24）；底轨床则仅安装底主轨道，轨道侧向通过压块固定，为防止闸门频繁启闭过程中造成轨道串动，通常在轨道端部设置限位固定。底侧轨需单独设置，主要起导向与支承底侧滚轮的作用，底侧轨道可采用整体焊接式，为便于维修更换，也可设计为可拆换镶面板型式，但造价相对较高。

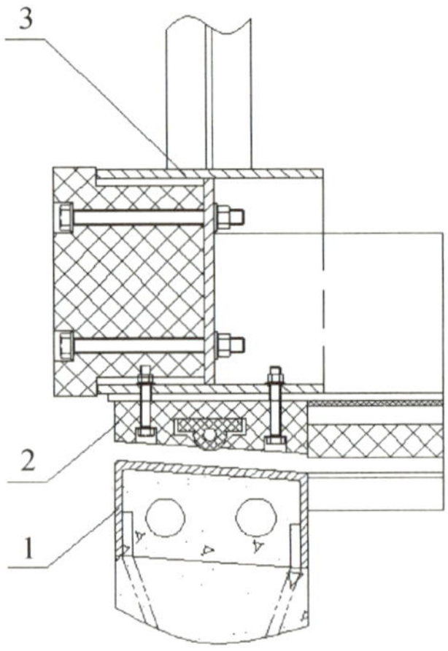

1—墙上支承；2—门上支承；3—闸门端柱。

图 7.4-23　横拉门水平支承示意图

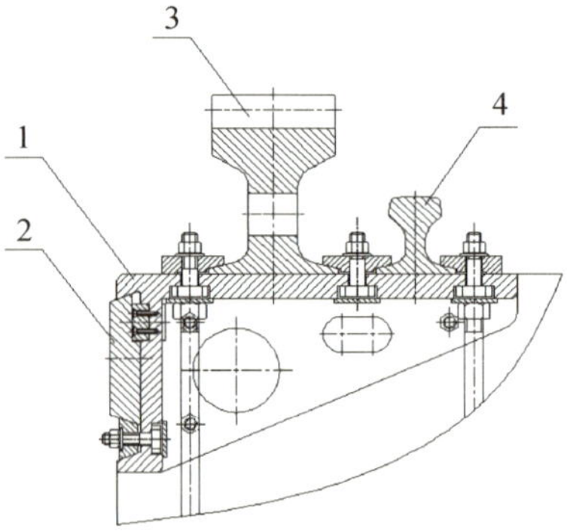

1—顶轨床；2—顶侧轨镶面板；3—齿条；4—顶轨道。

图 7.4-24　横拉门顶轨道示意图

5. 推拉牵引装置

横拉门顶台车车架采用刚性顶推装置及柔性牵引装置与门体连接，关门过程中闸门启闭机通过刚性顶推装置传递闭门力，开门时则由柔性牵引装置传递启门力（见图 7.4-25）；底部则通过安装于底梁上的楔块与底台车车架连接，以达到共同行走的目的。

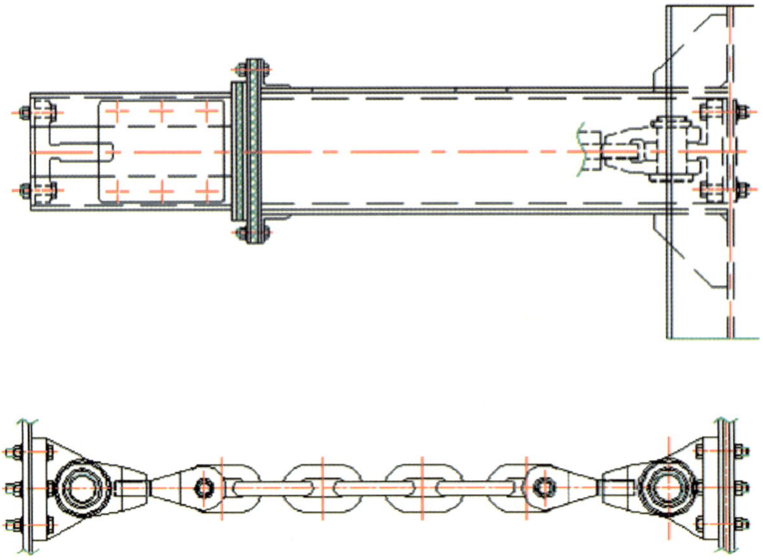

图 7.4-25　横拉门推拉牵引装置示意图

6. 止水及缓冲装置

横拉门止水由底止水与侧止水组成，侧止水可由两侧端柱处通长设置的支承条兼作，为保证止水效果，还可在支承条内嵌入Ω型止水橡皮，并用氯丁橡胶黏结牢固，闸门底止水通常采用P型橡皮。为防止闸门关门过位，通常还需在闸门门头侧端柱处设置限位缓冲块。

7.4.4 平面阀门设计

平面阀门是目前被广泛应用的一种输水阀门，其具有结构简单可靠、检修方便、占用空间较小、便于布置等优点，中、低水头的船闸中基本采用平面阀门。平面阀门主要由门体结构、支承系统、止水系统等组成，由于承受单向或双向水头的不同，阀门在止水、轨道等结构布置上有所差别。

1. 门体结构设计

阀门门体一般采用实腹式板梁结构，面板用来直接挡水，并将承受的水压力传给梁格，对于承受单向水头的船闸，阀门面板通常朝向上游侧布置，而承受双向水头的船闸，阀门面板可朝向水压力较大的一侧布置。

由于阀门井口处廊道一般要求设置在最低通航水位以下，阀门承受的水荷载在竖向平面呈现为矩形荷载，因此按照“等荷载布置”原则，阀门主梁通常采用等间距布置，主梁两端分别与两侧边梁连接，并通过边梁传递水压力给支承系统。阀门边梁作为阀门重要的受力构件，不但承受各道主横梁传递的水平荷载，还需承受自重、摩阻力、门底过水时的下吸力等竖向荷载，且阀门支承系统一般也安装于边梁腹板位置。因此，在设计边梁时应充分考虑各轴向荷载因偏心作用引起的偏心弯矩，校核挡水和启闭过程中各截面的强度，特别是轮轴支承处及主梁连接处等危险截面。边梁可采用单腹板组合工字型结构，对于高水头船闸，也可采用双腹板箱型结构。

阀门各道主梁之间的竖平面内布置纵向联结系，平面阀门一般采用等高连接的横隔板型式，其主要作用是：承受阀门部分自重和其他竖向荷载；保证门体在竖平面内的刚度；与主梁、背拉杆等一起构成空间体系以增强门体的抗扭刚度。另外，平面阀门由闸首顶竖向布置的直推式启闭机进行开启和关闭，通常在顶梁中部安装启闭支座，对应的顶梁腹板局部可通过垫板、加劲肋等方式予以加强。

2. 支承与轨道设计

平面阀门支承有滑道支承（见图7.4-26）和滚轮支承两种型式。其中，滑道支承构造简单、经济可靠，但由于滑块与轨道之间为滑动摩擦，在水压力作用下摩阻力较大，接触面易磨损，目前多用于无需频繁启闭的检修阀门中；工作阀门则大多采用滚轮支承，根据每侧边梁上布置的滚轮数量，可分为双滚轮和多滚轮型式，根据支承方式的不同，又可分为悬臂轴滚轮和简支轴滚轮（见图7.4-27）。

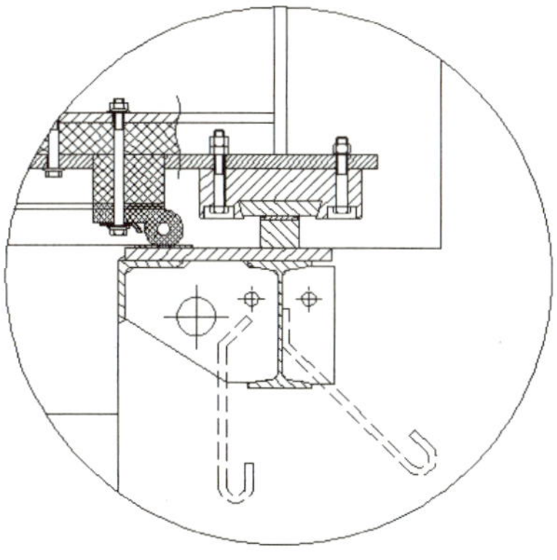
图7.4-26 滑道支承结构示意图

平原地区的船闸，阀门承受的总水压力不大，为便于制作、安装和后期检修，应用最多的支承型式为悬臂轴双滚轮支承。

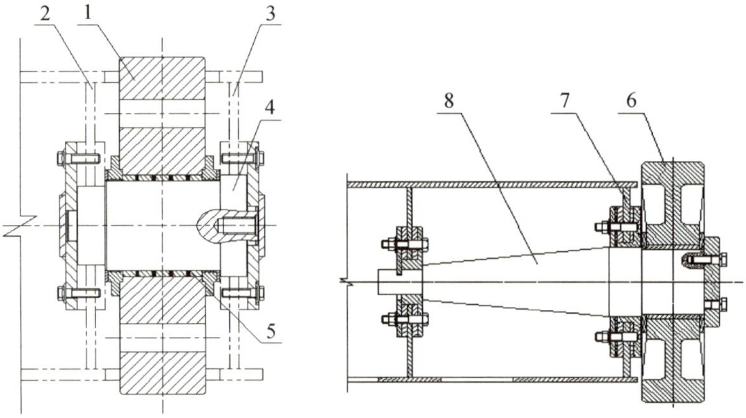

1—简支式滚轮；2—内侧腹板；3—外侧腹板；4—简支轮轴；
5—轴套；6—悬臂式滚轮；7—边梁；8—悬臂轮轴。

图 7.4-27　滚轮支承结构示意图

为限制阀门的侧向位移，保持阀门启闭过程的平稳，通常在阀门两侧还需设置侧向滚轮，可布置于阀门边梁腹板外侧。侧向滚轮主要起导向作用，理论上受力较小，但根据以往船闸运行的情况来看，侧向滚轮运转不畅或发生卡阻时，可能会在轴端制动板处产生较大的剪切力，易造成螺栓损坏或脱落，设计时应对局部结构进行加强，可考虑适当增加制动板数量或增大螺栓直径，并保证可靠锁紧。

阀门轨道可分为主轨道、侧轨道和反轨道。其中，主轨道是支承滚轮运转的重要构件，直接承受由水荷载带来的滚轮压力，同时，在阀门启闭过程中，特别是输水初期，轨道还承受较大的冲击荷载作用，在长期使用过程中往往会发生比较严重的磨损。因此，在阀门主轨道设计时，一方面要合理设计滚轮与轨道支承面配对摩擦副的材料和硬度指标，并采取合理的热处理工艺和表面强化工艺来提高其耐磨特性；另一方面，由于磨损是很难完全消除的，结构设计时应考虑后期维修更换的便利性。近年来，江苏省新建船闸的阀门主轨道大多采用燕尾槽型式的可拆卸式结构（见图 7.4-28），船闸大修时仅需更换轨道镶面板，显著减少了现场维修工作量。

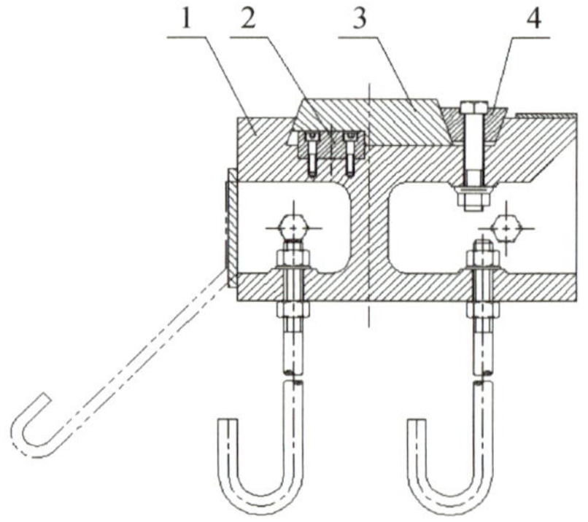

1—轨床；2—限位键；3—镶面板；4—锁定楔块。

图 7.4-28　可拆卸式阀门主轨道结构示意图

阀门侧轨道结构较简单，可采用焊接式组合工字截面，也可选用 H 型钢等。对于承受单向水头的阀门，主轨道仅需在承受水压作用一侧布置，此时，为限制阀门的反向位移，通常还需在另一侧设置反轨，当阀门止水布置在面板侧时，反轨往往还兼顾侧止水座功能。

3. 止水设计

阀门止水包括顶止水、侧止水和底止水，止水应根据承受单向或双向水头的挡水要求，并考虑输水系统的型式进行布置。对于单向止水的平面阀门，如果采用短廊道集中输水，阀门止水可设在上游面，能够减小阀门的启门力（见图 7.4-29）。

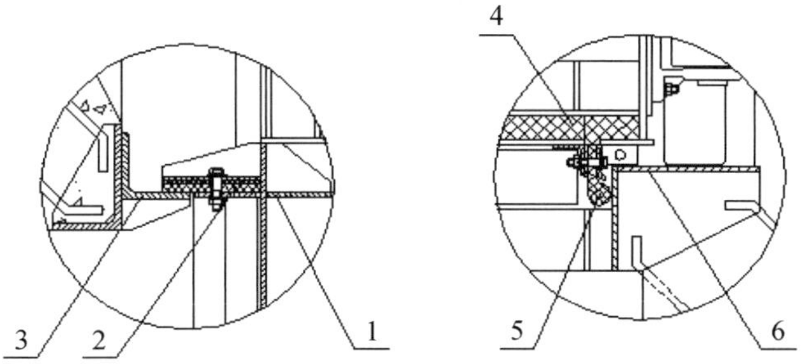

1—阀门顶梁；2—门上顶止水；3—墙上顶止水；4—底止水；5—侧止水；6—阀门反轨。

图 7.4-29　阀门面板侧止水布置图

如果采用长廊道输水系统，按照规范要求，其上闸首阀门的顶、侧止水一般布置于下游面（见图 7.4-30）。

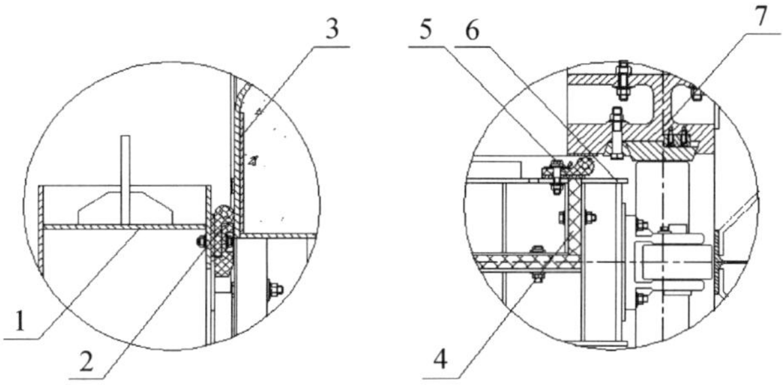

1—阀门顶梁；2—顶止水；3—顶止水埋件；4—底止水；5—侧止水；6—阀门边梁；7—主轨道。

图 7.4-30　阀门下游侧止水布置

对于双向止水的平面阀门，顶、侧止水大多在阀门上、下游面分别布置，底止水可布置于门底中部，并通过连接段止水与两侧止水交圈形成封闭止水线（见图 7.4-31）。

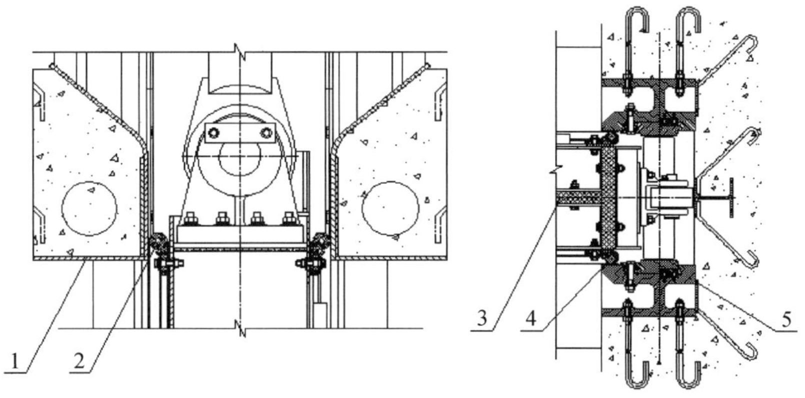

1—顶止水预埋件；2—顶止水；3—底止水；4—侧止水；5—主轨道。

图 7.4-31　阀门双向止水布置

阀门底止水主要采用平板橡皮，设置于阀门底部，底止水需与侧向止水形成闭合圈。同时，布置底止水时还需考虑浮托力的影响以及阀门底缘过流角度的问题。

7.4.5 直推式液压启闭机设计

1. 启闭机荷载

船闸闸门运行过程中的正常工作荷载为动水阻力、摩擦、惯性、风载等，临时荷载为涌浪、船行波、尾舵作用波，以及闸室超灌、超泄在门前后形成的水位差所产生的作用力。正常工作荷载与启闭机能力有关，临时荷载将影响设备机构的强度。

其中，动水阻力矩作为船闸闸门的主要运行荷载，是船闸设备设计中直接影响到经济和安全性的最关键技术参数之一。闸门运行阻力与启闭机的布置及机型选择密切相关，目前国内外尚无完善的设计计算方法。美国借助于启闭机原型观测和模型试验，在一定的布置和边界条件下，给出动水阻力的经验计算方法，但当启闭机布置和边界条件变化时，动水阻力数值也会发生变化。苏联和我国现行《船闸闸阀门设计规范》(JTJ 308)则按等阻力矩方法进行计算。

2. 液压油缸

为了减少同一流域内使用单位的运维工作量和备品备件数量，降低后期维护投资，从京杭运河扩容工程开始，即对全国船闸启闭机进行调研，结合江苏众多船闸的特性、结构型式及江苏船闸管理的特点，贯彻落实“标准化、系列化、通用化”和“合理、经济，便于使用、维护”的原则，设计出一套先进、合理、维护量小、性价比高的直推式液压启闭机。

原京杭运河复线船闸启闭机液压缸的内径为 240 mm，活塞杆外径为 140 mm，人字闸门最大工作行程为 4.45 m，最大启闭力为 200 kN。在调研、走访中发现，启闭机活塞杆经常有压弯现象，经复算后发现，有些船闸的实际最大启闭力已超过启闭机的额定能力(200 kN)。而且，就按 200 kN 力计算的压杆稳定的安全系数仅为 2 左右；按超过 200 kN 力计算的压杆稳定的安全系数将更低。按《船闸启闭机设计规范》(JTJ 309)的要求，压杆稳定的安全系数要达到 5～6；按照《机械设计手册》规定的压杆稳定的安全系数，也要达到 2～4 以上。

从京杭运河扩容工程船闸启闭机设计开始，经过数十年的优化设计，形成了三个系列规格的启闭机型式：200 kN、350 kN、500 kN。

表 7.4-1 启闭机液压缸系列

系列	Ⅰ		Ⅱ		Ⅲ	
适用范围	23～28 m 口门船闸		16～23 m 口门船闸		16 m 以下口门船闸	
	350～500 kN		200～350 kN		100～200 kN	
名称	油缸内径	活塞杆外径	油缸内径	活塞杆外径	油缸内径	活塞杆外径
规格(mm)	Φ320	Φ220	Φ250	Φ180	Φ200	Φ140
已使用船闸	下坝复线船闸、朱码二线船闸、运东船闸		海安船闸、九圩港二线船闸、阜宁船闸、洪蓝船闸		刘集东船闸	

但由于各个船闸的规模和水位差不同，启闭力也各不相同，在电动机和油泵的选型设计上主要分为四个系列，见表 7.4-2。

表 7.4-2　电动机、油泵系列表

系列	Ⅰ	Ⅱ	Ⅲ	Ⅳ
电动机	7.5 kW	11 kW	15 kW	18.5 kW
油泵	25 ml/r	32 ml/r	46 ml/r	80 ml/r

为了使启闭机的启闭力能与闸、阀门和水位差相匹配，并结合节能、同规格型号的双电比例泵的原则，对电动机和油泵进行了优化组合，目前已使用的组合见表 7.4-3。

表 7.4-3　电动机与油泵组合系列表

系列	电动机油泵组合	已使用的船闸
Ⅰ	11 kW / (32 ml/r)	刘集东船闸
Ⅱ	11 kW / (46 ml/r)	滨海船闸、运盐河船闸、刘埠一级渔港
Ⅲ	15 kW / (46 ml/r)	海安船闸、阜宁船闸、洪蓝船闸
Ⅳ	15 kW / (80 ml/r)	施桥三线船闸、运东船闸
Ⅴ	18.5 kW / (80 ml/r)	下坝复线船闸、朱码二线船闸

3. 液压泵站控制系统

系统采用同规格型号的双电比例泵，一用一备，电气控制应做到能保证其可经常交替切换工作，以降低泵的故障率。

油泵、油缸密封件、阀件、各种传感器等均采用进口产品，以保证启闭机的运行可靠。油箱、油管等均采用不锈钢材料。

根据直推式液压机型和船闸的运行方式，以及输水系统灌、泄水的要求，闸、阀门启闭机以变速方式运行。变速方案采用目前使用较多的 PLC(可编程逻辑控制器)控制电比例泵调速方案。该方案的优点是流量控制直接，效率较高，调速范围广，可实现近似于"0"启动和结束的无级变速，使闸、阀门能在设计的最大启闭力范围内运行。

液压泵站控制系统的工作原理及特点如下：

(1) 在闸门启闭机的液压控制系统中，由 PLC 控制电比例泵达到无级变速，避免了闸门起步和变速时的冲击以及到位时两扇门的撞击，使闸门的运行更平稳。在油缸内安装有可拆卸式位移传感器，用以检测油缸活塞杆的运行位置，由 PLC 控制油泵的排油量，以达到两扇闸门的同步到位。

(2) 在阀门启闭机的液压控制系统中，由 PLC 控制电比例泵实现变速，阀门按输水系统要求无级变速开启。阀门平水关闭时，采用差动回路。在油缸内安装有可拆卸式位移传感器，用以随时观察阀门在水下的运行情况，并可达到两扇阀门的同步运行。强制关闭阀门可按调速要求的速度设定运行。

(3) 系统工作压力采用进口压力控制传感器和溢流阀等多重保护，压力控制传感器既具有压力继电器的作用，又具有传感器的远程控制功能，能有效防止启闭机过载。

(4) 为避免由于船闸所处地区冬季温度较低，使得油液黏度增大，影响油液的流动性，从而影响启闭机的工作性能，故根据船闸所在地的气温情况，酌情在油箱中增设电加热器，并在系统中设有温度控制传感器，既可随时观察系统的油温变化情况，又可参与控制，以保证该地区启闭机在冬季也能正常工作。

(5) 控制系统采用的进口液压阀件及进口电比例泵，提高了工作精度，但对油液的清洁度要求较高。故在回油管路上设有一个带发讯报警装置的精滤油器，当滤油器的滤芯被杂质堵住时，会发出报警信号，提醒操作人员更换或清洗滤芯，从而更加满足系统的工作要求。

4. 液压阀件

针对以往船闸液压系统中液压元件的使用情况，经调查比较后确定在船闸液压启闭机控制系统中应采用进口件，以提高使用寿命与使用质量。液压阀件主要确定为三种类型：普通滑阀、盖板式插装阀、螺纹插装阀。

具体分析比较如下。

(1) 适应流量范围

普通滑阀适用于≤100 L/min 的流量，流量>100 L/min 后，体积会很庞大。

盖板式插装阀适用于>100 L/min 的流量。

螺纹插装阀是盖板插装阀的扩展和补充，主要用来弥补≤100 L/min 流量的空缺，公称流量一般最大达到 150 L/min。

(2) 功能比较

普通滑阀具有结构简单、油路块制造方便、精度容易保证等优点，但阀芯内部及阀件与油路块表面存在一定的内泄漏。

盖板式插装阀由插装件、带控制通道的盖板及先导阀构成，可以组合成多种方向、流量和压力控制形式，特别适用于高压、大流量的液压控制系统。其优点是极少的内泄漏、液压卡紧、高响应速度和高度集成；其缺点是阀体中孔道较复杂，对加工质量要求较高，由于每个阀件的动作都要通过先导阀作用，其电气控制点多，且其先导阀仍为普通滑阀，因此也存在普通滑阀的缺点。

螺纹插装阀是国外二十世纪八九十年代研制出的产品，是盖板式插装阀的小通径替代品，具有体积小、内泄漏少的特点。其与盖板式插装阀相比，集成化程度更高，省去了控制盖板及先导阀；其缺点是油路块加工要用专用的成型刀具。

(3) 体积比较

普通滑阀在通径 NG16 以下时，体积较小；但通径在 NG16 以上时，体积就显得较为庞大。

盖板式插装阀在大通径的液压系统中显得体积小巧；但在小通径下，其外形、油路块的尺寸等优势不明显。其每条控制油路都需由插件、盖板、先导阀三部分组成，而且控制点多。

螺纹插装阀结构紧凑，体积小巧。以通径 NG16 为例，盖板式插装阀仅盖板的外形尺寸就比螺纹插装阀的要大。因此，用于螺纹插装阀的油路块比盖板式插装阀的油路块要小得多。

(4) 安装及维护比较

普通滑阀结构简单，油路图直观，便于维修人员的理解和分析安装调试及故障诊断方便。

盖板式插装阀的性能可靠，维护工作量较少。其缺点是调试复杂，油路图也较复杂，故障诊断较困难。

螺纹插装阀的油路图与普通滑阀极为相似，简单直观，便于维修人员的理解和分析。螺纹插装阀体像螺栓一样，安装或更换阀件时只需拧入/拧出油路块即可，因此安装维护均较方便。

(5) 价格比较

从价格上看，普通滑阀最便宜，螺纹插装阀其次，盖板式插装阀的价格最高。

(6) 系列的确定

根据液压元器件的性能特点，启闭力系列、流量的大小进行泵站系列设计。设计的泵站分为两个系列：在启闭力不大于 350 kN、最大流量不大于 100 L/min 时，采用性价比高的螺纹插装阀与滑阀组合的液压控制系统系列（见图 7.4-32）；当启闭力达到 350～500 kN、最大流量大于 100 L/min 时，采用成熟技术的盖板式插装阀的液压控制系统系列（见图 7.4-33）。

为了考虑备品备件的通用性，在液压阀件的选型上，根据两个泵站系列选用了两套阀件组，只要是同一系列的阀件都可互换。

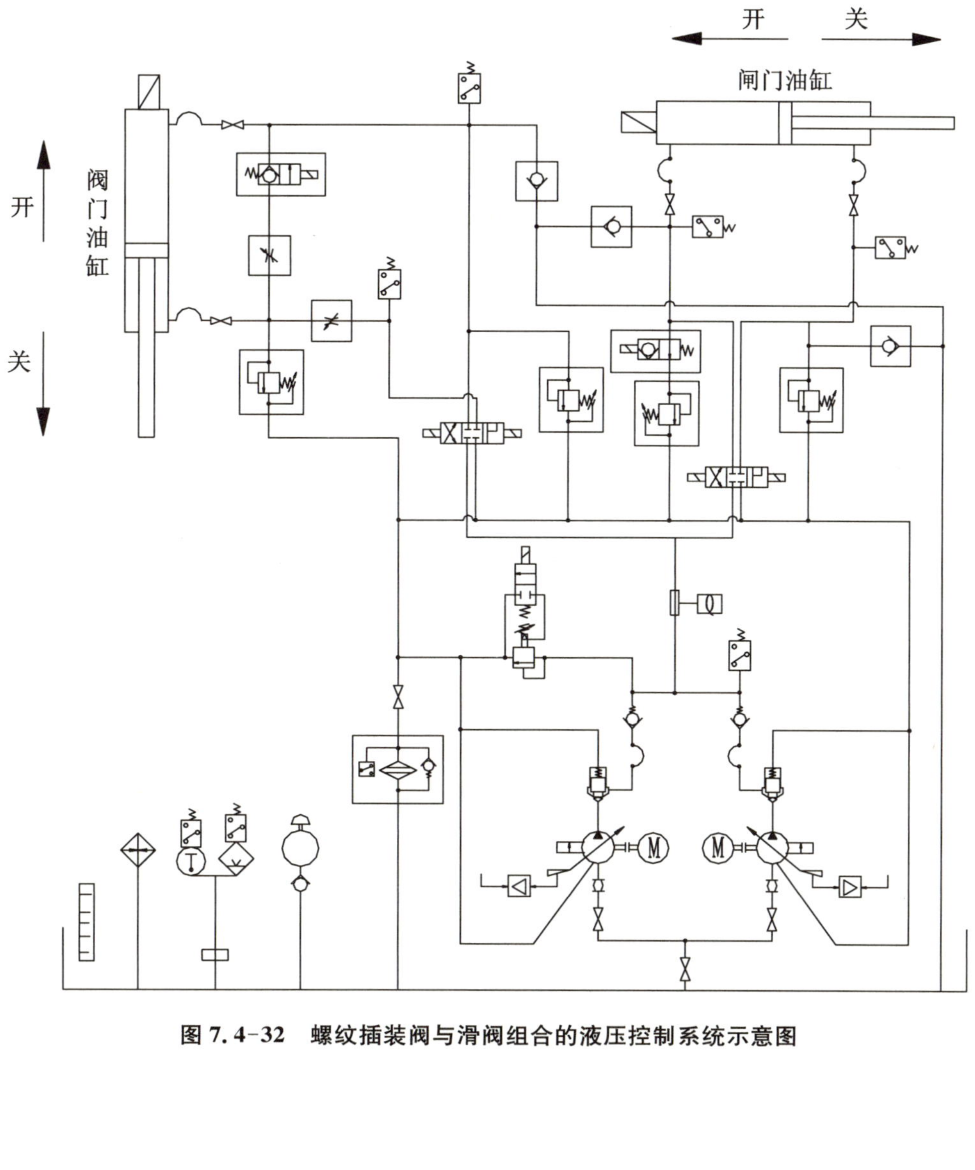

图 7.4-32　螺纹插装阀与滑阀组合的液压控制系统示意图

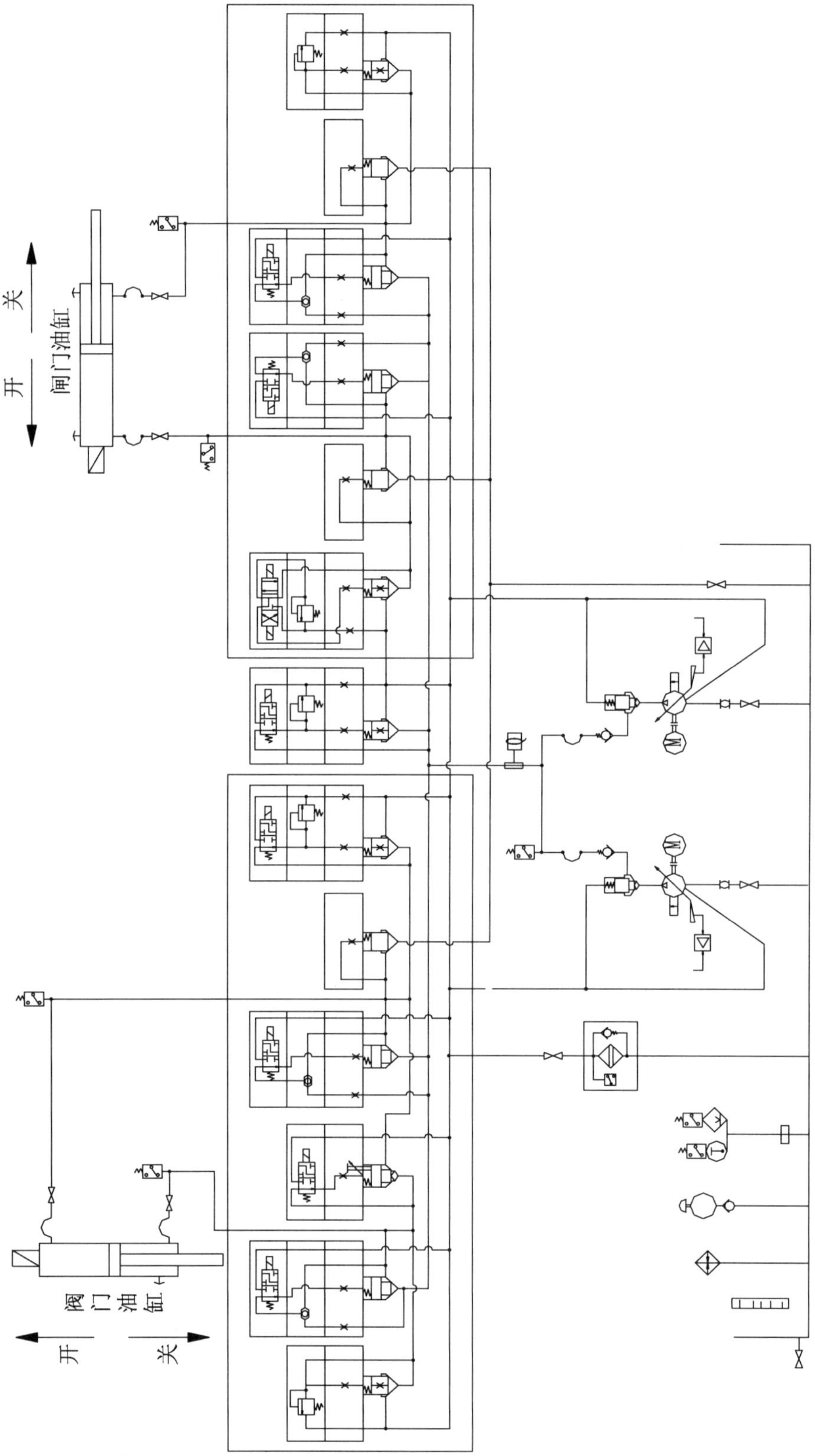

图 7.4-33　盖板式插装阀的液压控制系统示意图

7.5　船闸工程闸、阀门及启闭机设计创新理念

1. 以解决实际工程问题为导向，通过新材料、新工艺的应用，提高船闸闸、阀门重要运转部件的可靠性和耐久性，延长其使用寿命，降低维修频率，减少养护工作量，提升船闸的经济效益和社会效益。

闸、阀门运转件的运行环境较差，承受较大循环荷载往复作用（大多表现为重载低速运转），易发生锈蚀磨损等现象，局部承受动荷载甚至是冲击荷载作用的部位如阀门主轨道镶面板，点蚀现象尤为严重，造成运转件更换频繁，给船闸管理带来不便，直接影响船闸的通航效率。

为了减缓船闸运转件的磨损现象，延长其使用寿命，通常从结构设计、材料应用、表面强化工艺、润滑设计等几个方面着手。在结构设计方面，主要通过增加接触球面半径、减小配合间隙、使用浮箱等措施，达到减小外载和表面接触应力的目的，同时对摩擦副细部结构进行优化设计，以减小应力集中，提高承载能力。在材料应用方面，主要研究应用性能稳定、线膨胀系数低、强度高、耐久性好的金属或者高分子材料作为摩擦副的基体材料，采用合适的热处理工艺，并合理设计配对摩擦副的硬度值和表面粗糙度指标。在表面强化工艺方面，目前广泛采用的方法主要有表面淬火、镀铬、渗氮处理等，同时也在积极探索采用一些新型工艺（如激光熔覆）对船闸易损件进行表面强化，以提升其耐久性。在润滑设计方面，目前主要采用两种方式，一种是自润滑材料，另一种是加油润滑。其中，加油润滑是传统的润滑方式，通过润滑装置向摩擦表面注入含 MoS_2 的锂基脂润滑油，以避免因摩擦副材料直接接触导致的恶劣磨损，由于闸门运转速度较慢，很难持续形成油膜，对润滑油的品质要求也较高，使用一段时间之后，由于润滑油板结、油管堵塞等问题，很难保证长期的润滑效果；自润滑材料已在国内外大型船闸顶、底枢中广泛应用，取得了一定的使用效果，但对润滑剂材料及特性、加工精度、装配工艺等要求较高，润滑剂的分布方式也会对轴承受力和润滑效果产生影响，有待进一步分析与研究。

2. 以生态优先、绿色发展为原则，积极采用质量耐久、绿色环保的水工钢结构防腐体系和施工工艺，提高船闸金属结构的防腐蚀性能，减少工程建设对环境和人员造成的伤害。

水工钢结构在长期使用过程中，其锈蚀问题十分突出，也是影响船闸大修周期的关键因素之一，在一定程度上制约着工程整体使用寿命的延长。目前，船闸钢结构虽然采取了一定的防腐蚀措施，如“喷锌＋底漆＋中间漆＋面漆”的配套防腐方案，也取得了一定的防腐效果，但与品质工程“长寿命耐久”的目标要求还有差距，具体存在以下几方面问题：(1)水工钢结构防腐技术性强、要求高、影响因素多，目前所采用的通用防腐方案，针对性不强，对腐蚀机理、特性要求的差异性等方面也未进行深入研究，根据使用情况来看，整体取得了一定的防腐效果，但是局部位置腐蚀较严重（如闸门的水位变幅区、阀门的底缘水流冲刷区等）；(2)目前的防腐工艺对施工条件及钢材表面处理等级要求较高，施工工序繁琐，防腐效果易受施工质量的影响，防腐质量较难保证；(3)喷锌属于重污染工艺，无论是在有色金属生产阶段还是防腐施工阶段均对环境和人员健康造成不利影响，随着国家对工程建设的环保要求越来越严格，亟须采用更加环保的防腐措施。此外，在船舶制造、海洋平台、风电、核电等行业，防腐材料与技术工艺等均有了长足的进步与发展。

因此，根据船闸钢结构自身的工作环境和使用特点，积极探索应用质量耐久、绿色环保的防腐体系和施工工艺是切实可行的，也符合交通水运行业绿色、环保的发展方向。通过防腐体系的优化设计及工艺措施的改进，可实现以下目标：(1)耐久性好，提高船闸钢结构的防腐效果，减少结构锈蚀劣化，延长其使用寿命，有效降低全寿命周期成本；(2)绿色环保，减少防腐过程的环境污染和对人体健康的伤害；(3)施工工艺简单、便捷，适应于低表面处理，便于防腐施工的质量控制。

3. 以安全可靠、传承百年为目标，针对船闸闸门的特点，研发轻质、消能、易更换的闸门防护系统和防撞材料，增强船闸闸门的防撞性能，提高闸门结构安全可靠性，降低维护成本。

近年来，随着水运行业的快速发展，船舶大型化的趋势非常明显，船舶进出闸过程中与闸门碰擦的情况时有发生，在闸门设计时通常需在迎水面设置防撞系统，以起到保护闸门的目的。传统的钢质防撞系统在船舶碰擦时为刚性碰撞，几乎无消能作用，撞击的能量均传递给主结构，随着船舶撞击动能的增大，一方面造成防撞系统变形损坏，严重时甚至影响主结构安全，且维修更换不易，影响船闸的正常通航；另一方面由碰撞引起的闸门振动易造成焊缝开裂，降低门体结构安全度，影响运转部件的使用寿命。

因此，根据船闸闸门的结构型式、受力特点以及减震消能要求，通过新材料、新结构的研发与应用(如柔性护舷、铝合金蜂窝板等)，构建轻质、消能、便于更换的新型防撞系统，对改善船闸闸门防撞特性、提高结构安全可靠性具有重要意义，可切实保障闸门安全运转，同时降低维护成本，提升船闸运行效率。

4. 以低能耗、高效化为理念，研究优化人字闸门启闭机变速运行方案，保障闸门启闭过程的平稳性，有效降低能耗，提升运行效率。

目前，我国船闸人字闸门启闭机绝大多数采用的是液压直推式机型，其具有结构紧凑、占据空间小、造价低等优点，而且能够较好地实现自动控制，是全国船闸启闭机的首选机型，也是应用最广泛的机型之一。由于人字闸门在匀速启闭时，门体受到的动水阻力矩呈两头大中间小的凹马鞍形分布，阻力矩峰值在启闭初期及运行末期出现，而直推式液压启闭机在匀速运行时的能力曲线呈凸马鞍形分布。按照克服门体阻力矩峰值设计的液压直推式启闭机，其启闭能力就不能得到充分利用。

因此，通过对变速启闭情况下闸门阻力矩的动态分析和研究，确定出合理的闸门启闭机变速运行曲线，建立较准确的电动机功率计算公式，并由 PLC 控制电比例泵实现闸门的无级变速运行，使工作闸门在启闭时间不变的情况下(按设计规范要求的时间)，运行更加平稳，使用寿命更长，维修成本降低，同时避免“大马拉小车”现象的发生，真正做到节省能源。

5. 以智能、智慧为发展方向，构建船闸机电设备故障智能诊断系统，加强船闸重要运行参数的采集、管理与使用，实现故障的及时发现、科学判别、快速处理，提升船闸运行管理的信息化、智能化水平，确保船闸安全高效运行。

从省内外已建船闸运行维护的经验可以看出，船闸闸阀门、机电设备等是船闸运行过程中较容易出现故障的部位，也是船闸养护工作的重点。目前，船闸控制普遍采用以 PLC 为核心的控制系统，但是其信息化管理程度仍不够高，缺少重点设备运行参数的采集、存储和分析、利用，设备维护也基本以人工巡检为主，尚未实现自动化实时监测，在给船闸管理工作带来诸多不便的同时，还存在着以下几点问题：(1)人工巡检方式落后、效率低，在设备出现异常尤其是突发故障时，很难做到及时发现、快速处理，给船闸的安全运行带来隐患，甚至引发不必要的事故；(2)重点部位运行数据的缺失，给后期的故障诊断工作带来困难；(3)由于缺少船闸运行维护、故障处理等数据记录与共享平台，制约了船闸运行养护工作的标准化、规范化及行业整体管理水平的提高。

因此，基于我国经济社会的信息化发展趋势，以科学技术为支撑，构建信息化、智能化的船闸机电设备故障智能诊断系统，是水运行业现代化发展的必然要求，也是提升船闸管理和服务水平的有效途径。一方面可以实现对重要部件、机电设备等运行状态的实时监测，提高船闸运行的安全性；另一方面，通过运行参数的存储与管理，故障处理过程的记录与信息共享，可以提高故障诊断的科学性，提升行业管理人员的整体技术水平。

7.6 典型工程案例

7.6.1 秦淮河航道整治工程洪蓝船闸工程

1. 工程概况

秦淮河是《江苏省干线航道网规划(2017—2035 年)》“两纵五横”干线航道网中的“五横”芜申线的组成部分，洪蓝船闸闸址位于秦淮河流域与石臼湖流域分水岭南侧，是秦淮河航道重要的通航梯级。船闸为Ⅳ级通航建筑物，最大设计船舶吨级为 500 t。洪蓝船闸建设规模为 180×18×4(m)。船闸承受双向水头，正向最大设计水头为 5.06 m，反向最大设计水头为 4.13 m，船闸于 2020 年 12 月通过交工验收。

2. 工作闸门创新措施

三角闸门整体为空间网架结构，其抵抗船舶撞击的能力较弱，因此需在闸门迎水面专门设置防撞系统。传统的三角闸门防撞系统大多采用刚性结构，自重较大，在船舶碰擦时无消能作用，撞击的能量均通过支撑杆件传递给主桁架，随着船舶大型化的发展，船舶的撞击动能增大，一方面，易造成防撞系统变形损坏，严重时甚至会影响主桁架体系的结构安全，并且维修更换不易，影响船闸的正常通航；另一方面，由碰撞引起的闸门振动易造成焊缝开裂，降低门体结构安全度，影响运转部件的使用寿命。

针对该现象，从解决实际工程问题的角度出发，依托洪蓝船闸开展了“三角闸门防撞系统研究与应用”课题研究，项目组通过三维数值仿真模拟、结构体系分析与设计、面板材料研究与应用、试验研究等系统性的科研工作，研发了一种轻质、消能、易更换的新型三角闸门防撞系统。

该防撞系统由支撑钢架和防撞面板两部分组成(见图 7.6-1)。支撑钢架由支杆、横梁、竖梁构成，支杆采用双槽钢组合截面，在横梁对应位置布置三榀桁架，将横梁与闸门门体连成整体；横梁采用工字钢 I16，沿顶片、上中片、中片的高度方向布置三道，一端与闸门端柱相连，以增加其整体刚度，另一端距离中羊角留一定间隙；横梁之间布置竖梁，竖梁采用组合型“工”字形截面，同时，在竖梁之间设置了横向加劲肋。防撞面板采用加强型铝合金蜂窝面板，该面板由蒙皮和蜂窝芯层结构组成(见图 7.6-2)，芯层内部沿水平向设置加劲肋，通过钎焊工艺整体成型，其具有轻质、高强、耐腐、消能特性良好等优点，蜂窝面板结构内部预埋螺孔套筒，增强螺孔连接处的抗剪能力，套筒采用铝合金材料，并与蜂窝面板蒙皮可靠连接。整个防撞系统的强度和刚度从外至内逐步增强，可通过材料变形消耗船舶撞击动能，有效降低船舶撞击时主体结构的应变能和应力峰值，保证主体结构安全。

与传统刚性防撞系统相比，新型防撞系统减重约 40%，船舶撞击时主体结构应变能平均减小 85%以上，主体结构应力峰值平均降低 50%以上，对提高三角闸门防撞特性和结构安全可靠性具有重要意义，并且新型防撞系统采用分块设计，便于后期维护更换，可降低后期维护成本，提升船闸运行效率。

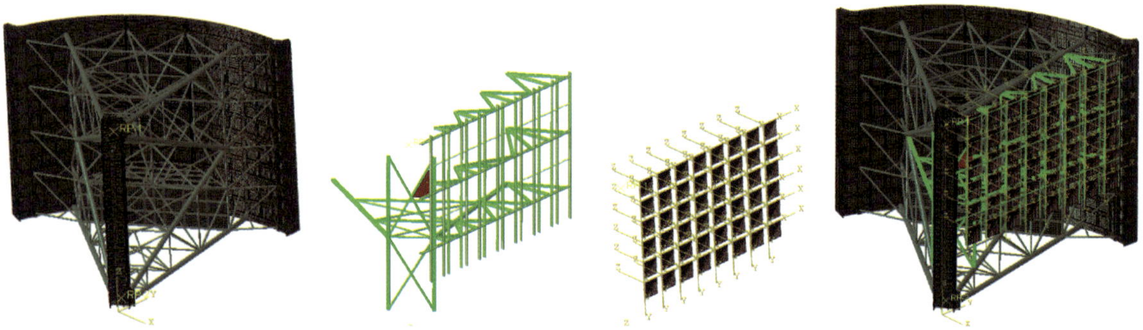

(a) 三角闸门　　(b) 支撑钢架　　(c) 防撞蜂窝面板　　(d) 三角闸门新型防撞体系

图 7.6-1　新型防撞系统结构组成

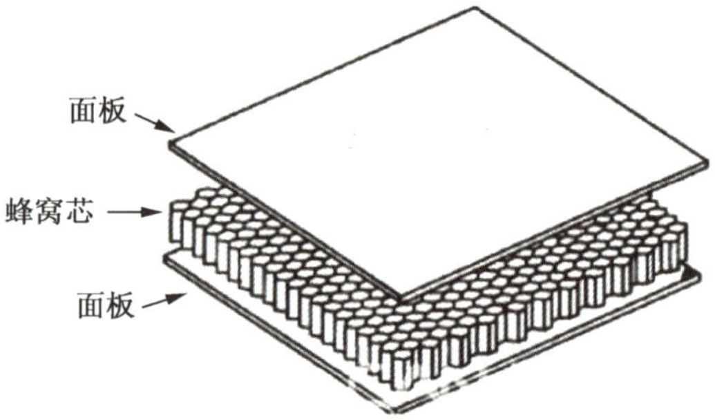

图 7.6-2　蜂窝面板的组成

3. 工作阀门创新措施

阀门在动水开启过程中，承受较大水荷载作用，其支承主滚轮与轨道之间发生滚动或滑动摩擦，由于运行频繁，以及工作环境较差，在承受较大循环荷载往复作用下，易发生锈蚀磨损等现象，特别在输水过程中，由高速水流冲击引起的流激振动，导致局部承受动荷载甚至是冲击荷载作用的部位如阀门主轨道镶面板，出现点蚀现象，强化层逐渐锈蚀剥落进而影响主轨道的使用寿命。从江苏省船闸历次大修的情况可以看出，阀门主轨道镶面板的磨损问题尤为突出，磨损量最大可达 1cm 以上，直接影响了阀门的平稳运行，加快了阀门止水件的磨损速度，由此造成的频繁检修在给船闸管理带来不便的同时，也直接影响航道的通航。

传统的淬火、镀铬、渗氮等表面强化工艺有一定的局限性，存在抗冲击韧性不足、强化层与基材结合强度不高、质量稳定性较差等缺点，未能达到理想的使用效果。因此，在洪蓝船闸阀门的设计过程中，综合运用理论分析、材料研究、工艺设计并结合试验研究等多种方法，创新采用激光熔覆工艺对阀门主轨道镶面板进行表面处理，以改善阀门主轨道镶面板的锈蚀磨损现象，延长其使用寿命。

激光熔覆是一种利用高能激光和纳米材料对各类零件进行合金强化处理的新兴技术，近年来发展迅速，位列材料表面工程领域的前沿。其主要原理是利用高能量密度激光束令不同成分和性能的合金与基材表层快速熔化，在基材表面形成与基材完全不同成分和性能的合金强化层。与传统的表面强化工艺相比，激光熔覆技术加工能量密集，加工速度快，熔池搅拌充分，因而能够在基材表面获得坚硬、耐蚀、耐磨、晶体致密的熔覆层，并且可以达到低稀释率、低热影响的突出效果。熔覆层与基材呈冶金融合，结合强度非常高；同时，还具有生产周期短、加工效率高、成形材料范围广、覆层厚度易控制等一系列优点。

本项目具体实施设备选用 10 kW 半导体激光熔覆系统，输出的激光波长为 975 nm，输出 24×3 (mm)矩形光斑，并采用旁轴送粉方式。镶面板基材选用锻 45 钢，调质处理后进行表面激光熔覆，熔覆粉末采用镍基合金，熔覆层厚度为 1 mm(见图 7.6-3)。经检测，表面硬度达到 45 HRC 以上，且熔覆层与基材结合强度基本达到母材强度。在盐雾试验、磨损试验等其他综合试验中，激光熔覆工艺表现出良好的耐磨、耐腐蚀等特性，可有效延长主轨道镶面板的使用寿命，降低维修频率，对提高船闸的运行效率和服务水平具有重要意义。

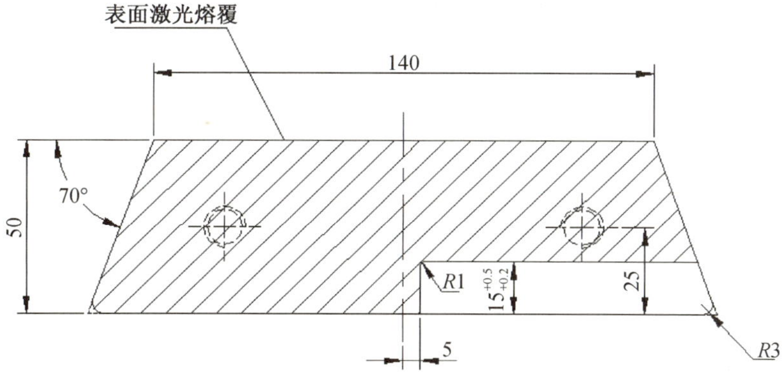

图 7.6-3　镶面板结构示意图(单位:mm)

洪蓝船闸建成通航后，一方面还需要加强对实际使用数据的跟踪观测，并与理论分析和试验结果进行对比分析，进一步评价新工艺的实际使用效果；另一方面，磨损问题是船闸运转件普遍存在的问题，后续将针对船闸不同部位和结构型式的运转部件开展进一步的研究工作，以扩大新工艺的应用范围，全面提高船闸易损部件的耐久性。

4. 启闭机创新措施

(1) 传感器的选择与应用

为构建信息化、智能化的船闸机电设备故障智能诊断系统，根据船闸机电设备常见故障分析成果和数据采集的需求，结合系统中已有传感设备布设情况，研究增加合理的监测点，并通过市场调研选取满足要求且性能可靠的传感器设备。

液压系统安全、可靠、稳定是直推式液压启闭机正常运行的关键。据国内外统计分析，液压系统故障现象中有 80%是由油液污染造成的，这 80%的故障现象中有 75%以上是由液压油被固体颗粒物污染所致。另外，由于液压油被污染，液压元件的实际寿命往往比设计寿命低得多，因此，应十分重视液压系统液压油污染控制。

通过直推式液压启闭机出现故障的原因分析，可知液压油的正确使用、管理以及污染控制是提高系统可靠性、延长元件使用寿命的重要手段。

①流量传感器

在闸、阀门油缸进出油口处设置了流量传感器（见图 7.6-4），实时采集流量信号，同时可以与系统其他流量传感器联动，根据各处流量数值，判定系统工作流量是否正常。其原理为：液压油流经涡轮机，驱动涡轮机叶轮旋转，其产生的频率经过电子装置处理后输出，并对阻流效应的影响进行一定的补偿。

图 7.6-4　流量传感器

②换向阀位置传感器

液压启闭机泵站换向阀增加了阀芯位置监测功能（见图 7.6-5），实时采集阀芯位置信号；通过终端位置监测，感应开关在阀芯达到行程终端前（大于全行程的 85%）发出信号，检测阀件换向是否到位，从而判断闸、阀门的启闭回路开启与断开的情况。

图 7.6-5　换向阀位置传感器

③在线颗粒度传感器

在液压回油管路设置了在线颗粒度传感器(见图 7.6-6),采用内设的激光二极管对油液中实际存在的固体颗粒进行实时光学检测,监测油液品质,使启闭机使用、维护人员对系统的污染状况了如指掌,以便及时查找、排除污染源,更换滤油器滤芯,并对油液进行有效过滤控制或者更换,使液压油清洁度始终符合规定的质量指标。

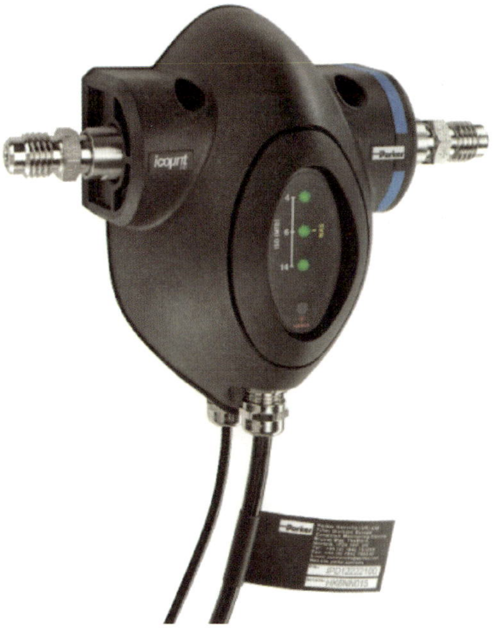

图 7.6-6　在线颗粒度传感器

(2) 船闸运行管理的信息化、智能化

通过省内外已建船闸运行维护的经验可以看出,船闸闸阀门、机电设备等是船闸运行过程中容易出现故障的部位,也是船闸养护工作的重点。目前,船闸控制普遍采用以 PLC 为核心的控制系统,但是其信息化管理程度仍不够高,缺少对重点设备运行参数的采集、存储、分析和利用,设备维护也基本以人工巡检为主,尚未实现自动化实时监测,在给船闸管理工作带来诸多不便的同时,也制约了船闸管理工作的标准化、规范化及行业整体技术水平的提高。因此,通过研究设计“智慧船闸”,以实现以下目标。

①实现重要设备运行状态实时监测,确保船闸运行安全

采用性能稳定可靠的传感器,对船闸重要设备运行状态进行实时监测,设备出现异常时做到及时判别、响应并告警,以提高船闸运行的安全性。

②建立可视化、信息化的船闸运维系统和数据共享平台

通过对船闸主要运行参数的存储及管理,形成可视化的数据管理平台,提供实时运行数据及历史报表,为船闸管理维护提供数据资料,并建立数据共享平台,提升行业管理人员整体技术水平,实现船闸运行维护的标准化和规范化。

③建立故障智能诊断系统和故障维修知识库

通过故障智能诊断(见图 7.6-7)代替人工判断,并对船闸故障处理过程进行记录及分析归类,建立故障维修知识库,以实现重复故障的快速处理。

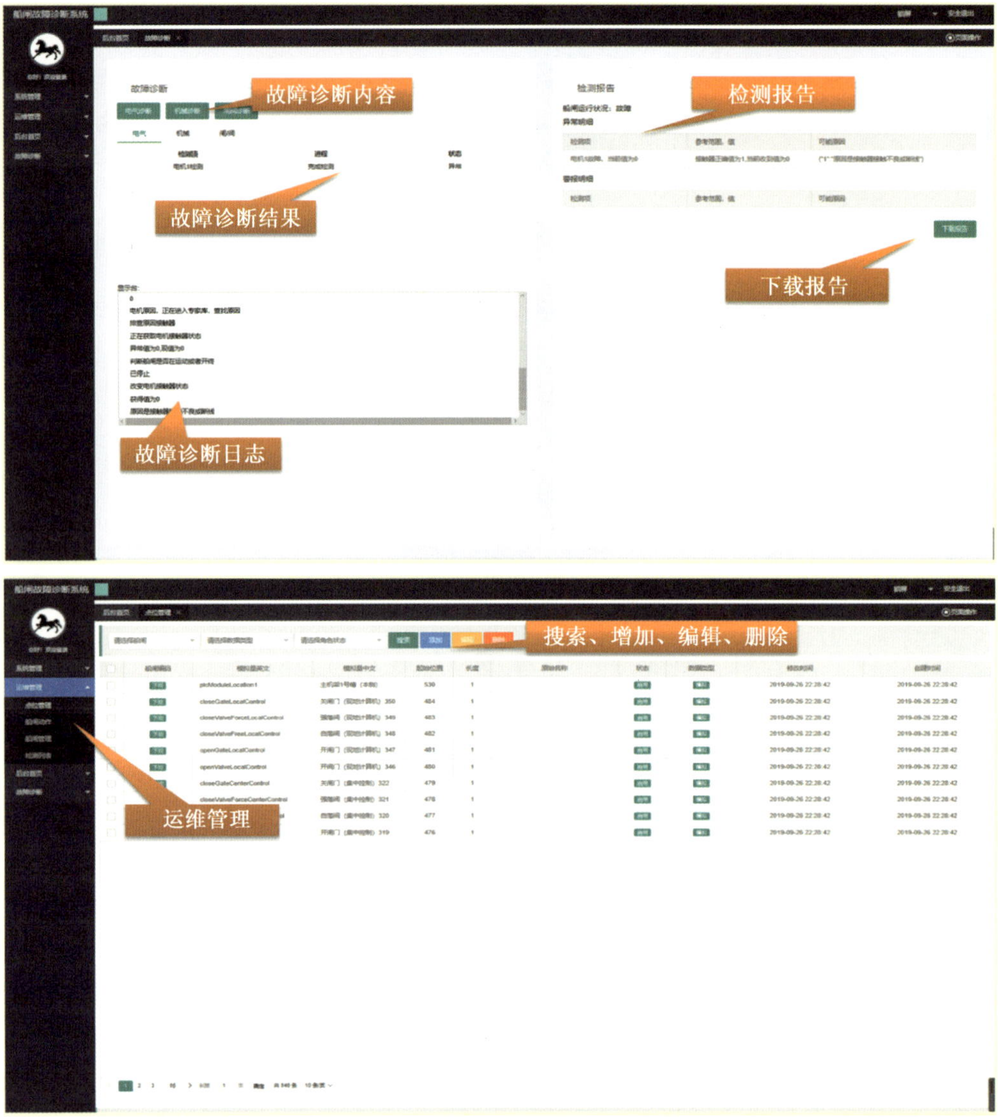

图 7.6-7　故障智能诊断系统界面

7.6.2　芒稻船闸扩容改造工程

1. 工程概况

芒稻河是《江苏省干线航道网规划(2017—2035 年)》"两纵五横"干线航道网中的"一纵"京杭运河通道的组成部分,上连京杭运河邵伯船闸上游,下接长江,是京杭运河徐扬段入江货物的分流航道,同时也是南水北调东线工程的主要送水通道。芒稻船闸闸址位于芒稻河航道入江口门处,是控制芒稻河航道货物流量的重要节点。芒稻船闸为Ⅲ级通航建筑物,最大设计船舶吨级为 1 000 t,建设规模为 180×23×4(m)。船闸承受双向水头,正向最大设计水头为8.50 m,反向最大设计水头为 1.31 m,船闸于 2016 年 12 月建成通航。

2. 工作闸门创新措施

(1) 可拆卸式侧滚轮轨道

横拉门在启闭过程中，水荷载、风浪荷载等的作用导致门体偏向一侧运行，此时侧滚轮轨道支承侧滚轮，形成闸门抗倾稳定的支点。根据以往船闸大修的情况来看，侧滚轮轨道特别是底侧轨往往磨损较为严重，由于侧滚轮轨道通常是固定于二期混凝土中，更换轨道需要凿除这一部分的混凝土，安装后再重新浇筑，这就给船闸的检修工作带来不便。

本工程在设计时从两个方面考虑对侧滚轮轨道进行了改进：①结构型式由整体固定式改为可拆卸结构，且镶面板为分块构件（见图 7.6-8）；②轨床采用铸钢件，与滚轮接触面材料由普通碳素钢调整为锻 45 钢，调质处理。由此，既提高了侧轨道支承面的表面硬度及耐磨特性，又方便更换，给船闸维护检修带来了便利。

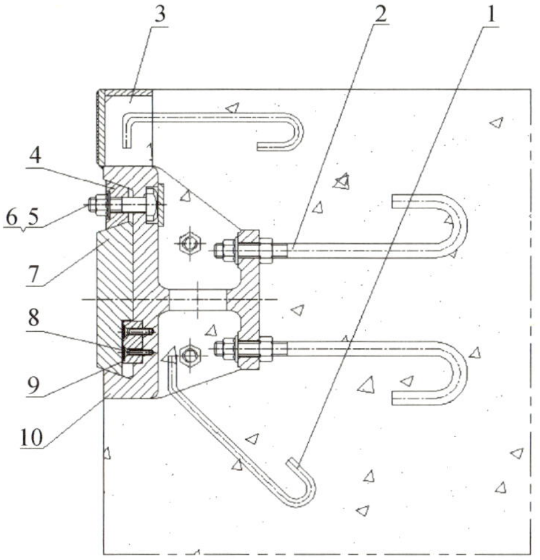

1—锚筋；2—地脚螺栓；3—止水座；4—锁定楔块；5—T 型槽螺栓；
6—施必牢螺母；7—镶面板；8—开槽沉孔螺钉；9—限位键；10—轨床。

图 7.6-8 可拆卸式侧滚轮轨道装配图

(2) 免维护的底台车滚轮装置

横拉闸门底台车是支承闸门重量并能使闸门沿轨道横向行走的支承系统，由四套滚轮装置组成，滚轮结构尺寸相同。由于长期承受较大荷载，滚轮材料均采用 ZG50Mn2 铸合金钢，调质处理，踏面和轮缘内侧表面均进行淬火＋低温回火处理，硬度值为 45～55 HRC，并要求淬火深度≥12 mm。

底台车滚轮（见图 7.6-9）轴承选用密封式双列球面滚子轴承，可免维护，轴承出厂时应填满润滑油后密封，轴承与轴承透盖之间的空腔应填注润滑油 85%～90%，润滑油脂均应采用适用于重载低速运行工况的 LGEP2 锂基润滑脂。

为防止水、泥沙等进入，延长轴承使用寿命，底台车滚轮装置设置密封圈。其中，轴承端盖处设置“O”形密封圈两道，轴承端盖与轴交接位置设置旋转泛塞和旋转格莱圈各一道。

横拉门底梁与底台车之间的连接采用辊轴支承的结构型式，其中弧面固定座材料采用锻 45 钢，调质处理，与弧面支承座接触面堆焊不锈钢；弧面支承座采用 ZG35CrMnSi，正火处理，上、下两弧面堆焊不锈钢，要求精加工后的不锈钢层厚度不小于 4 mm。

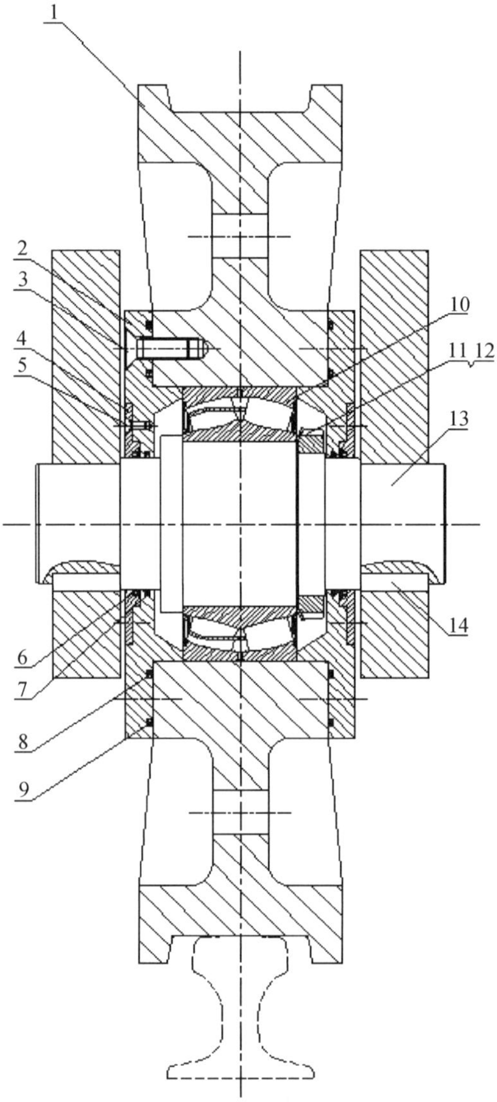

1—滚轮；2—轴承端盖；3—螺钉；4—密封压盖；5—螺钉；6—旋转泛塞；
7—旋转格莱圈；8—“O”形密封圈；9—“O”形密封圈；10—滚轮轴承；
11—圆螺母；12—止动垫圈；13—滚轮轴；14—键。

图 7.6-9　底台车滚轮局部大样图

第八章 电气及信息化

8.1 电气及信息化设计的主要原则

为统一船闸电气及信息化设计的技术要求，做到安全可靠、技术先进、经济合理和维护方便，应遵循以下主要设计原则。

(1) 强调可靠性、安全性，采取多层次、全方位技术措施，确保船闸安全、可靠运行。

(2) 所选设备技术性能优良、功能完善，应使系统在相当长一段时间内，保持国内外先进水平，同时结合船闸具体情况，本着实用、经济的原则，在节约成本的前提下，使系统发挥最大作用。

(3) 尽量采用有利于系统集成和升级的设备与技术，并留有充分余地，便于今后进行系统扩充，使其具有良好的可扩展性。

(4) 系统操作灵活简便、易于掌握，操作人员能方便地进行使用及维护，使整个系统发挥最大效能。

(5) 立足现在，满足现有船闸、航道对电气及信息化的使用需求，同时适度超前，考虑今后船闸、航道的信息化建设、管理需求。

8.2 电气及信息化工程设计创新理念

当前，新一代信息技术蓬勃发展，建筑信息模型(BIM)、北斗导航、大数据、人工智能、5G 等高新技术在船闸设计、建造、运行服务以及安全监管领域的创新应用日趋广泛，“智慧船闸”理念应运而生。目前行业对于“智慧船闸”尚无统一的定义，但其内涵可以归结为将监控技术、通信技术、控制技术、传感器技术、计算机技术以及网络技术集成应用于船闸的运营、管理、维护、通航服务和安全监管中，在船闸服役的全寿命周期中建立安全、高效的控制和调度系统，为船民提供准确、透明、可定制的信息服务，形成船闸设备设施服役性能保持和提升的监测预警、快速响应、高效执行的应急保障能力。“智慧船闸”创新模式与传统模式的比较见表 8.2-1。

表 8.2-1 “智慧船闸”创新模式的转变

序号	业务功能	传统模式	创新模式
1	船闸调度	人工调度	智能排档，全流域联合调度，船舶自动定位与报到
2	过闸收费	上岸缴费，单闸缴费	不停船自动缴费、手机支付，一次性缴费
3	船闸控制	分散控制，手动开关闸门	集中控制，少人(无人)值守，全自动开关闸门
4	运维养护	定期巡检，故障报修，被动维护	全寿命周期健康监测，故障预警，远程智能诊断
5	信息服务	被动服务，服务内容有限	过闸信息主动推送，定制化信息服务，全流域一站式服务，港航运一体化信息服务

“智慧船闸”理念创新体现在以下几个方面。

8.2.1 船闸调度模式的转变

平原河网地区航道网密布，内河航运发达，干线航道通航密度大。对于繁忙河段，船闸的过闸能力在很大程度上决定了航道的通过能力和航段的通航效能。为了提升船闸的船舶通过能力、提高闸室面积利用率、简化报闸流程，通过船闸调度信息化系统实现由传统人工调度模式向智能调度转变。具体表现在几个方面。

(1) 由现场向远程发展。传统的现场调度，容易造成一定区域内船舶的大量堵塞，管理难度大；采用远程操作，主要通过智能运行调度系统进行操作。

(2) 由粗放向系统提升。传统的粗放式管理使得船闸的效率和闸室的利用率不高，船闸调度纯粹靠工作人员经验；由智能运行调度系统智能排档，可显著提高闸室利用率和船闸通航效率。

(3) 由单一向多元转变。以前调度联络靠高频电台；现在还可通过微(短)信、ETC、GPS、卫星电话、手机 APP 等多种方式与船员进行沟通，既可以让所有人听到，还能让当事人看到。

8.2.2 船闸收费模式的转变

在传统的过闸收费模式下，船民需要在远调站上岸排队缴费(见图 8.2-1)，来往远调站费时费力，且上下船有一定的安全风险。近年来，逐步过渡到“一站式”“一票通”的联网收费模式，并且通过船民移动端 APP 可建立统一过闸费电子支付渠道，依托财政公共支付平台实现支付宝、银联、微信、预存账户等多种方式在线缴费，解决了船民往来远调站排队缴费的成本，降低了安全风险(见图 8.2-2)。

图 8.2-1　船民上岸排队缴费及传统的现场调度图

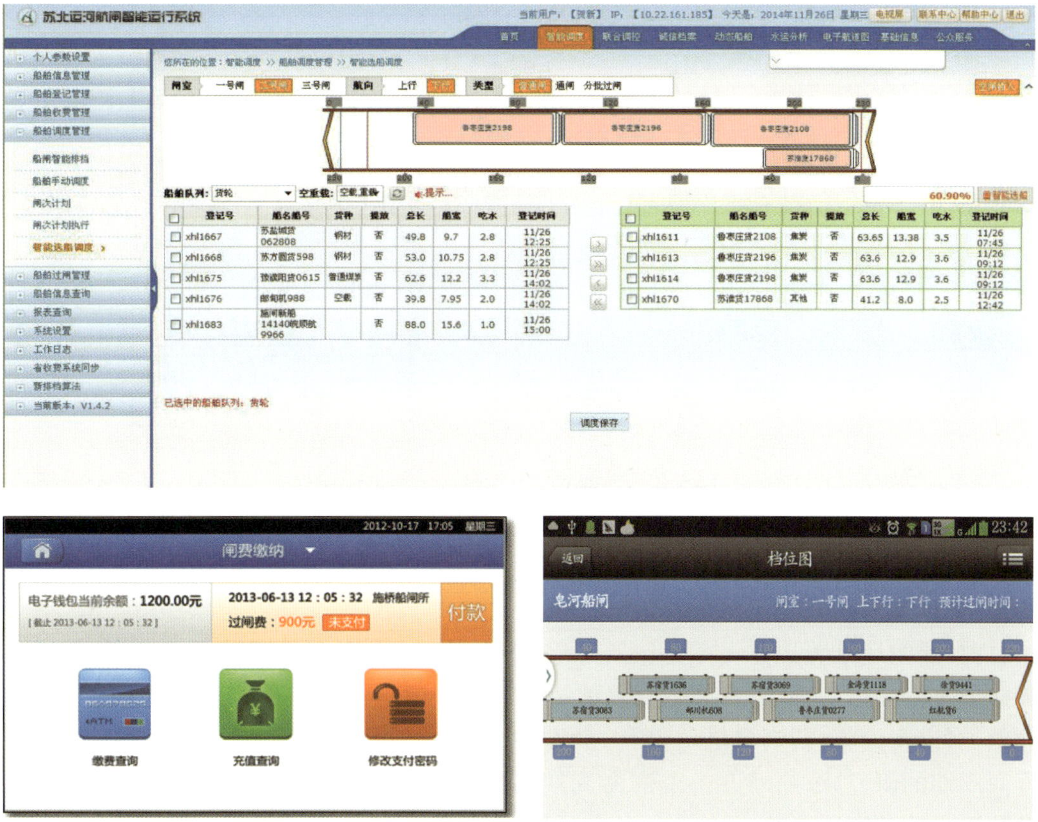

图 8.2-2　智能调度系统排档及手机 APP 支付图

8.2.3　船闸控制系统的转变

现有的船闸控制系统多为现地值守的控制模式，由调度人员现场手动操作。通过对船闸控制系统操作模式升级，可实现船闸开关闸、阀门由人工手动操作向现地集中控制、远程集中控制转变，实现现场少人值守。未来，通过建立健全视频监控、抓拍、越线监测、水文监测、系船钩监测及报警系统、灯光引导等系统，实现跨数据对接，严格按照“开上阀、开上闸、关上阀、关上闸、开下阀、开下闸、关下阀、关下闸”八个步骤的船闸控制运行流程，形成船闸自动化运行触发机制，实现船闸控制流程全自动化，降低人工劳动作业量，提高船闸运营效率。

船闸集中控制 PLC 系统如图 8.2-3 所示。

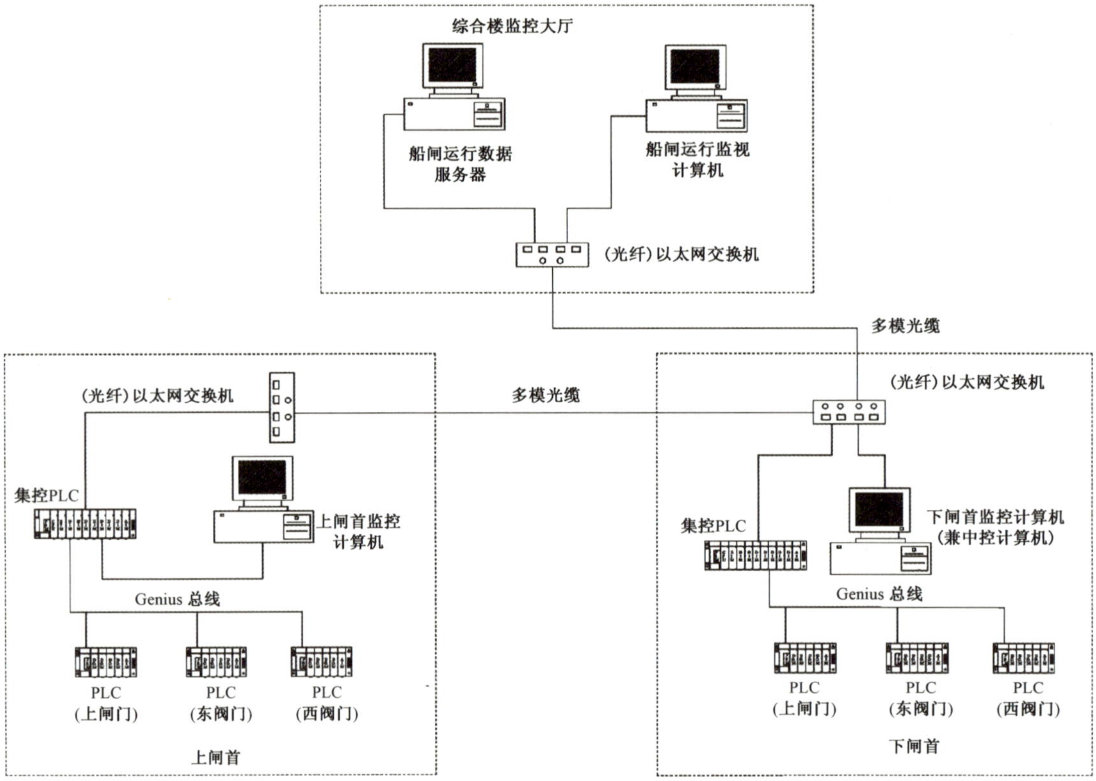

图 8.2-3　船闸集中控制 PLC 系统图

8.2.4　船闸运维养护模式的转变

目前,船闸运维养护方式主要包括日常保养、大中小修及应急抢通等几方面,但大多是故障或损害发生后的维修,或者结合养护工程对设备设施进行更换。随着传感器产品的日渐成熟,对设备设施(特别是机电设备)的在线监测技术越发成熟,结合对关键设备设施服役寿命周期的研究,令船闸设备全寿命周期的健康诊断和故障预警成为可能,运维养护由被动趋于主动预防性养护。

8.2.5　船闸信息服务的转变

过闸信息查询原来主要是依靠船民主动打电话询问、情报板提示、船闸广播等方式,能提供的信息有限,渠道单一,需要船民主动查询。随着通信技术的发展,现在的信息服务方式包括智能移动终端、智能船载终端、网站、船闸信息发布屏、甚高频电台、网络广播等。可提供的信息包括船闸级别、规模、运行调度规则、运行通航船舶尺度、气象、水位、通航净空、停复航状态等通航环境信息,还包括闸次计划、船舶待闸、待闸锚地状态、自动推送电子申报、过闸缴费通知、闸室电子排档图等过闸信息(见图 8.2-4)。将被动式查询转变为主动式推送,并且可提供可视化的过闸体验和定制化的信息推送。未来,随着水路运输数据链的打通,还可结合货运、物流等航运信息进一步丰富信息服务内容。

图 8.2-4　过闸信息推送图

8.3　供配电及电力监控系统

8.3.1　供配电系统

供配电系统设计应根据工程特点、规模和发展规划正确处理近期和远期发展的关系，做到远近期结合，以近期为主，适当考虑发展的可能，并按照负荷的性质、用电容量、地区供电条件，合理确定设计方案。

1. 基础资料收集

在供配电系统的设计过程中，首先要根据船闸规模、所在航道等级以及船闸过闸流程对电气的相关要求，与启闭机设计人员商定电力拖动方案，并收集闸址地区的供电资料。经综合分析后，确定供电的负荷等级和计算负荷，明确供电电源、变电所位置、线路走向，然后绘制变电所的系统图，进行高低压电器设备选型、供配电、工程概算等设计工作。

(1) 船闸过闸流程基本资料

①船闸的总体布置、地理位置、航道的等级及发展规划。

②启闭机及辅助设施的电动机、制动器的型号及规格。

③船闸所在地区的气象资料。

(2) 需向供电部门提供的资料

①船闸的负荷性质、负荷等级、所需电源回路数量以及供电可靠性要求。

②变电所供电系统图和标有电源进线方向的变电所位置平面图。

③变电所的数量及容量。

④当把供电外部电源线路委托给供电部门设计时，需提供变电所进出线平面图、电缆敷设方式及标高等数据。

(3) 需向供电部门收集的资料

①供电电源位置、名称以及供电电压。

②供电方式(架空或电缆)、线路长度及回路数。

③对功率因数的要求。

④船闸变电所受电端的电力系统最小运行方式和最大运行方式的短路容量、短路阻抗等数据。

⑤计费用电度表安装位置、照明与生产动力用电是否要分别计量。

2. 用电负荷等级的确定和负荷计算

(1) 用电负荷等级的确定

船闸用电负荷等级的确定旨在正确地反映船闸对供电可靠性要求的界限，以便合理地选择供电方式，应根据船闸所在航道等级、运输繁忙程度以及中断供电对社会造成影响或在经济上造成损失的程度等因素确定。

Ⅰ、Ⅱ级船闸或每天运行时间不少于 16 h 的其他级别船闸的工作闸门启闭机、工作阀门启闭机、控制系统、通信系统、信号系统和生产照明等主要用电负荷应为一级负荷。

Ⅲ、Ⅳ级船闸或每天运行时间不少于 8 h 且少于 16 h 的其他级别船闸的工作闸门启闭机、工作阀门启闭机、控制系统、通信系统、信号系统和生产照明等主要用电负荷应为二级负荷。

平原地区船闸主要用电负荷由收费(调度)、监控、动力、生产照明、消防、房建照明及空调等生产和生活负荷组成。其中，收费(调度)、监控、动力、生产照明、消防等为二级负荷，其他负荷为三级负荷。

(2) 负荷计算

船闸用电负荷的计算范围应包括船闸运行区、生产管理区和生活辅助区等。船闸启闭机的运行严格受过闸流程的限制，在一般情况下，上、下闸首的启闭机是不允许同时运行的，因此船闸的负荷计算不宜采用需要系数法。应按照各类船闸的具体操作过程及运行情况，选最大一组电动机进行动力负荷计算。

3. 船闸供电电源的确定

二级负荷应由两回线路供电，确保当发生电力变压器故障或电力线路常见故障时，不致中断供电或中断后能迅速恢复。在负荷较小或地区供电条件困难时，可由一回 10 kV 及以上专用架空线供电；当采用电缆线路时，应由两根电缆组成的电缆段供电，每根电缆应能承受 100%的二级负荷；为了解决线路和变配电设备的检修以及突然停电后设备能安全停产问题，设备可用小容量柴油发电站，其容量由实际需要确定。

4. 变电所位置的确定

根据配变电所尽可能靠近负荷中心的原则及用电负荷的分布情况，进行技术经济比较，确定变电所的数量和位置。考虑到布线方便、投资费用、设备运输、检修方便等要求，船闸变电所一般可设在上闸首或下闸首附近。

变电所一般应设计为单独的机房，应尽量选在靠近用电负荷中心，便于设备和燃料的运输和储存、便于线路进出的地方。机房内布置发电机组时，应考虑到设备运行和检修的方便。

5. 设备的选择与继电保护

供配电运行方式：10 kV 主接线采用单电源供电，0.4 kV 侧正常时，变压器带一段母线单独运行。当变压器故障或失电时，自备发电机自动启动（或人工启动），10～15 s 运转发电，转换开关手动切换至发电位，供给部分重要负荷。为了运行管理方便，低压馈电回路均接在自动转换开关后方，市电失电时，管理者可根据所带负荷的实际情况对一般负荷人工灵活投切。

计量及补偿方式：船闸配电房用电计量均采用高供高计，同时根据供电部门不同收费标准，在低压侧根据生产、生活计费不同采用分类计量。配电房和远调站箱变采用低压电容自动动态补偿柜对功率因数进行自动补偿，补偿后功率因数不低于 0.95。

保护方式：高压柜设熔断保护；低压进线柜和低压馈电柜设电流延时保护和速断保护；变压器采用温度控制器自动排风装置，超温报警关闭低压总开关保护。

设备选型：高压柜采用 SF6 负荷开关柜，既满足功能与安全要求，又减少投资；低压柜采用 MNS 抽屉式柜，既解决今后增加出线回路困难的问题，又美观、简洁；变压器采用高效节能的干式变压器，可减少日常维护。

操作电源：配电房 10 kV 高压开关及低压总进线开关采用电动操作机构，操作电源取自 UPS，其他低压开关电动操作机构，操作电源取自低压母排。

6. 防雷与接地

在配电房及远调站户外架空线终端与电缆连接处各设避雷器 1 组，防止雷击；高压柜设氧化避雷器；户外用电设备和重要配电回路采用浪涌保护装置，避免雷电引入。配电系统接地采用 TN－C－S 方式，进入建筑物设置重复接地，市电与自发电分设两组独立接地网，接地电阻＜1Ω；机房重复接地，考虑到计算机与 PLC 等控制系统接地需要，接地电阻小于 1 Ω。接地工程施工应遵守《电气装置安装工程　接地装置施工及验收规范》(GB 50169)。

7. 电缆敷设方式

电缆在沟内敷设，具有占地少、安装维护方便、走向灵活且容纳较多的电缆等优点。在船闸闸墙施工时，同时建设电缆沟是比较经济的，故一般中、小型船闸的电缆都采用电缆沟的敷设方式。电缆沟和廊道均应考虑排水措施，沟底纵坡坡度不应小于 0.5%，并应设置积水坑及泄水系统，必要时应实施机械排水。

表 8.3-1　电缆沟支架层间垂直距离和通道宽度的最小净距　　单位：m

名称		电缆廊道	电缆沟	
			沟深 0.6 m 及以下	沟深 0.6 m 以上
支架层间垂直距离	电力电缆	0.2	0.15	0.15
通道宽度	两侧设支架	1.0	0.30	0.50
	一侧设支架	0.9	0.30	0.45

电缆横跨闸室，当闸首附近有公路桥、人行桥或其他横跨闸室上空的设施时，应优先考虑沿上述建筑物的敷设方案。

8.3.2 电力监控系统

1. 系统监控对象及监控策略

监控对象：船闸配电房变配电一次设备。具体包括：高压负荷开关、低压进线断路器、双电源切换开关、电容补偿柜、低压出线断路器、变压器（温控仪）、发电机（控制屏）等。

监控策略：根据配电房设置情况及各类负荷供电要求，按分布式原则，集测控、远控、通信功能为一体，自动化硬件部分以电力测控单元为基础，实现配电房的全分散监控。同时，实时监测变压器、发电机组等设备的工作状态。

2. 系统组成与功能

船闸配电房的各电力参数监控设备（多功能仪表、低压智能无功补偿控制器、ATS 控制器、温控仪、发电机控制屏等）分别通过 RS485 总线与通信管理机相连，通信管理机进行协议转换成以太网数据，然后由光纤收发器通过光纤与船闸监控中心的监控主机进行数据通信。

船闸监控中心的监控主机采集配电房内各监控设备电力参数信息等数据，以图形方式实时显示各配电设备工作状态，对数据信息进行分析、处理，并以此制定相应控制方案，然后向配电房内各监控设备发送各种数据信息或控制命令，保证船闸配电房供配电系统安全、可靠运行，实现对配电房配电设备的遥测、遥信、遥控等功能，并把监测到的数据和操作指令等以数据库形式存放在数据库服务器中，以备日后查询时调用，同时形成日报表、月报表及年报表等。

3. 系统主要设备的功能及性能指标要求

(1) 高、低压测控单元

遥测功能：三相电压/电流、有功/无功功率、频率、功率因数、电能等。

遥信功能：开关状态、不小于 6 路（高压及低压总进线回路）或 4 路（低压出线回路）开关量输入、干接点输入。

遥控功能：2 路继电器输出、可以控制断路器分合，越限报警输出。

通信：RS485 接口、Modbus - RTU 标准通信协议。

电源：85～265V AC/DC。

(2) 通信管理机

通信管理机向上与船闸监控中心监控主机进行通信，向下与配电房各终端设备进行通信，完成终端设备的数据采集和转发，实现通信功能，同时起到不同协议规约转换作用。通信功能具有多种通信方式，不少于 6 个串口，支持 RS232/485、以太网等多种传输方式，支持各种串口/网络通信规约，如 Modbus - RTU、IEC870 - 5 - 101 等。能够自动检测 10/100 Mbps 以太网络；至少 2 个自适应 10/100 Mbps 以太网 RJ45 接口；支持 TCP Server、TCP Client、UDP 和驱动程序模式；支持 Web、Telnet 和 Serial Console；支持 SNMPMIB - Ⅱ 网络协议。

(3) 双电源自动切换开关（ATS）

成套开关柜供货商提供带有智能控制单元的 ATS，ATS 智能控制单元应能够测量与显示三相电压、三相电流、频率、功率，转换开关状态量（合闸、分闸、脱扣）等，应具有 RS485 接口，通信协议采用标准Modbus -RTU 协议（要求开放协议及编码格式），能实现遥信、遥测功能。

(4) 低压智能无功补偿控制单元

成套开关柜供货商提供带有智能无功补偿控制单元的电容补偿装置。智能无功补偿控制单元能实时监测和显示三相电压、三相电流、无功功率、功率因数、无功电度、电容器投切状态、电容的投入组数、故障报警等信息，应具有 RS485 接口，通信协议采用标准 Modbus - RTU 协议(要求开放协议及编码格式)。

(5) 变压器温控仪

变压器供货商提供带有温控仪的变压器，变压器温控仪能检测变压器温度、开停状态、报警等工作状态参数，自动控制降温风扇，温控仪具有 RS485 接口，通信协议采用标准 Modbus - RTU 协议(要求开放协议及编码格式)。

(6) 发电机控制屏

发电机供货商提供的发电机自动控制屏，能检测机组的转速、电压、电流和柴油机的油压、油位等信息，自动监控市电状况，实现机组自动启动/停机，当自动监控机组的运行状况出现故障时，自动对机组实行保护。应具有 RS485 接口，通信协议采用标准 Modbus - RTU 协议(要求开放协议及编码格式)。

8.4 室外照明系统

船闸上的全部房屋、闸室、导航建筑物以及与船闸相连的场地，均应有电气照明，照明设计的主要任务是确定照明方案和照明控制方式。

8.4.1 照明方案

照明方案应根据供电方式、周围环境、照明方式和照度要求确定。船闸照明分室内和室外两种，室内照明一般选用白炽灯和荧光灯，中控室照明应考虑灯型及布置美观的要求。船闸的室外照明主要是闸室和引航道的生产照明，为便于船舶瞭望，应采用光线柔和的光源。为了实现绿色节能，闸室室外照明灯具应具备全开/半开功能，方便船闸部门管理和节约电能。光源采用 LED 灯，灯杆采用可倾倒式灯杆，以方便日常维护。

确定好光源和灯具后，应根据船闸室内、外照明的最低照度值的要求(表 8.4-1、表 8.4-2)、灯具的安装高度、受照区域的面积以及灯具的单位面积安装功率(W/m^2)，算出照明区域需要安装的灯具的总功率及灯具数量。

表 8.4-1　船闸的室内照明照度标准值和显色指数

名称	规定照度所在平面	照度标准值(lx)	一般显色指数
启闭机房	地面	100	60
水泵房	地面	100	60
控制室	离地 0.75 m 平面	500	80

续表

名称	规定照度所在平面	照度标准值(lx)	一般显色指数
高低压配电装置室	离地 0.75 m 平面	200	60
变压器室	地面	100	20
发电机室	地面	200	60
通信设备室	离地 0.75 m 平面	500	80
电缆廊道	地面	50	20
办公室	离地 0.75 m 平面	300	80
通道、楼梯间、厕所	地面	100	60

表 8.4-2 船闸的室外照明照度标准值

名称	规定照度所在平面	照度标准值(lx)
闸室	下游最低通航水位平面	15
闸面	地面	20
引航道	最低通航水位平面	15
管理区道路	地面	20

8.4.2 照明负荷计算及导线选择

1. 照明负荷计算

照明支线计算功率：

$$P_{js} = P_e \tag{8.4-1}$$

式中：P_e——支线装灯容量。

照明干线计算功率：

$$P_{js} = K_x P_e \tag{8.4-2}$$

式中：K_x——需要系数，办公室及生活照明取 0.8，船闸工作照明取 1。

P_e——支线装灯容量。

2. 导线截面选择及敷设

照明线路导线截面的选择应满足机械强度、载流量及电压损失等要求，一般应保证电压损失不超过 2%～5%。

船闸房建、闸室、引航道工作照明电缆及导线一般采用沿电缆沟与穿镀锌钢管相结合敷设的方式。

8.4.3 照明控制方式

照明控制既可通过 PLC 用计算机系统控制，也可通过闸首机房照明箱进行现场手动控制，因此计算机控制分为自动/手动控制两种方式。

船闸区域室外照明控制回路有 6 个：上游靠船墩照明、下游靠船墩照明、左侧闸室照明

一、左侧闸室照明二、右侧闸室照明一、右侧闸室照明二。其中，左、右闸室各 2 路照明回路分别跳接到各照明灯具，实现室内、外照明灯具全开/半开功能，方便船闸部门管理和节约电能。船闸照明二次接线原理见图 8.4-1。

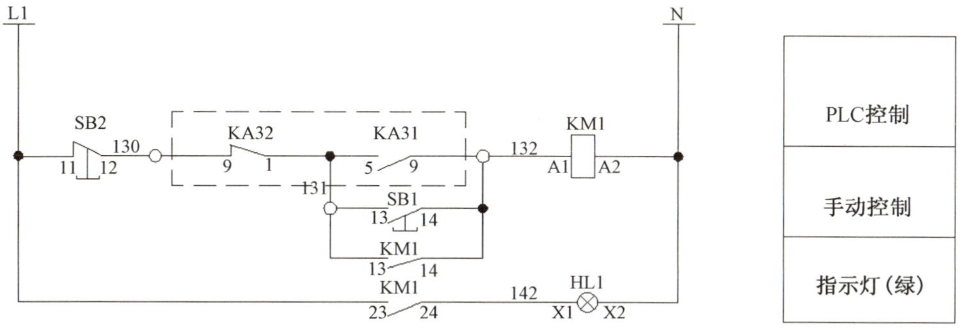

图 8.4-1　船闸照明二次接线原理图

日常使用时，船闸区域的闸室、主导航墙两侧和上、下游靠船墩室外照明均通过 PLC 实现自动控制，操作人员通过监控中心的监控主机或各闸首机房的触摸屏电脑实现对室外照明的控制，使用方便，可靠性高。各闸首机房照明配电箱上的现场分散手动控制按钮仅考虑在 PLC 故障等情况下的应急使用，故分散设置，以便于安装及日后维护，同时节省电缆。

8.5　自动控制系统

8.5.1　监控对象和控制管理模式

1. 监控对象

监控对象：船闸上、下闸首机房室内、外机电设备，主要包括：泵站电机、液压泵站(电磁阀、各类传感器等)、水位计、闸阀门(开度仪、限位开关等)、交通信号灯以及室外照明灯等设备。其中，每个闸首一侧的闸门和阀门启闭机共用一台泵站控制系统，泵站均安置在闸首机房内。

2. 控制管理模式

船闸控制管理模式结构分为三个层次：现地设备层、现地分散控制层、集中控制层(见图 8.5-1)。

(1) 现地设备层：船闸上、下闸首机房室内、外的机电设备。主要包括：电动机、液压泵站、水位计、闸阀门传感器、交通信号灯以及室外照明灯具等设备。

(2) 现地分散控制层：船闸上、下闸首机房内的控制及显示设备。主要包括：PLC 及远程 RIO、现地控制操作台、现地控制触摸屏、电机控制柜等。现地分散控制层平时主要实现船闸闸首机房监控设备的调试、维护等功能，当船闸监控中心设备或控制系统网络发生故障时，用于现地分散控制操作闸阀门，确保船闸运行安全畅通。

(3) 集中控制层：由船闸监控中心监控主机、数据库服务器及打印设备等组成，实现船闸的集中控制和协调管理。同时对船闸的运行、控制操作及故障情况进行数据管理，形成日、月、年报表，并将有关报表通过网络系统及时上传至上级管理部门。

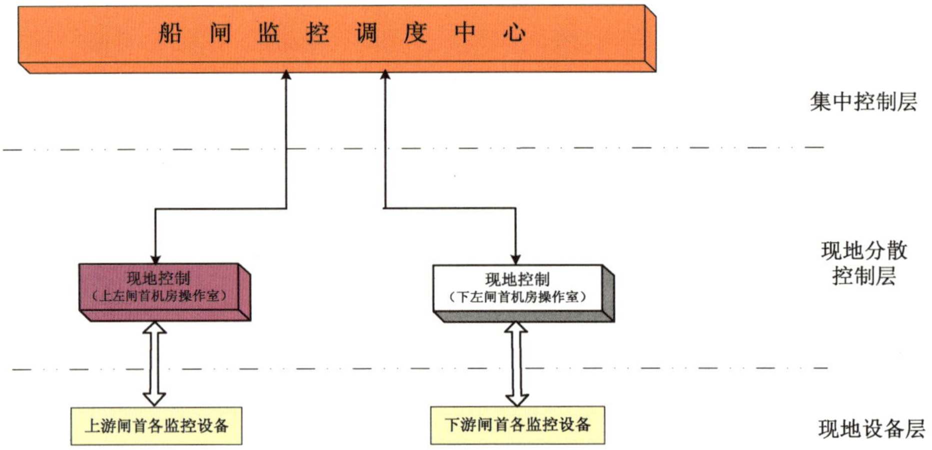

图 8.5-1 船闸控制模式结构框图

8.5.2 控制系统结构与组成

考虑到船闸控制运行的安全性、可靠性等因素，船闸控制系统采用计算机集散控制，上位机由船闸监控中心的监控主机、数据库服务器、打印设备等共同组成，实现对船闸的集中控制、数据管理、统计报表及打印功能等，下位机则由 2 套 PLC 系统分别实现现地对上、下闸首闸、阀门等机械设备的现地控制，每套 PLC 系统由一个主站和一个远程站组成，两者之间通过专用电缆相连。另外，在船闸上、下闸首机房设有用于现地分散控制操作的控制系统触摸屏和现地操作台。

由于船闸在实际运行过程中偶尔会出现 PLC 故障，为保证船舶正常通行，当 PLC 出现故障不能在较短时间内恢复运行时，还需要备用一套应急控制系统，该系统可由继电器进行控制，也可由小型 PLC 进行控制。这套系统通常用于故障检修和系统调试使用，使用频率较低，因此推荐采用继电器控制的后备控制方式，但这种方式由于布线复杂，一般不设置上下游闭锁和人工水平功能，其开闸功能安全性相对不高，其余功能正常，在实际使用时要注意不宜长时间和夜间使用。

8.5.3 控制系统网络结构及协议

控制系统采用冗余光纤工业以太网交换机将控制系统网络组成环型结构，为保证控制系统的可靠性，船闸控制系统设置一套工业以太网(见图 8.5-2)。网络通信协议采用 TCP/IP+以太网协议，通过 1 000 Mbps 全双工交换式单模光纤环网实现船闸监控中心监控主机和上、下闸首机房现地 PLC 之间的网络通信。由于光纤环网结构具有线路冗余功能，属于完全工业级的网络产品，具有电源冗余和环网切换时间≤500 ms 等优点，可极大地提高控制系统网络传输的可靠性，同时也保证数据传输的实时性。

8.5.4 控制系统方式、类型及要求

1. 控制系统方式及类型

控制方式分为远方集中/现地分散、自动/手动、程控/应急三种；控制类型分为自动、单

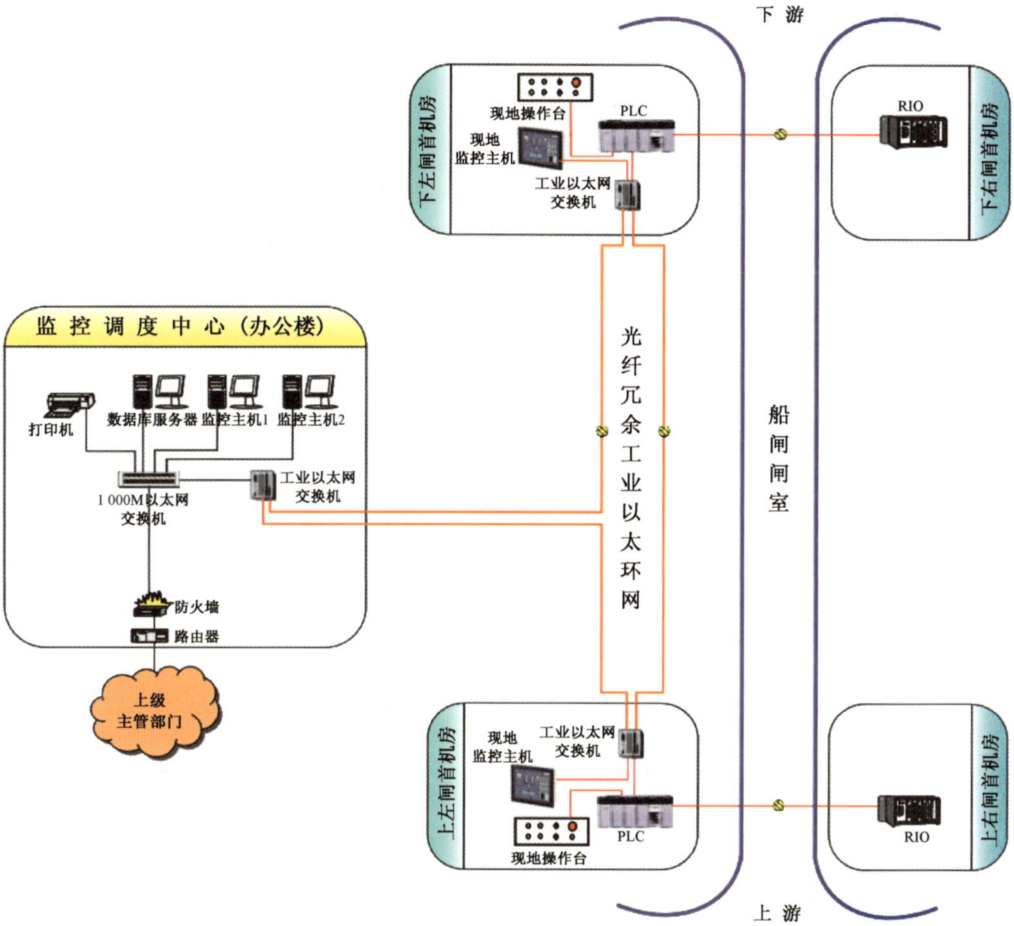

图 8.5-2　双 CPU 集散控制系统网络拓扑

项、点动三种，其中点动控制用于设备维修和调试。在进行系统软件开发时，系统控制方式经征求船闸管理使用单位意见后可做适当调整。

2. 控制系统要求

船闸运行时，集中控制系统可在监控中心实现集控自动运行和集控手动运行。集控自动运行时，集控 PLC 通过采集、判断整个船闸的运行状态，根据自动过闸运行流程，自动控制上、下闸首闸阀门的运行，实现连续过闸。船闸过闸工艺控制流程见图 8.5-3。其中，停机、急停、强落阀等操作为紧急情况下的保护措施，具有较高的操作权限等级。为保证系统和过闸船只安全运行，程序运行过程中的任何时刻都应可以进行停机、急停、强落阀等操作。停机时，控制系统暂时停止运动，但控制指令继续保持，待停机恢复后继续运行。

3. 系统故障检测与报警

为保证系统能安全可靠运行，控制系统应具有系统故障检测与报警功能。

根据故障对设备安全运行的影响，将故障分为以下 3 个等级。

(1) 非停机类故障(如水位传感器故障、一般通信故障等)。仅做报警显示，不影响系统运行。

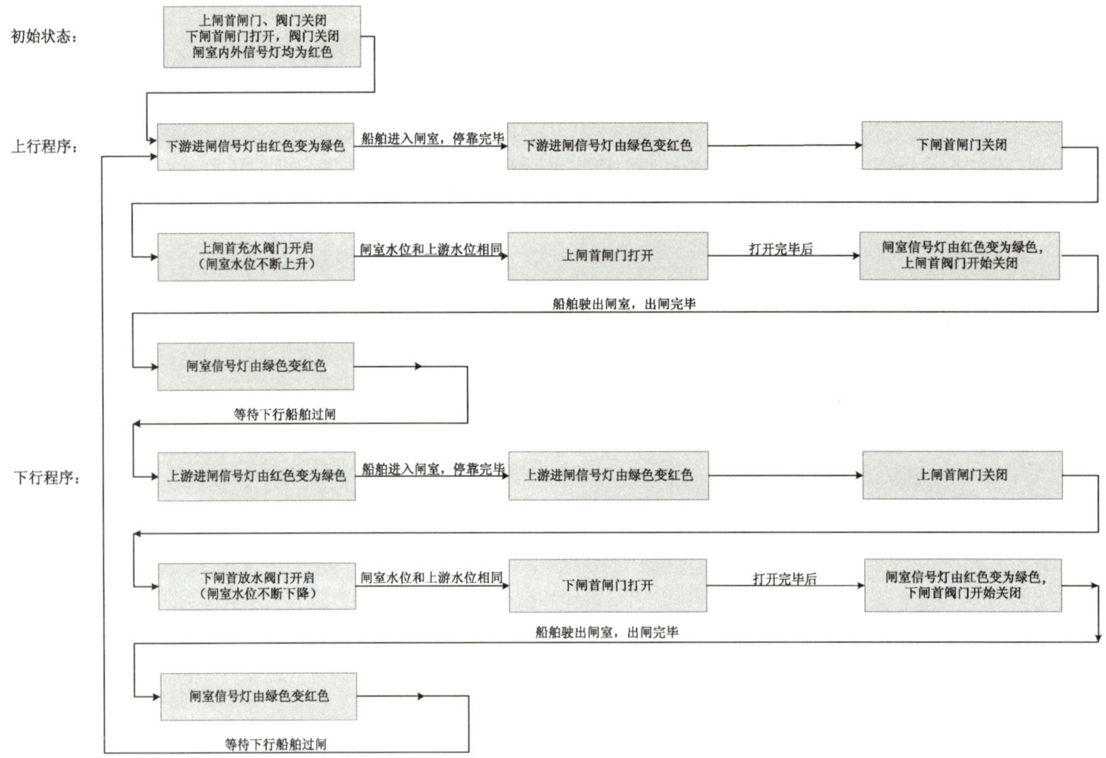

图 8.5-3　船闸过闸工艺控制流程图

（2）停机类故障（如电机过流/未启动、油温油压不正常等）。出现此类故障后，系统禁止运行；如系统正在运行，则进入停机。

（3）紧急故障（如闭锁信号丢失、集控通信故障等）。出现此类故障后，系统禁止集中控制和程序控制运行；如果系统正在运行，系统自动采用相应动作保护系统安全。

8.5.5　控制系统主要功能

控制系统主要功能应包括以下几个方面。

（1）船闸运行工况实时显示及控制画面。

（2）船闸室外照明控制及显示画面。

（3）液压泵站工作状态及参数的图形显示画面，含各电机配电回路的工作状态及参数显示、电动机保护参数显示（堵转、定时限、反时限过负荷、接地、缺相/不平衡等多种保护功能）、泵站压力和流量等参数的实时及历史曲线等。

（4）上、下游实时水位和历史水位曲线图。

（5）控制系统设备及网络设备在线监视。

（6）系统故障报警显示及报警信息提示画面。

（7）供配电系统工况图，配电房一次接线系统图、主要电力参数动态实时曲线图、各用电负荷曲线图和各用电负荷历史趋势曲线图。电力监控需具有独立的界面，且访问时需进行用户认证。

（8）船闸监控相关数据的统计及趋势分析。包括运行操作记录及统计，运行及故障报表的自动生成、显示及打印。

(9) 船闸简介及系统帮助等。

8.5.6　控制系统主要软件

1. 系统软件

控制系统计算机网络应符合国际开放式标准，船闸监控中心局域网应符合 IEEE802.3u 标准(100Base -T 快速以太网)，网络通信采用 TCP/IP 通信规约；局域网的服务器采用 Windows Server 或 Windows NT Server 等安全性高、开放性好的操作系统；工作站则采用 Windows Professional。系统软件均要求为正版软件，且为最新可靠稳定版本。

2. 应用软件

应用软件采用模块化结构，系统应易操作、维护，可扩展性好，能满足系统采集、运算、控制、显示、报警、存储、打印等功能要求。上位机主要软件采用信誉度较高、先进、实用、完全基于 Web 平台的人机界面和安全可靠的数据库软件，下位机 PLC 的编程软件应为原厂正版。所有应用软件均要求为正版软件，且为最新可靠稳定版本。

(1) 上位机(组态)设计要求如下。

组态操作界面分为“上游现地控制”和“下游现地控制”，分别对应控制上、下游的操作控制功能。界面共有“主画面”“网络通信”“模拟量”“报警状况”“照明控制”“智能泵站”“注销”7 个子链接界面。具体功能介绍如下。

① 主画面：显示闸门、阀门的运行状态，以及电机电流、水位、开度等运行参数，下半部分有闸门运行的开关动作以及应急操作按钮。

② 网络通信：显示集控室、上下游闸首的网络拓扑图。

③ 模拟量：显示系统电压、电流，运行时电机电流，上下游水位，闸门行程等模拟量参数。

④ 报警状况：显示系统电压、电机电压和电机电流的过高过低保护信息报警，限位报警(含错位)，泵站的压力、温度、油位报警，机房报警。

⑤ 照明控制：控制上下游引航道、左右闸室照明的开关。

⑥ 智能泵站：阀件工作状态、油路走向情况、系统压力及传感器参数设置等。

⑦ 注销：操作界面退出。

(2) 下位机(PLC 程序)设计要求如下。

控制系统有“程控”和“分散”两套 PLC 程序，采取程控与分散运行相结合的控制方式，设有程控与分散转换按钮，两套程序均分为“开上阀、开上闸、关上阀、关上闸、开下阀、开下闸、关下阀、关下闸”八个运行步骤进行运行控制。系统控制阀门、闸门的开关动作，充分考虑安全、联锁等要素，当检测到动力、控制电源的电压、电流，闸阀门电机电流、泵站压力、水位、油温等报警信号时，闸阀门运行动作立即停止。

操作程序分为以下几段。

① 基础功能段：包含限位开关，上下游运行，急停、暂停等信号的处理。

② 阀门控制功能段：包含阀门动作的处理信号(含阀件、接触器)。

③ 闸门控制功能段：包含闸门动作的处理信号(含闸件、接触器)。

④ 报警处理功能段：主要处理电压、电流、限位开关等报警量。

⑤ 模拟量处理功能段：主要处理电压、电流、水位、行程、压力、油温液位等模拟量的数据。

⑥ 照明灯信号灯功能段：上下游及左右闸室照明控制，LED 显示信号灯。

⑦ 应急控制功能段：应急状态下控制闸门电机、阀门电机、电磁阀、阀门比例阀、闸门比例阀。

8.5.7 控制系统可靠性

为提高系统可靠性，除了集中和现地两个层次的控制方式外，还应在电机控制柜面板上设置检修调试按钮，以实现紧急情况下对系统的操作。另外，通过在硬件和软件上实现操作互锁，使上闸首启闭机和下闸首启闭机严格按照船闸操作规程规定的程序动作工作，确保船闸可靠安全运行。

8.5.8 控制系统防雷保护

船闸控制系统中的计算机、PLC 及仪表等电气设备的信号线和电源线由室外到室内，为确保相关设备和仪表等的安全，在这些设备的信号和电源端口考虑加装防雷保护器。电源处需加电涌保护器，信号加信号防雷器。设备应通过联合接地体可靠接地，并满足《建筑物电子信息系统防雷技术规范》(GB 50343)的相关要求。

8.6 视频监控及报警系统

8.6.1 视频监控系统的一般要求

为保证船闸运行及船闸远调站收费安全的需要，从船闸高效运营管理、收费安全及调度管理等方面综合考虑，通过设置 CCTV 视频监视及报警系统，利用先进视频监视设备，加强对船闸控制、船闸收费(调度)的监视力度，直观地反映船闸重要地点的现场情况，增强安保措施，如实地显示和记录各个场所现场图像。同时，系统预留图像数据传输的网络化与远程化接口。

8.6.2 视频监控点的设置要求

船闸视频监控系统前端设备设置要求应符合表 8.6-1 中的规定。

8.6.3 视频监控系统主要功能

(1) 全天候监视船闸收费、登记及调度人员的工作过程，监视收费大厅、远调站、监控中心及闸首机房室内外附近区域人员活动状况，监视各闸首闸门及机械设备运行情况、船闸靠船墩处船舶停靠情况以及引航道船舶通航情况。

(2) 监控中心设置监控管理终端，可对系统内每个摄像机的画面进行调用和控制。

(3) 画面监视、多画面分割和画面切换功能。可以对不同监视点进行实时监视和切换。

(4) 事件联动告警功能。当发生抢劫等危险情况时，视频监视系统通过与报警系统联动，可实时报警到监控中心。

(5) 画面记录、事件查询、回放功能。结合画面记录、回放功能，可对事发现场情景进行回放。

(6) 可扩展功能，同时考虑远程浏览功能。视频图像预留网络接口，可供上级管理部门实时调用和查看。

(7) 动态监控（调度）系统。利用视频监控及电话实现船舶的远程调度及监控。

表 8.6-1　船闸视频监控系统前端设备设置要求

序号	区域	安装位置	监控要求
1	船闸	口门区、连接段	无盲区，能实现船舶船名、吃水线识别
2		候闸锚泊地	无盲区，能实现船舶船名识别
3		上、下游引航道	候船区无盲区，能实现船舶船名识别
4		闸室、闸首口门	无盲区，能实现船舶船名识别
5		设备机房出入口	能清晰显示来客的面部特征
6		启闭机等重要设备处所	能清晰显示监控设备状态
7		远调站收费、检查窗口	能清晰显示来客的接待过程和票据交易过程
8	锚泊区	进出锚地的主要航道	锚地航道 100 m 内无盲区，能实现船舶船名、吃水线识别
9	闸区陆域	大门	能清晰显示来客的面部特征
10		计算机房、监控中心出入口	能清晰显示来客的面部特征

8.6.4　视频监控系统构成及数据传输方案

视频监控系统按照高清视频方案设计，包括高清前端设备、网络传输设备、控制设备、显示设备四部分。前端设备由安装在各监视点的高清枪型摄像机、高清球型摄像机、室外专业防护设备等组成，负责图像和数据的采集及信号处理。传输设备根据传输距离和图像质量的要求可选用各种不同的线缆、接口设备。高清硬盘录像机负责接收视频信号存储、预览，同时具备以太网通信接口，将数据信号传输到所需要的地点，负责完成前端设备和图像切换的控制、云台和镜头的控制、系统分区控制和分组同步控制，以及图像检索与处理等诸多功能。显示设备根据不同的图像显示要求，选择在不同的显示设备上进行图像显示，使值班人员能够在控制中心实时直观地看到来自前端监控点的任意图像。

8.6.5　报警系统

为确保船闸收费及人员安全，在远调站室内登记、售票处均考虑安设防盗防抢报警装置。报警开关分为并联的手按式和脚踏式两种，在船闸远调站室外通过声/光报警器实现现地报警；通过多串口网络适配器及以太网交换机，利用光纤将上、下游远调站报警信号传送到闸区监控中心，通过声/光报警器实现远程报警。另外，报警装置线路通过电话线与当地“110”或附近有关公安部门水上派出所的值班室联系。

8.6.6　视频监控系统防雷

视频监视系统防雷分为设备电源防雷和信号防雷两部分。

电源防雷：在监控中心机房视频监视设备的电源总进线、远调站机房视频监视设备的电源总进线、闸首机房视频监视设备的电源进线、远调站室外遥控摄像机的电源出线、闸首机房室外遥控摄像机的电源出线等处的适当位置均安装电源浪涌保护器。此外，室外摄像机设置避雷针进行防护。

信号防雷：在远调站室外摄像机视频和控制线、闸首机房室外摄像机的视频和控制线等处的适当位置均安装信号浪涌保护器。

8.7 通信及广播系统

8.7.1 通信系统

为方便船闸各部门之间的通信联系，船闸应设置内部通信设施和对外通信设施，通信方式可分有线通信和无线通信。

程控交换机为船闸运营管理部门提供语音通信服务，船闸区域通过通信电缆连接至船闸各部门。程控交换机设备用户端口的备用量可按照实际用户的10%考虑。同时为方便船闸内部重要流动作业，可以考虑为船闸管理人员配置无线对讲机。

至远调站的语音通信通过电话光端机方式，采用单模光缆架空方式，与视频、收费等数据通信共用多芯单模光缆。

在与船舶双向信息交互的方式上，通过开发 APP 软件实现闸、船信息互通。船员可以通过 APP 软件，实现过闸信息查询、远程登记、过闸缴费、档位图查看、过闸确认、过闸服务评价等操作。同时保留甚高频、闸区智能分区广播等传统沟通方式。

8.7.2 广播系统

船闸广播系统应包括船闸运行区和上、下游远调站广播系统。

广播系统主要设备包括：广播扬声器、功率放大器、传输线路及其传输设备、管理/控制设备、传声器和其他信号源设备。

为保证广播系统结构简单、协议通用性高以及可扩展性高，采用 IP 数字广播系统，在船闸监控调度中心设置 IP 广播监控主机一套。在船闸上、下闸首机房放置前置功放，通过视频系统的网络（交换机及光纤收发器）传输音频数据，实现对船闸的分区广播、集中广播、现地广播及紧急广播等。同时，通过将自动广播语音文件安装在闸首机房现地监控主机上，与控制系统联动，实现对船闸的自动广播。

功放设备宜分别设置在船闸控制室和上、下游远调站。驱动无源终端的广播功率放大器，宜选用定压式功率放大器，其标称输出电压应与广播线路额定传输电压相同。广播功率放大器额定输出功率不应小于其所驱动的广播扬声器额定功率总和的 1.5 倍。此外，功率放大设备的布置应考虑散热和维护的需要。

扬声器的选用除应满足灵敏度、频响、指向性和播放效果的要求外，尚应考虑闸室回声的影响。高噪声和潮湿的船闸运行区域宜采用号筒式扬声器，多级船闸和多线船闸各广播系统间应防止相互干扰。当采用无源广播扬声器，且传输距离大于 100 m 时，宜选用内置线间变压器的定压式扬声器。定压式扬声器的额定工作电压应与广播线路额定传输电压相同。广播扬声器的布点应根据船闸控制工艺要求及船闸管理的需要合理布置，并分区管理。

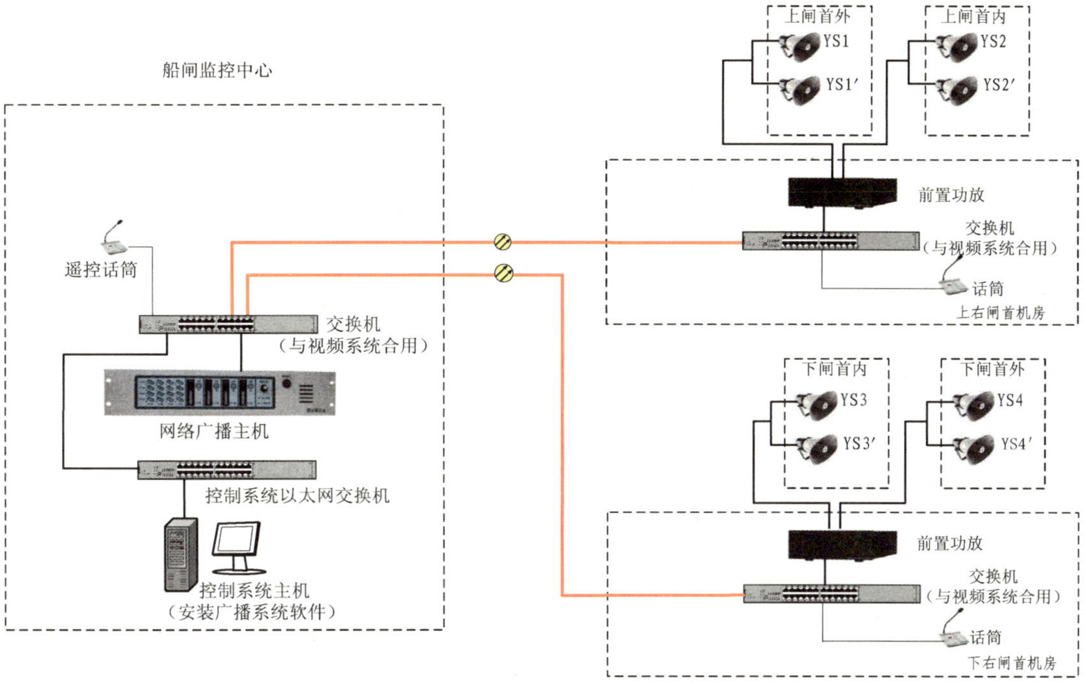

图 8.7-1　有线广播系统构成示意图

8.8　收费及调度系统

船闸收费及调度系统构成如图 8.8-1 所示。

8.8.1　收费系统

船闸收费系统网络结构采用星形结构，以船闸监控调度中心的 1 000 M 以太网交换机为核心，上、下游闸首机房的收费设备通过 100 M 以太网交换机采用光缆与船闸监控调度中心收费以太网交换机进行通信，闸首机房调度计算机通过光纤收发器采用光缆与船闸监控调度中心收费以太网交换机进行通信。监控调度中心收费以太网交换机通过防火墙、路由器等网络设备租用电信部门通信线路与位于上级管理部门的收费服务器进行收费数据通信。

8.8.2　调度系统

船舶调度应当遵循安全第一、公平公开、分类管理、兼顾效率的原则。但是要做到对船舶准确地运行调度，不管是繁忙船闸，还是非繁忙船闸，首先要知道船舶的身份和位置，才能对其进行调度，其次还要实现船舶和船闸之间的双向信息交互。

为了方便船员过闸，船闸信息系统实现了船员不上岸电子申报的功能。申报内容包

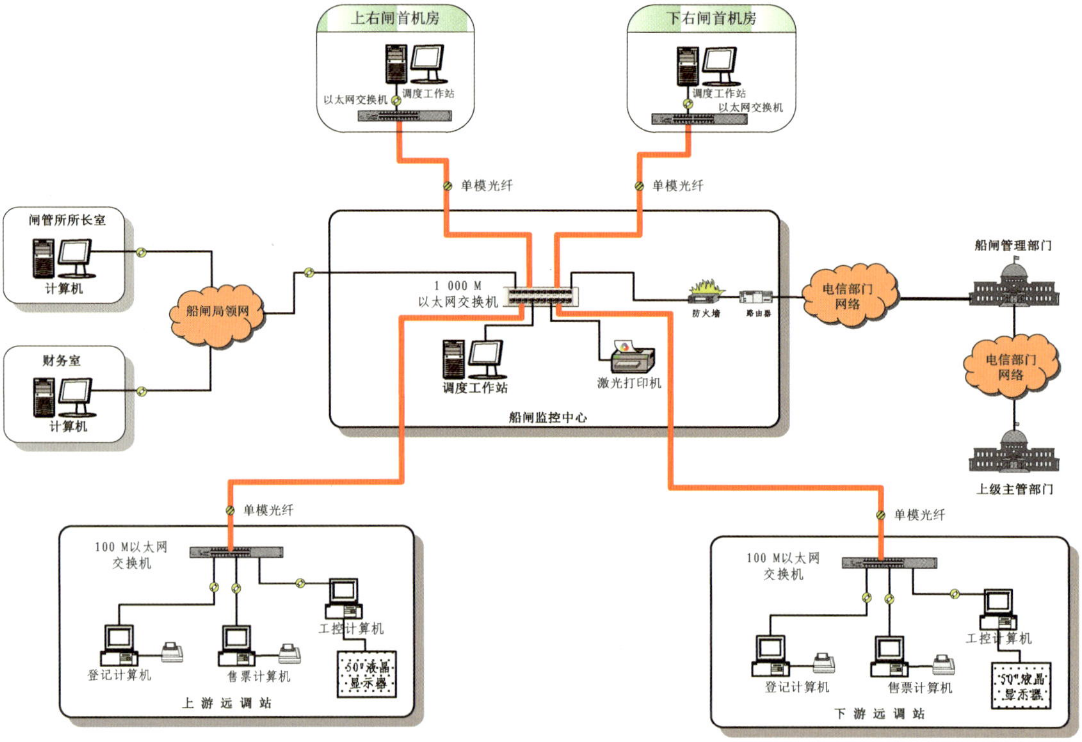

图 8.8-1　收费(调度)系统构成示意图

含:船舶名称,船舶类型,船舶始发港、目的港,船舶主尺度、船舶最大平面尺度,装载货物种类,船舶总吨、核载吨位、实际载货 / 客量,船舶吃水、船舶水面以上高度,合法有效的船舶证书,船舶设备故障情况,是否申请优先过闸等信息。

在完成运行调度软件的开发后,充分利用计算机的数据统计和处理功能,根据日常船闸统计需求,完善运调系统的统计分析和辅助决策等功能,数据统计周期应满足航道管理部门和船闸运行单位的实际管理需要。

8.9　典型工程案例

苏北运河航闸智能运行系统是苏北运河航道综合信息系统工程的核心组成部分,通过信息化手段实现了对苏北运河航道、船闸、船舶的全过程、全方位的监控和管理。系统主要包括船闸调度、航道管理、船民服务、综合保障四大部分,主要解决船舶过闸智能调度、船舶行为监管、以免停靠过闸为核心的船民服务、综合监管保障四方面问题,涵盖智能辅助过闸调度、综合支付平台、诚信档案、多闸联合调度、过闸智能监控、动态船舶监测、船闸综合保障、电子航道图、航道断面立体分析、通航能力辅助分析、航运信息采集、信息发布平台等多个子系统,见图 8.9-1。系统通过对船闸运调管理的研究和全航段运行数据分析,建立了智能排档算法的数学模型,在保证“秩序优先兼顾效率”的原则下,实现了船闸计算机智能排档和自动调度,提高了闸室利用率,消除了人工调度下人情调度的灰色空间。

智能运行调度提高了船闸闸室有效面积的利用率,规范了船舶待闸和进闸秩序,提升

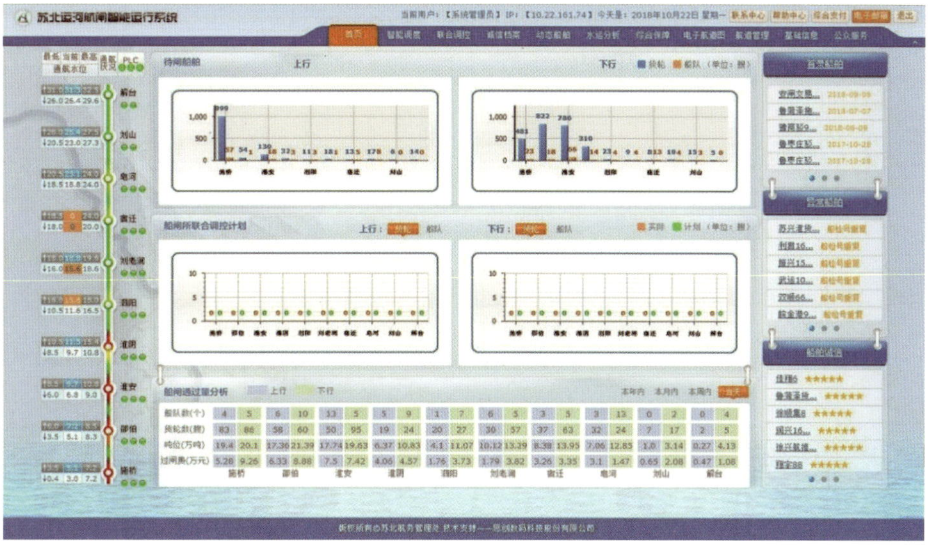

图 8.9-1 苏北运河航闸智能运行系统

了船闸通行效能，缩短了苏北运河船舶过闸时间。自苏北运河推广应用以来，船闸通过量、过闸费收入得到很大程度的提升：一是通过能力相当于苏北运河全线各梯级新建 0.5 座现代化二级大型船闸。以 2015 年 4 月 14 日—20 日的统计数据为例，苏北运河日平均通过量达 719.4 万 t，比同期待闸量情况下的平均 657 万 t 净增长 9.5%。二是闸室利用率得到极大提高。皂河船闸在使用智能调度系统后，日均通过量达 90.05 万 t，增长 6.51%，在 4 月 11 日通过量达 97.6 万 t；刘山船闸在使用智能调度系统后日均通过量达 60.72 万 t，达到历史最高水平。平均闸室利用率达 85%，提高了 10%以上，部分闸次闸室利用率达 94%。

以上数据表明，在不改变苏北运河船闸硬件设施的前提下，通过多闸智能排档技术的推广使用，在闸室平均利用率方面可比以往人工调船增加 10～20 个百分点，并通过在闸外按档位图编组来降低由船舶进出闸时间带来的影响，最终提升 8%的船闸通行能力，相当于苏北运河 10 个梯级全部新建 0.5 座现代化大型船闸的年设计通过量。

智能运行调度系统对运行调度决策、过闸业务、便民服务等多方面都提供了更快捷、更高效、更精准的服务。2016 年 11 月 11 日，苏北运河航务管理处研发并在 404 公里苏北运河全线船闸全面推广“船讯通”应用软件；2018 年，全线“船讯通”用户已突破 3.1 万。“船讯通”是建立在“苏北运河航闸智能运行系统”基础上，为苏北运河在航船舶免费提供便捷过闸的智能服务平台。通过智能手机下载安装“船讯通”APP 软件，实现与船闸指挥调度系统的信息交互，船员可以自主实时掌握苏北运河通航、调度、缴费等信息，能有效提高船舶过闸效率、提升船闸服务水平。船员每到一闸不再上岸缴纳规费，采用“船讯通”手机银行支付，“船讯通”能准确及时地推送待闸情况、闸次计划、过闸轨迹、通航公告、过闸预告和通航信息，方便航运企业和船员合理安排运力，降低船舶的营运成本，船员节省了从待闸区开船到船闸远调站办理过闸手续的燃油消耗。

第九章 房屋建筑与景观工程

9.1 房屋建筑与景观工程设计的主要原则

房屋建筑与景观工程需根据船闸功能需求、总平面布置以及与周边建筑物的关系等进行合理科学的设计，并遵循以下主要设计原则。

（1）系统性设计原则

船闸房屋建筑与景观工程应与船闸主体工程相匹配，并充分考虑远景扩展需求。从规划阶段开始，充分调研船闸所处地区的地域文化，确定项目的风格定位；从科学便捷的角度出发，对船闸管理区（以下简称闸管区）进行合理的场地规划设计，充分利用场地资源；从人性化设计的角度出发，增加适宜的功能配置；从安全舒适的角度出发，为船闸使用者提供美的享受，同时提高通航安全性。

（2）绿色生态设计原则

船闸房屋建筑与景观工程设计坚持绿色生态理念，充分体现人与自然的和谐相处，最大化地降低对资源的消耗，实现对环境的保护，为人们的生产、生活提供健康、舒适的空间。有效利用可再生资源，减少不可再生资源的使用，营造舒适健康的生活环境，实现社会经济与生态环境的协调发展。

（3）适应性设计原则

闸管区的部分或全部房屋建筑与景观工程位于船闸主体工程开挖后的回填土之上，位置较为特殊。房屋建筑与景观工程设计应根据船闸主体工程的实施方案，结合周边地形地貌，综合考虑，统筹布局。

根据船闸主体结构特点和回填土特性，综合确定房建基础和上部结构。回填土与房建工程存在以下三种情况：①房建工程全部位于回填土上；②房建工程部分位于回填土上，部分位于原状土上；③房建工程全部位于原状土上。针对前两种情况，设计时应先对地基进行处理，然后逐层回填到设计标高，避免因先回填后开挖导致地基承载力不满足设计要求而再次进行地基处理的情况；对于第三种情况，应首先根据原状土的特性，选取合理经济的基础类型，其次再考虑地基处理。

9.2 房屋建筑与景观工程设计的创新理念

9.2.1 绿色生态

房屋建筑与景观工程设计运用“绿色生态”理念，遵循因地制宜原则，依据自然环境科学组织安排，实现建筑与周边环境和谐共生，利用绿色资源以及科技创新满足项目建设生态发展的要求。

船闸房屋建筑作为船闸主体系统的重要组成部分，以绿色、生态、低碳理念指导设计。首先，绿色生态设计可以提升船闸使用的环境品质，打造舒适、美观、安全的自然环境，改善船闸使用者的工作、生活环境。其次，通过绿色生态设计提升资源重复利用率，减少资源损耗，一定程度上延长资源使用年限。另外，通过绿色生态设计，合理构建科学的建筑体系，降低运营成本，一定程度上减少资源的再投入。

船闸景观生态设计的创新包括设计方式的创新、生态系统观念的转变、绿色生态技术的创新等。通过充分利用和保护现有自然资源，维护生物的多样性和植物的生态平衡，营造与周边环境协调的景观，打造自我平衡的可持续景观，使整个船闸景观系统形成良性循环。每个船闸都是航道中的重要节点，通过挖掘地方特有的文化寓意，巧妙突出当地的历史人文特色，丰富景观底蕴，打造文化品牌，提高绿色生态空间韧性，相比传统的绿化景观，能够更高效地增加生态效能。

9.2.2 科学节约

在结构设计的过程中，可以从以下几个方面对项目工程造价进行合理有效的节约：第一，结构设计选用受力合理、传力明确、易于实施、抗震性能良好的钢筋混凝土框架结构体系和基础类型；第二，选取环保、耐久、轻质的材料，尽量选用建设所在地和附近方便采购的材料和制品，便于因地制宜和就地取材，节约运输成本；第三，在设计文件中明确交代能降低造价和加快工期的细节，如在混凝土中掺加一定的外加剂，屋面现浇板的模板采用胶合板等；第四，对构造设计细化和具体化，从概念设计入手，以规范规定的构造要求和结构分析计算结果为依据，保证结构具有良好的整体性和足够的强度。

9.2.3 美学与文化传承

船闸房屋建筑与景观工程不仅承担着船闸运行的管理功能，还具有美化区域环境的重要意义：一方面要保证设计后的房建及景观能够给予使用者较强的美感；另一方面要注重与周边环境的相互融合。在设计中需要充分尊重地域文化性，注重城市历史文脉的传承和文化宣传。结合不同城市的文化底蕴和内涵，采取不同的方式来呈现船闸项目的文化性，让其成为地方的一张“名片”。

现今的生态园林推行的是“人与自然和谐共处”的核心价值，通过艺术表现自然，协调建筑、构筑物之间的关系，满足恢复自然的强烈需求，提供优美的生产和生活环境、人与自然和谐共处的高品质生态空间是景观美学的呈现。在景观设计过程中，注重当地的自然、人文历史特色在设计风格中的有机渗透，根植于船闸所在地的地域特色，依托当地乡土文化，体现特定的文化内涵、历史寓意，美学和文化和谐统一，以体现船闸的时代感和现代化水平，绘就和谐相融新画卷。

9.3　房屋建筑与景观工程设计

9.3.1　建筑设计

1. 总平面布局

总平面布局是船闸房屋建筑与景观工程设计的关键，主要解决总平面布置、竖向设计、绿化布置、道路交通等问题，并符合经济指标要求。根据闸管区建设地块的地形地貌、地势以及与项目周边环境的关系，确定闸管区出入口、建筑朝向、建筑高程、周边道路、景观营造等。闸管区的空间形态需与城市周边道路、周边建筑等相呼应、协调、统一。内部交通流线设计要确保闸管区与城市交通系统规划布局进行有效协调联系，空间的开放性应得到充分保障，各出入口应便捷高效地与外部进行沟通。总平面设计应避免不同性质的车流、人流等动线的相互影响，从而更好地满足场地内部的流线需求，实现内部与外界的合理交流互动。

总平面设计除了要考虑闸管区的使用功能要求外，还应充分考虑建筑的形象、建筑附属物的基本要求、运营维护的实际需求、可能存在的安全隐患问题、远期的发展需求、长期运行的承受性等，重点考虑场地内各功能区的互补性和互动性。

2. 办公楼设计

办公楼是闸管区的主要建筑，在房建区起到统领全局的作用。随着现代化建设的发展进程，综合楼向着更加综合化、绿色化、信息化的方向发展，为使用者提供更加高品质、高效率、多功能、人性化的办公环境。

办公楼内部的功能组织和流线设计，需做到动静分区、功能明确。在办公空间与其他空间的关联上，应以尽量短的流线联系门厅接待、办公区、卫生间、辅助功能及配套用房，合理区分访客流线及停留区、办公流线、后勤流线，做到不同人流的合理组织。通过在建筑方面的设计，创造优质的办公环境，使人员的工作灵感得到激发。同时可通过共享空间的有效融入，更好地为人们提供舒适高效的办公环境。

办公楼的层高根据各区域不同功能需求进行合理设计，且充分考虑结构、设备、装修对层高的需求，确保装修完成后的使用空间净高适宜。

3. 建筑与环境融合

船闸建筑设计既要体现水运工程的文化主题，体现时代特征，又要反映建设地地域特点，尊重地域的历史与文化，用各种设计元素系统地组织，构建办公、活动和休闲环境。以历史文化为环境艺术设计的灵魂，以新材料、新技术为环境艺术设计的时代精神，立足创新思维，张扬独特个性，融入历史文脉，注重整体和谐美观、功能优化实用。

9.3.2　结构设计

1. 上部结构体系

根据建筑功能的划分，闸区内主要建筑单体为调度办公楼、宿舍楼、辅助用房等。同时，为满足管理需求，需设置闸首机房。

办公楼和宿舍楼多为独立的结构体系，一般采用混凝土框架结构。设计时应首先进行现场踏勘，然后根据地勘报告和各专业提资等相关要求进行结构设计。

闸首机房一般位于闸首边墩上，采用框架结构。设计时，应注意以下三点。

(1) 闸首机房的框架柱主筋插入下部闸体结构内，如图 9.3-1 所示。设计时应考虑闸体的结构布置型式和结构尺寸，定位框架柱，确定框架柱的截面尺寸，并注意框架柱的主筋在闸体内的锚固长度应满足现行规范要求。

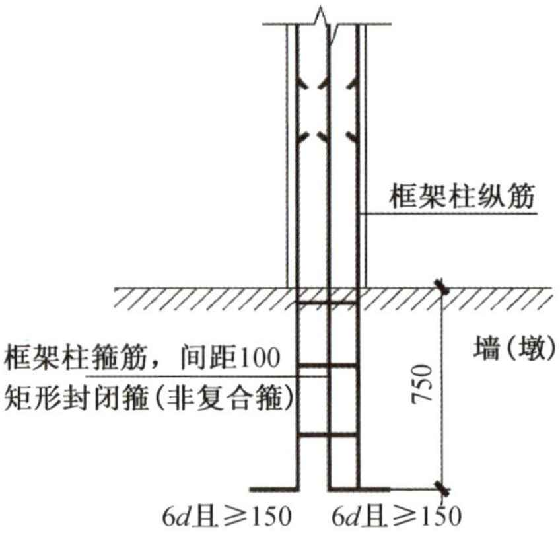

图 9.3-1　柱插筋示意图(单位:mm)

(2) 机房楼面或屋面梁承受启闭机荷载，由工艺或其他相关专业提资，按照梁荷载施加，并设置启闭机吊钩预埋件。图 9.3-2 以 5 t 吊重的启闭机为例，示意吊钩做法。

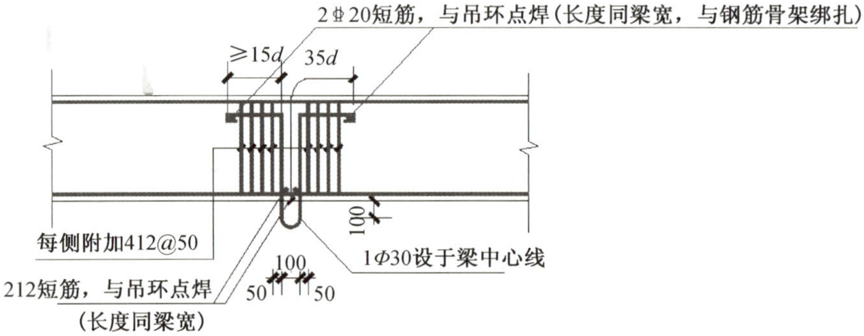

图 9.3-2　启闭机吊钩示意图(单位:mm)

(3) 柱插筋和吊钩预埋件设计时，应及时与闸体相关专业对接并相互提资，在闸体结构的混凝土浇筑之前完成插筋和预埋工作，以免出现后锚固情况。

2. 基础设计

闸管区内地基土层主要存在以下特点：上层多为新近吹填或回填土，为高压缩性、低强度地基土，尚未完成固结，不能直接作为持力层。因靠近水域，有时存在软弱下卧层，且分布较厚。根据实践经验，在东部沿海地区多存在盐渍岩土，固结较好的土层一般埋深较深，各土层分布相对稳定，场地孔隙潜水水位受潮汐涨落影响明显，承压水头较高，抗浮设计水位较高。

船闸主体结构施工时，需对原状土进行开挖、放坡。因放坡角度较大，房建区可利用场地较小，建筑单体往往处于主体开挖线之内。基于以上原因，当建筑单体层数不多，且整体建筑全部位于水工结构开挖线之内时，基础设计可采取先处理后回填的方法，即从表层土开始开挖至固结稳定的原状土，后分层回填压实至基础底标高。压实填土的填料和检测要求应满足《建筑地基处理技术规范》(JGJ 79)。

当建筑单体部分在开挖线之内、部分在开挖线之外时，如图 9.3-3 所示，在此种情况下，可在每层设置沉降后浇带，待沉降完成后浇筑后浇带内的混凝土。

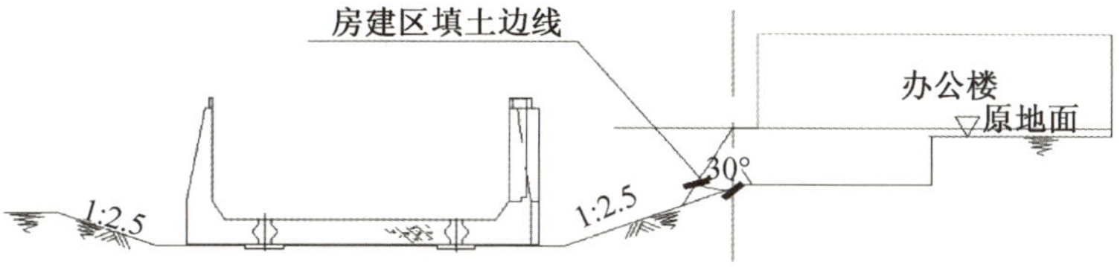

图 9.3-3　建筑单体部分在开挖线之内示意图

当建筑单体全部在开挖线之外时，应优先考虑采用浅基础，以固结稳定的原状土作为持力层。

3. 跨线廊桥设计

跨线廊桥一般位于两侧闸首机房之间，跨过整个闸室，是工作人员的行走通道，通过支座与机房的框架梁或者框架柱连接，如图 9.3-4 所示。因廊桥跨度较大，一般采用钢桁架结构。

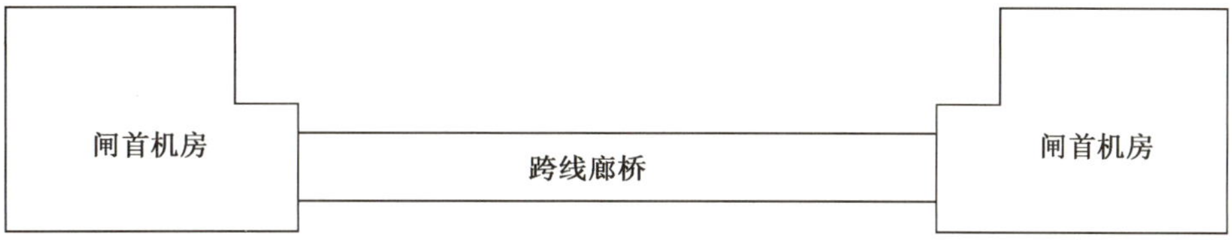

图 9.3-4　跨线廊桥平面布置图

设计时按照《建筑结构荷载规范》(GB 50009)中的规定选取风荷载体型系数。当体型复杂时，可通过风洞试验确定体型系数。同时准确定义桁架支座与闸首机房结构的连接方式，使计算模型与实际受力情况吻合。

9.3.3　给排水设计

1. 节水器具应用

应用节水器具在船闸房屋建筑节水措施中是最简单易行的技术方案，主要器具包括：无水小便器、自动冲水大便器、节水水龙头、节水冷却器、水温调节器及节水型淋浴器、节水喷灌器等。其中，节水水龙头通过停水自动关闭，节水量为 33%～60%；两档节水型排水坐便器节水量为 20%～30%；水温调节器及节水型淋浴器节水量为 50%左右。

2. 生活热水制备

在经济快速发展而能源日渐短缺的今天，太阳能作为可再生能源，其节能、环保、经济、安全等优势日益凸显。太阳能在平原地区可作为有效的热水热源，在设计阶段，就应考虑太阳能集热器[见图 9.3-5(a)]与建筑外立面或屋顶的结合问题，选择适宜的太阳能热水方案。船闸房建工程设计中的常规太阳能热水方案是太阳能集热系统与燃气或电锅炉共同组成热源。供应系统设计优先考虑利用太阳能热水，在太阳能制热不足的情况下开启辅助热源补充供水，系统可在不同监测点的设备上安置流量、温度、湿度传感器进行实时信号采集，实现智能化控制。

随着能源的综合利用，太阳能与地源热泵的耦合工作系统也是太阳能热水系统的发展趋势，即充分利用空调系统向外界排放的废热对热水储水箱进行预热，利用空调废热加热生活用水，在空调负荷大、使用时间较长的船闸地区可推广使用。

除此之外，利用空气源热泵系统[见图 9.3-5(b)]制备生活热水在气候炎热的地区应用也较广，随着产品的不断进步，传统的机组效率低下、因极端天气而不能正常运行等问题已得到妥善解决，新机组的开发，采用循环式的加热方式，可以解决防冻的问题，保证热水机组的正常使用。

(a) 太阳能集热器

(b) 空气源热泵系统

图 9.3-5　热水系统示意图

3. 污水处理回用

针对建筑单体，污水的回用途径正在逐步多样化。对建筑污水的回用已经不仅仅局限于“管对管”的直接回用，而是倾向于间接回用于景观水体。一方面，良好的水生态景观能够改善环境质量；另一方面，降低回用风险，提高大众对污水回用的接受性。

一体化污水反应器(见图 9.3-6)具有结构紧凑、占地面积小、处理后出水水质稳定、有较强抗冲击负荷能力和操作管理方便等特点，能够满足船闸房建工程中小流量的污水处理要求。综合考虑船闸房建场区的大小和用途，核心工艺选择采用一体化膜反应(MBR)处理技术，其具有占地小、管理简单、运行成本低等优点。与此同时，相比于传统活性污泥法也有明显的提高出水水质的优势，MBR 工艺前增设缺氧区或厌氧区的组合工艺在脱氮除磷的效果上更为有效。消毒技术往往以臭氧为主，易于实现自动控制，占地面积小，即开即用。以上两级串联的接触氧化极大地增强了系统的抗冲击负荷能力，保证了出水水质。

4. 场地雨水排放

场地雨水通常采用管道排水，汇集后经沉淀处理后排入水体。但由于船闸工程建设的特殊性以及地形高程差等因素，往往导致雨水排入水体存在困难，为此需要在设计时复核雨水管线埋深的标高和优化雨水管线的排布，在非汛期河水水位低时可在出水口位置采取

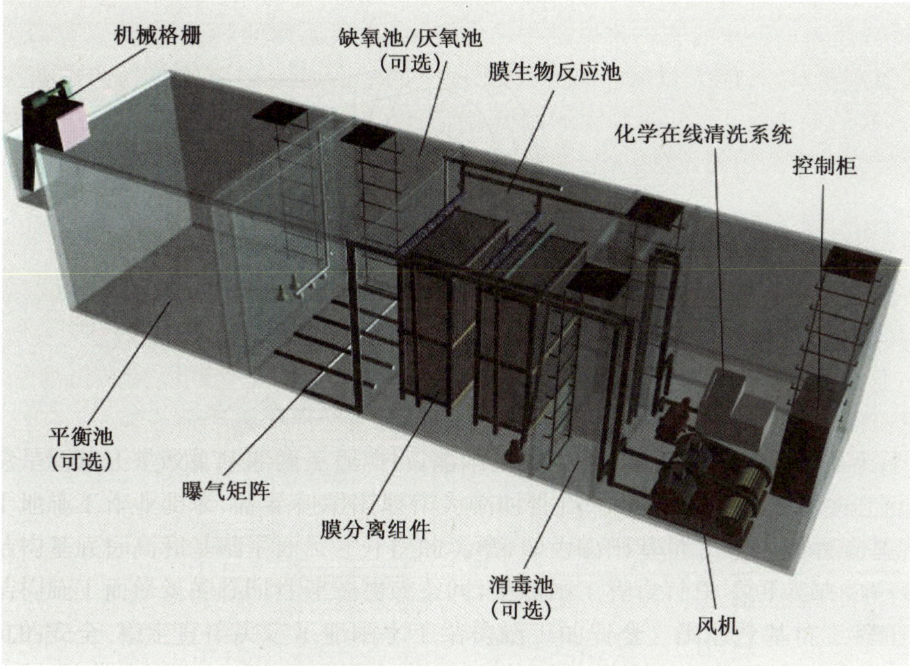

图 9.3-6　一体化污水处理反应器系统图

防冲刷、消能、加固等措施，避免对岸坡的影响；而在汛期河水水位高或雨水量大时可设置自吸排污泵，雨水由其强排至水体内，出水口处设鸭嘴阀或拍门满足顺流与止回的要求；其他无特殊情况时雨水均自流入附近水体。

9.3.4　暖通设计

1. 空调设计

建筑能耗的主体是暖通空调系统的能耗。暖通空调系统的节能要求主要是控制设备的能效比、管网系统的输送效率和设置能量计量以及系统用电分项计量、自动控制系统，优化实际运行用能等方面。

在船闸房屋建筑空调节能设计中，应注重以下几个方面：房间内的温度、湿度、风速、新风量等参数应符合现行国家标准《民用建筑供暖通风与空气调节设计标准》(GB 50736)的规定；选择相关设备时，应执行国家有关产品能效限定值标准，如选用多联式空调(热泵)机组时，其能效值 IPLV(C)必须达到《多联式空调(热泵)机组能效限定值及能效等级》(GB 21454)第 1 级；建筑物处于部分冷热负荷或仅部分空间使用时，采取有效措施节约通风空调系统的能耗。以节能为出发点，细分空调区域，区分房间的朝向、使用状况等，分别进行空调系统的组成、系统和自动控制系统的设计，实现冷热源、相关输配系统在部分负荷下的调控，保证高效、低耗运行。

2. 新风热回收技术

船闸房屋建筑新风的引入是改善室内空气质量、提高室内人员舒适性的重要途径。新风负荷作为空调负荷的组成部分之一，一般占空调负荷的 30%～50%，冬季甚至会超过

60%。由于供暖空调区域排风中所含的能量十分可观，为了减少新风能耗，可设置高效的热回收系统，使室外新风与室内排风进行热交换，对新风进行预热或预冷，这样既能满足对新风量的卫生要求，又能大量减少在新风处理上的能源消耗。新风系统热回收方式有很多，不同方式的效率高低、设备费用的高低、维护保养的繁简各不相同。目前，新风系统中的热回收装置大多采用板式热回收装置、转轮式热回收装置和热管式热回收装置，热交换率在 60%～70%之间。

9.3.5 电气与照明设计

1. 智慧照明

船闸工程房建单体主要由办公楼、综合楼、食堂、宿舍楼、机修间及闸首机房等组成，可通过对面积较大的办公楼、综合楼及食堂等单体设置智慧照明来实现节能。

对上述单体的公共区域，如走廊、办公室、会议室、食堂等设置智慧照明系统，可根据人流量自动控制灯具的状态，避免人走后房间灯具一直打开从而造成能源浪费的情况。智慧照明网络架构如图 9.3-7 所示。

智慧照明控制系统节电率可达 20%～40%，可控制任意回路连续调光或开关；可接入各种传感器对灯光进行自动控制；可通过人体红外线检测实现对灯光的控制，如人来灯亮、人走灯灭(暗)；对某些场合可根据室外光线的强弱调整室内光线，实现恒照度控制；可与楼宇智慧控制系统联网。

光源为智慧照明系统的重要组成部分。LED 光源作为最新型的光源，具有节能、环保、寿命长、维护成本低、不频闪等优点。在满足照度要求的前提下，LED 光源比传统荧光灯功率更低，更为节能，且 LED 光源不含汞、钠元素等可能危害健康的物质，安全可靠，因此建议采用 LED 光源作为照明主光源。

2. 光导管技术

光导管技术可有效降低建筑物照明能耗，实现建筑的节能减排。日光照明系统是将阳光进行前端捕捉，然后通过反射管道向下改道，透过安装于天花板上不同的反射面(漫射器)，将自然光均匀分布到建筑内部的区域，可以与日常照明系统结合使用，在晚上或阴天仍然由日常照明系统提供光源(见图 9.3-8)。日光照明系统基本不涉及能耗，通过可调的管道设计，以最小的建筑结构改变，满足安装需要。

与智慧照明类似，可在船闸工程办公楼、综合楼、宿舍楼及食堂等单体屋顶安装光采集器，经过反射管传输至室内，实现自然光照明。为船闸单体提供亮度可控的日光照明，提供自然、舒适、柔和、均匀的日光方式，更接近于自然。

3. 光伏发电技术与充电桩

光能作为自然界中极易获得的一种清洁能源，在现实生活中有着广泛应用。针对船闸工程项目特点，可在船闸单体屋顶设置光伏面板，面板朝南布置，将所发电能全部接入配电房，用于房建单体日常用电。

随着新能源汽车的普及，在船闸工程车位处，利用部分停车位进行充电桩建设，充电桩电源从配电房引入或由当地国家电网建设运营。

4. 亮化照明

自光源的发明至今，照明技术得到了快速发展。功能性照明是为保证视觉效果而提供

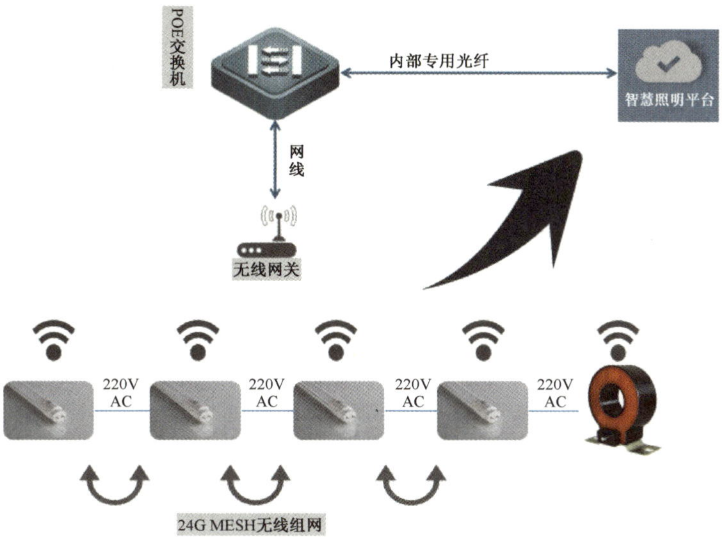

图 9.3-7　智慧照明网络架构图

图 9.3-8　光导照明示意图

的必要照度;亮化照明则是运用灯光来创造以观赏为主的艺术景观。

船闸工程的亮化照明主要分为两部分:建筑亮化照明和景观亮化照明。

由于船闸单体面积较小,复杂的建筑亮化照明设计反而会适得其反,对船闸建筑的亮化设计可采用线条灯与投光灯相结合的方式。

沿船闸建筑的屋檐外侧,缠绕一圈线条灯,同时在建筑的四个角设置垂直的线条灯,对建筑的整体轮廓进行勾勒;同时在建筑外侧墙面或柱面采用投光灯自下而上进行打亮,光源色温可采用暖光源,更为温馨舒适。

对景观部分而言,具体的亮化方案需结合景观专业的设计图来进行对应设计,主要采用庭院灯、草坪灯、射树灯、地埋灯等不同功能的灯具对景观进行夜间点亮。原则是优先在园路附近每隔 25 m 左右设置庭院灯,在乔木附近设置射树灯,在景观小品附近设置投光灯，最后再配以草坪灯点缀，庭院灯、射树灯可采用暖光源，草坪灯采用冷光源，使得在不同光源色温的对比之下更有层次感，从而保证夜间照明效果。

亮化照明灯具均采用LED光源，室外灯具防水等级须达到IP65及以上，且采用24 V直流电源供电，保证安全性。

9.3.6 景观设计

1. 规划设计

(1) 统筹考虑项目区位、现状总结、上位规划，梳理空间、文化、结构等因素，确定特色目标。挖掘设计元素，分析船闸建成后绿化的利弊和现有绿化的生长情况，结合存量营造植物生态群落的循环与稳定，注重生态群落与周围环境的共生共融，做到整体、协调，坚持生态平衡原则，执行贯穿整体的生态景观规划设计。

(2) 场地绿地竖向标高，可结合道路设计标高及现场原始地的标高确定，主要考虑场地排水的通畅，避免与道路高差太大，同时也需注意节约土方回填量。

(3) 从最早期单一的绿化设计到今天的生态景观规划，不仅是绿色景观的创造，更重要的是新自然景观的创造，提供生态廊道，保护有限环境。从苗木品种、规格、形态、施工要求等方面创造和谐的生态系统。

2. 上下游引航道景观

(1) 生态性：统筹利用沿河区段已有和便于养护的植物品种进行造景，根据航道土质、通航要求、河流冲刷以及生态护岸型式等进行总结研究，注重植物的多样性，避免病虫害的传播泛滥，做到绿化防护与工程防护相结合。

(2) 安全性：依据冲刷情况，因地制宜地选择相应生态护岸型式，统筹考虑纵断面变化，保证生态护岸的稳定，确保植物株距、高度、规格，以防船舶碰撞。通过参数化设计模拟船员视线效果，确保色彩、层次、变化等缓解视觉疲劳的效果，确保安达到全要求。

(3) 景观性：立足于现状条件，通过景观的色彩、材质、造型、尺度布局等综合元素，突破传统的护岸模式，考虑开合、高低变化，打造多层次景观设计，形成视觉效应。

3. 堤头绿化

设计时应重视艺术化地呈现自然的意趣，不仅在大面积区域，在小节点三角地带堤头区域也要重视营造水生植被多层次群落景观，突出堤头色彩，选择多年生、根部发达、水源涵养能力强、可粗放管理的当地植物品种，赋予船闸活力、亲和力和生命力。

4. 闸管区景观设计

(1) 地形改造与土方平衡：中心场区面积较大，但是植物生长的条件较差，土方造景的时候，需于结构设计前期沟通明确荷载量以保证地形及排水的稳定，因地制宜，尽可能减少土方的填挖工程量，环境整治时注意与土建施工的实际情况相结合，达到工程综合最优。

(2) 绿色生态的绿化设计：对原有苗木进行移栽，在满足绿量的前提下，结合乡土品种，搭配能吸收(降低)过闸船舶尾气中所含的有害气体(如吸收CO_2、NO_x，降低SO_2等)的植物，对烟尘、灰尘以及交通噪声可起到减轻并防治污染的作用，净化和改善大气的环境质量。满足视线诱导和通透功能，平面布置宜简洁，选择生长慢、不易退化、抗逆性强、根系对土方深度要求有限的花灌木或低矮乔木，便于后期管养和对船闸主体的保护，实现绿色窗口、形象窗口的提升目标，达到标杆性门户船闸的效果。

5. 办公区景观设计

(1) 精细化景观设计:办公区景观主要搭配建筑营造主题鲜明、环境优美的景观空间,包括入口区域、办公区以及远调站,一般以烘托办公楼景观为主。生活区则以提升生活乐趣、丰富业余生活的休闲活动区景观为主,树种以落叶搭配常绿混合设计,结合微地形丰富色彩,错落布置。规格以大乔木为主,搭配色彩丰富的花灌木,特色突出,天际线和视觉效果最佳。局部搭配景石营造意境,弱化建筑与周边环境的隔离感,并且对建筑起到衬托作用,实现"一步一景"的园林效果。

(2) 文化景观特色:航道方面对船闸景观设计提出了更高的要求,不仅是修复绿化,更多的是通过参考城市休闲景观空间进行打造。因此,对办公区、出入口等重要节点区域进行文化融合提升,综合考虑本地区的历史、人文、精神特色,围绕景观特色化、绿化园林化,使得绿化与船闸整体景观相得益彰,在满足功能需求的同时,通过对建筑的造型、装饰以及园林设计来展现区域文化,保证全线景观品质。

9.4 典型工程案例

9.4.1 谏壁船闸

谏壁船闸位于镇江市谏壁镇西南、京杭大运河江南运河段,地处长江和京杭大运河两道黄金水道的"十字"交汇口,是沟通长江与南北运河的咽喉,也是江南运河唯一直达通江的船闸,素有"江南第一闸"之美称。谏壁船闸常年担负着苏、鲁、皖、沪、浙、鄂、川等 13 个省、市船舶过往、航行的任务,其货运量及船舶的密集度在我国水运主通道中占有极为重要的地位,是沟通南、北两段京杭运河最便捷和最安全的水运主通道。

图 9.4-1 谏壁船闸建筑与景观实景图

随着国民经济的快速发展，船闸景观设计不仅仅是满足船舶通航的需要，更是一道靓丽的风景线。谏壁船闸的航运文化标识体现在船闸生态护岸、航运文化主题展示、航运成就展示、航运历史文化展示，以及灯塔、航标、雕塑等展现新时代大运河航运精神的标志性设施等方面。绿化采用近自然、植物多样性、群落式营造方式，实现了四季常青、环境优美，被评为江苏省园林式单位。谏壁船闸景观的塑造是对一段水域环境的提升，更是打造运河文化和长江经济带的一个突出亮点和文化地标，将航运文化刻入运河文脉，一路传承(见图 9.4-1)。

9.4.2 邵伯船闸

邵伯船闸枢纽位于江苏省扬州市江都区邵伯镇，拥有三座大型现代化船闸，是京杭大运河苏北段由南向北的第二个梯级，扼江淮之要冲。邵伯船闸枢纽是全国第三大船闸枢纽，排名仅在三峡大坝和葛洲坝之后。

图 9.4-2 邵伯船闸建筑与景观实景图

邵伯船闸的景观(见图 9.4-2)结合古镇和建筑的特色，设置"大河昌隆"文化墙、景观水池和廉政文化大道(见图 9.4-3、图 9.4-4)等，把船闸的历史底蕴与文化带建设相融合，更好地展示航道文化及船闸的千年历史，成为航道精神传承的桥梁与纽带。邵伯船闸坚持走以生态优先、绿色发展为导向的船闸高质量发展新路子，积极投入京杭运河绿色航运示范区建设，让生态优势成为发展优势，因地制宜，串点成线、以线带面，绿化以乡土植物群落性自然空间的打造、船闸自然空间的保护和修复为主，构建船闸生态空间生物多样性绿廊，相连成网。

在节能减排方面，邵伯船闸利用所处地理位置远离市区、光照充足的优势，综合分析闸区建筑的朝向及屋顶面积，在闸区招待所顶部设置了 340 m^2 的分布式太阳能光伏发电站(见图 9.4-5)。光伏发电机组的装机容量约为 60 kW，经逆变后接入闸区配电房，用于闸区日常用电。统计数据表明，邵伯船闸日均用电量约为 512 kW·h，按此计算，太阳能光伏电站的发电量将超过整个船闸机电设备运行 50%以上的用电量。同时，邵伯船闸的闸区照明改用太阳能路灯，在建设绿色航运示范区的道路上迈出了重要一步。

图 9.4-3　邵伯船闸景观节点打造(一)

图 9.4-4　邵伯船闸景观节点打造(二)

图 9.4-5　邵伯船闸太阳能光伏使用

在亮化照明方面,邵伯船闸的亮化方案与景观布置紧密结合,采用庭院灯、草坪灯、射树灯、地埋灯等不同功能的灯具对景观进行夜间点亮。庭院灯、射树灯采用暖光源,草坪灯采用冷光源,使得在不同光源色温的对比之下更有层次感,从而保证夜间照明效果。

9.4.3　运东船闸

通扬线运东船闸位于江苏省高邮市南郊,是省“两纵五横”干线航道网中连接京杭大运河和通扬线航道的重要节点枢纽,被誉为“里下河门户船闸”。工程全面营造富有人文、历史、园林气息的景观,与现代化的船闸设备设施交相辉映,相得益彰,形成了一座环境优美、绿色人文的现代化船闸,船闸闸区对外开放,让周边市民共享船闸发展红利,受到当地政府及周边居民的充分肯定。

图 9.4-6　运东船闸鸟瞰图

图 9.4-7　运东船闸通航图

运东船闸属于改线船闸，分为南、北两个区域，入口处即地块的东面为大块景观绿化区，沿路景观良好。地块中间的大片区域为由船闸综合楼、综合办公楼和值班楼围合形成的一个中庭，地块的西面为辅助用房区域，泵房、机修间、配电房集中放置于此。整体建筑以中式风格为主，与周边建筑群的色彩及风格相协调。景观设计以中式园林的春夏秋冬四季为主题，移步异景的景观风格改变单调常绿，形成季相变化分明的景象。闸区内设置小桥亭台、雕塑假山，乔木以香樟、榉树、银杏为主，花灌木以樱花、桃花、海棠、桂花为主，打造园林式船闸景观，为大运河文化带建设展示出一张亮丽的扬州航道名片，实现了闸区从最初的“绿化”到现在的“美化”“园林化”“生态化”的转变。

第十章　导助航及附属设施

10.1　设计主要原则

10.1.1　导助航设施

导助航设施设计应合理地对内河助航标志标牌进行功能定位和布局，充分适应内河航运需求；坚持统筹发展的原则，处理好导助航设施布置与安全、畅通、标准化之间的关系，注重与船闸的总体布置相协调；坚持“以人为本”的服务理念，通过导助航设施设计，进一步提高船闸基础设施建设水平，实现既服务于船民又服从于管理的需要。

具体设计原则如下。

(1) 导助航设施应满足通航条件及航运功能需要，充分利用自然水深，符合船闸、航道尺度，做到灯质、标位准确，满足视觉要求。

(2) 导助航设施配布时应注意航标间的有效配合，根据船闸两侧地形，充分利用岸标稳定可靠的优点，尽量设置岸标。

(3) 船闸标志应当注意干支河流的连贯、衔接，明确船闸的方向与界限。

(4) 船闸标牌应进行总体布局，防止出现信息不足或过载的现象，避免出现自相矛盾的内容。

(5) 船闸标牌应设置在航行正面方向最容易看见的地方，优先在船舶通行的右侧设置，也可根据需要设在船闸上方。

10.1.2　附属设施

船闸附属设施作为船闸工程的组成部分，在整个工程中投资占比小，但对保证船闸的安全运营意义重大。船闸工程附属设施的设计应符合安全、科学、实用、美观的设计原则，具体概括如下。

(1) “安全畅通、科学合理”的设计原则

附属设施与船闸使用者的安全息息相关，设计应时刻把安全放在第一位，充分考虑使用者的需求和习惯，布置科学合理，提供及时、安全、有效的服务，保障船闸的安全畅通。

(2) “以人为本、服务至上”的设计原则

船闸附属设施应处处体现“以人为本”的设计理念，在细微之处体现对使用者的体贴与

关怀，综合考虑附属设施的安装、使用、维护及功能扩展等需求，通过附属设施的设计为使用者提供最大限度的方便。

（3）“因地制宜、环保美观”的设计原则

船闸工程附属设施设计须考虑项目的区域特点，与自然环境相协调，精心设计，充分结合自然地形、地物，实现船闸工程附属设施与自然环境的和谐，展示项目区域自然人文风光、地理特色，达到经济发展和环境保护的和谐统一。

10.2 主要类型

10.2.1 导助航设施

导助航设施包括内河助航标志、内河安全标志和标牌等，所包含的各项内容互相配合、互相协调，是船舶航行安全、内河航运效益提高的重要保障。

航行标志是指示航道方向、界限和碍航物的标志，包括侧面标、左右通航标、示位标、桥涵标、节制闸标、横流标、界限标、过河标、沿岸标、导标、过渡导标、首尾导标、间接导标、泛滥标等。

标牌可根据内容的不同，分为指向牌、地名牌、分界牌、桥梁信息提示牌、预告牌、宣传牌等。

10.2.2 附属设施

船闸附属设施作为船闸工程重要的组成部分，在整个工程中的投资占比较小，但对保证船闸的安全运营、提高船闸的通航效率、提高船闸结构的耐久性意义重大。随着我国内河航运事业的蓬勃发展，船闸建设、管理、养护、使用各环节对船闸附属设施提出了更高的要求，经济社会发展也对船闸工程提出了更高的环保、节能、美观等要求。

船闸附属设施主要类型为：系船设备、安全防护和检修设施、信号和标志、控制、通信、动力和照明、环境保护、消防和救护等。具体包括：系船柱、系船钩、护栏、护舷、护面、爬梯、水尺、控制系统、照明、通航安全标志和消防等内容。

10.3 设计创新理念

10.3.1 导助航设施

根据船闸现场条件及航运需要，有重点地进行导助航设施设计，以“为船民服务，以人为本”为方向，实现航标维护管理智能化模式，为“航标数字化”“船闸标准化”建设创造条件。船闸工程导助航设施创新设计具体内容如下。

（1）标志标牌配布灵活、有效。研究标志标牌对交通的引导作用，在关键地点增设可变信息版，增加公共信息（异常天气、交通事故等）发布的内容。

（2）根据船舶夜晚航行时不开照明系统的特点，标牌具有主动发光功能，电源采用太阳能电池板。

（3）航标基础多采用岸标，根据现场情况调整航标高度。

10.3.2　附属设施

船闸附属设施的设计根据现场情况及实际需要，因地制宜，坚持方便船民、便于管理、环境美观等设计思路，船闸附属设施创新设计具体内容如下。

(1) 根据船闸实际需要增设防护设施。如在闸室表面增设钢板护面，在分段缝处设置角钢，在护岸顶部圆弧处设置钢包角等。

(2) 设计理念与时俱进。如水尺材质为大理石，栏杆材质为不锈钢，闸室两侧采用彩色道路，路灯杆采用可倾式等。

10.4　典型工程案例

10.4.1　导助航设施

1. 主动发光标牌

考虑主动发光标牌具有低能耗、高效率、安全方便、光线穿透力强、可视距离远、可适应各种恶劣气候条件等优点，并参照公路工程标志标牌经验，通扬线航道整治工程九圩港二线船闸采用主动发光标志(见图 10.4-1)，经过三年的运营，管理人员及船民反映效果良好。

图 10.4-1　九圩港主动发光标牌

2. 示位标

示位标标示岛屿、浅滩、礁石及通航河口等特定位置，供船舶定位或确定航向。秦淮河长江口示位标在为来往船舶指引航向的同时，结合南京鱼嘴公园的周边环境，实现了“因地制宜，环境美观”的设计理念，该示位标采用了中国建筑中的“木阑干”“斗拱”“灯笼”等元素，具有古典建筑的典雅气质，与滨江风光带景色交相辉映(见图 10.4-2)。

图 10.4-2　秦淮河船闸上游引航道长江口示位标

3. 侧面标

侧面标设在浅滩、礁石、沉船或其他碍航物靠近航道一侧，标示航道的侧面界限；设在水网地区优良航道两岸时，标示岸形、突嘴或不通航的汊港。位于苏申内港线的侧面标，该标体直径 1.0 m，考虑到周边视野开阔，为确保船民看见，标体高度为 6 m，标体颜色采用左白右红的设计（见图 10.4-3）。

图 10.4-3　侧面标

4. 界限标

界限标设置在船闸闸室两端和上、下游靠船段末端，标示允许船舶安全停靠的界限。界限标标体高度约 4 m，标杆上端安装菱形标牌一块，标牌面向来船方向。考虑潮湿环境中反光膜的反光效果和防腐蚀的要求，标体采用三级反光膜。标杆为白、黑色相间斜纹，标牌为白底、黑边，中间为黑色横条一道（见图 10.4-4）。

图 10.4-4　界限标

10.4.2　附属设施

1. 系船设施

在船闸闸室和靠船墩、锚地的靠船建筑物靠船一侧，为方便船民停靠，设置系船设施。考虑闸室水位变幅较大，闸室一般采用浮式系船柱，其余部位一般采用固定系船设施，其中墙顶采用系船柱，墙体采用系船钩。系船设施如图 10.4-5 所示。

图 10.4-5　系船设施

2. 闸室钢板护面

传统坞式闸室临水侧为混凝土墙面，设置钢护木防护，经过长期运营，船舶摩擦、碰撞，墙面凹凸不平，严重影响闸室使用寿命及美观。在通扬线运东船闸扩容工程及通扬线航道整治工程九圩港二线船闸设计过程中，通过在闸室墙面设置钢板护面，有效防止由船舶摩擦、碰撞导致的闸室墙损伤，提高了闸室的耐久性(见图 10.4-6)。

图 10.4-6　闸室钢板护面

3. 局部防护

针对结构分缝及结构顶部尖角部位易受船舶碰撞损坏的情况，在结构分缝处设置角钢，在结构顶部尖角处采用圆弧钢包角。如秦淮河洪蓝船闸在闸室结构缝及顶部采取局部防护，起到了很好的防护效果(见图 10.4-7)。

图 10.4-7　闸室结构缝及顶部局部防护

4. 水尺

传统的水尺材料多为铸铁结构，使用久了容易生锈、脱落，影响美观。随着船闸美观要求越来越高，近年来水尺开始采用大理石(见图 10.4-8)、不锈钢等材质。

图 10.4-8　大理石水尺

5. 不锈钢栏杆

传统的钢筋混凝土栏杆存在损坏难以修复、修复周期长、影响美观等缺点。近些年，为优化船闸景观效果，在船闸工程中均采用了不锈钢护栏，既起到防护作用，又兼顾景观效果。

图 10.4-9　闸顶不锈钢栏杆

6. 彩色道路

随着乡村自驾游的兴起，彩虹公路成为了许多地方的网红景点。借此设计理念，焦港船闸、张家港二线船闸等闸室两侧的道路参照彩虹公路采用彩色路面，为船闸管理区增添色彩。

图 10.4-10　闸墙后铺装的彩色沥青道路

7. 可倾式路灯杆

考虑到市政工程中采用的可倾式路灯杆的优点，近些年船闸工程逐步采用了此类灯杆。该灯杆含固定灯杆座，固定灯杆座通过可倾式传动机构与活动灯杆座连接，在活动灯杆座上安装灯杆。杆件上部灯杆可方便地倾倒，通过内置的铰接机构和升降弹簧车结合，使杆体下降至地面，以便维护。灯杆的装配和调试可在地面完成，无需攀高进行维修，也无需使用昂贵的高价专用设备，令运输、安装、维修均十分方便。

图 10.4-11　可倾式路灯杆

第十一章　施工围堰与基坑

无论是新建还是改扩建船闸工程项目，船闸主体工程（闸首、闸室等）都需要干地施工。为满足干地施工作业要求，需要利用围堰作为临时性挡水建筑物对施工现场进行围护，按照船闸结构基底标高和基础平面尺寸开挖的坑槽，即为船闸基坑。船闸围堰或基坑是为船闸主体结构施工而修筑的临时性建筑物或空间，是船闸工程设计中不可或缺的一部分。围堰和基坑的安全、稳定直接决定了船闸水工结构施工的安全。围堰及基坑工程正确、科学的设计，不仅能带来巨大的经济和社会效益，而且能对加快施工进度、保护环境发挥重要的作用。近年来，随着水运工程建设市场的蓬勃发展，越来越多的新结构和新工艺也被运用到船闸围堰和基坑等临时工程上来。本章将对平原地区船闸工程施工围堰和基坑的相关内容做详细阐述。

11.1　围堰与基坑设计的主要原则

1. 围堰设计主要原则

船闸围堰是围护船闸施工现场进行干地作业的一种临时性挡水建筑物。围堰的设计应遵循以下原则。

(1) 围堰的平面布置应满足船闸工程施工和堰内道路交通要求。围堰的布置应保证船闸水工建筑物有充分的干地施工场地，但面积不宜过大，以使基坑维护工作量尽量少。同时需考虑施工过程中施工机械等设备进出场的便捷性，尽可能利用地形、永久建筑物等有利条件以减少围堰的工程量。

(2) 围堰宜选择在地基较好、基础易于处理的位置。围堰是临时性挡水建筑物，在保证施工场地的干地施工条件下，应考虑到地基的条件，尽可能避免设在软弱土基或多裂隙和强风化的岩基上，以减少渗漏和保证围堰的稳定。

(3) 围堰结构型式应根据工程水文、地质、地形条件，材料来源和施工条件等因素经技术经济比较后确定。围堰结构应满足结构稳定、防洪、防渗漏、抗冲刷要求，并满足构造简单，便于施工、维护和拆除等要求。结构型式宜优先选用土石围堰或板桩围堰。

(4) 围堰与岸坡的联结要安全可靠，不致因集中渗漏等破坏作用而引起围堰失事。围堰作为临时挡水建筑物应重视与相邻结构的衔接，相应的处理方法应根据相邻建筑物的结构型式，地质、地形条件来综合选取。

2. 基坑设计主要原则

船闸基坑的作用是给船闸水工建筑物结构顺利施工创造条件。基坑的设计应遵循以下原则。

(1) 安全可靠

基坑工程的作用是为船闸水工结构地下工程的敞开开挖施工创造条件。首先,必须确保基坑工程本体的安全,为地下结构的施工提供安全的施工空间;其次,基坑开挖可能会给周边的建筑物、地下构筑物和管线带来一定影响,甚至会危及周边环境的安全,所以基坑工程设计必须要确保周围环境的安全。

(2) 经济合理

基坑支护结构体系主要作为一种临时性结构,在水工结构施工完成后即结束使命。因此,在确保基坑本体安全和周边环境安全的前提条件下,应尽可能降低工程费用,要从工期、材料、设备、人工以及环境保护等多方面综合分析经济合理性。

(3) 技术可行

基坑支护结构设计不仅要结构体系简单,而且要能够实施便利、造价经济。例如设计方案是否与施工机械相匹配(如地下连续墙的分幅宽度是否与成槽设备的宽度相匹配),施工机械是否具有足够的施工能力(如地下连续墙成槽机械的成槽深度、搅拌桩施工机械的有效施工深度),支撑的布置是否合理等。

(4) 施工便利

基坑的作用是为船闸水工结构提供施工空间,因此,基坑支护结构和边坡稳定就必须在安全可靠、经济合理的原则下,最大限度地满足施工便利的要求,尽可能采用合理的支护方案以减少对施工的影响,保证施工工期。

(5) 可持续发展

基坑工程设计不仅要考虑节能降耗,减少对环境的影响,还要考虑可持续发展。在技术、经济可行的条件下,尽可能采用支护结构与主体结构相结合的方式,支护结构作为闸室、导航墙或分水堤等结构的部分或全部,充分利用支护结构的工程价值,节省成本;在设计中尽可能少采用钢筋混凝土支撑,减少支撑拆除所造成的噪声、扬尘污染、废弃材料处置等难题;采用锚杆时不能超越施工临时用地红线;采用加筋材料可回收利用的围护型式(类似于型钢水泥土搅拌墙),围护结构的加筋材料可以循环利用,并能减少对以后地下空间利用的影响,尽可能少用易污染环境的注浆材料;在技术可行的情况下,尽可能地减少施工降排水。

11.2 总体布置

11.2.1 围堰及基坑标准确定

1. 围堰设计标准

围堰设计标准主要包括围堰级别和防洪标准的确定。围堰级别的划分主要根据保护对象的级别(即永久建筑的级别)、失事后果、使用年限和围堰工程的规模进行划分。当围堰工程根据相应指标分属不同级别时,应以其中最高级别为准。在确定了围堰级别后，相应围堰结构采用的防洪标准则根据围堰类型（土石结构或混凝土、浆砌石结构）和围堰级别综合确定。

2. 基坑设计标准

船闸基坑的设计标准主要是确定其相应边坡工程及支护结构的安全等级。总体上是根据破坏后果的严重性、边坡类型、边坡高度等因素进行等级的划分。确定了相应的安全等级，便为后面基坑设计中相应的重要性系数以及各类稳定性安全系数提供了依据。

11.2.2　围堰布置及基坑类型选择

1. 围堰布置

根据围堰与水流流向的关系，围堰平面布置分为横向围堰和纵向围堰。围堰平面布置通常会根据船闸闸位和相邻水利枢纽的位置关系确定。当船闸和相邻水利枢纽分别位于不同河道中时，船闸建设可利用现状枢纽导流（航），上、下游侧只需要设置横向围堰即可，如图 11.2-1 所示。当船闸和相邻水利枢纽位于同一河道中时，为保证现有枢纽的导流（航），船闸建设时需要在上、下游侧及顺河向分别设置横向围堰和纵向围堰，如图 11.2-2 所示。

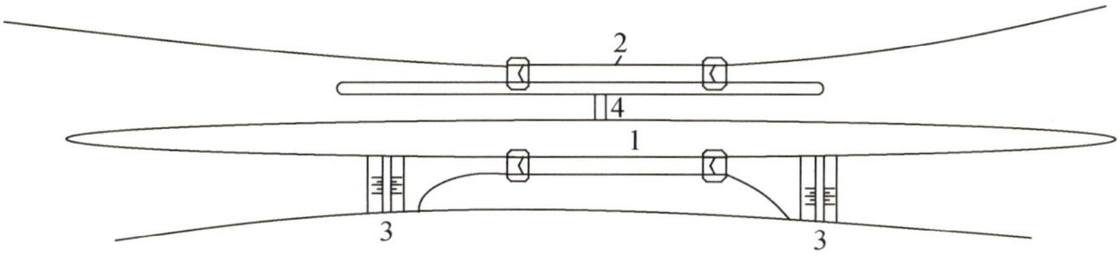

1—新建船闸；2—已建船闸；3—横向围堰；4—枢纽。

图 11.2-1　围堰布置图（一）

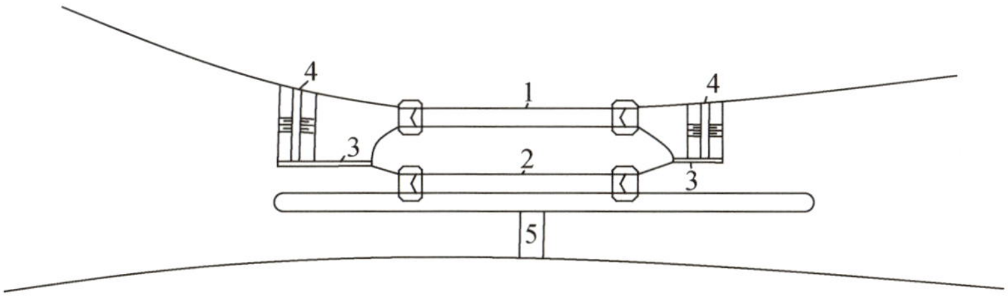

1—新建船闸；2—已建船闸；3—纵向围堰；4—横向围堰；5—水利设施。

图 11.2-2　围堰布置图（二）

2. 基坑类型的选择

船闸主体结构的基坑根据其开挖支护条件主要分为全放坡开挖、全支护开挖、半放坡半支护开挖三种类型。当船闸所处闸位场地开阔，周边又不存在需要保护的建筑物时，基坑首选全放坡开挖型式，这样从时间和空间的角度来看都有利于施工开展，同时也节省了工程投资，如图 11.2-3 所示。当船闸所处闸位场地极其狭窄，施工条件有限，周边建筑物复杂，土质条件无法满足放坡开挖的边坡稳定性时，基坑则选择全支护开挖型式，该基坑型式是在边界条件十分复杂的情况下做出的选择，这种型式的布置必然会给施工进度和空间方面带来不利的影响和一定的限制，同时工程投资也相应增加，如图 11.2-4 所示。当船闸的建设条件处于以上两种情况之间时，即单侧或局部存在条件限制，选择进行相应的支护，当其余部分满足放坡开挖的条件时，便形成了半放坡半支护开挖的基坑型式，该类型的基坑对于施工时间、空间及工程投资的影响也是介于前面两种类型之间的，如图 11.2-5 所示。

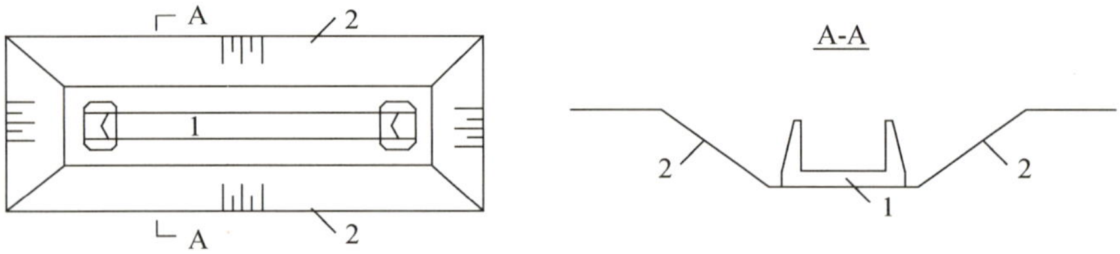

1—船闸主体；2—开挖边坡。

图 11.2-3　全放坡开挖

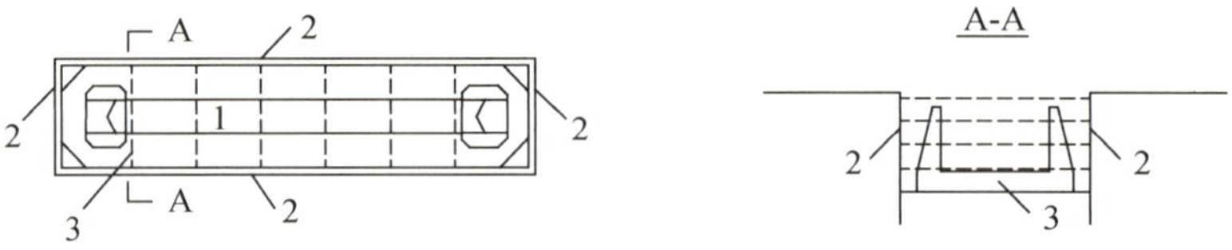

1—船闸主体；2—垂直支护；3—内支撑。

图 11.2-4　全支护开挖

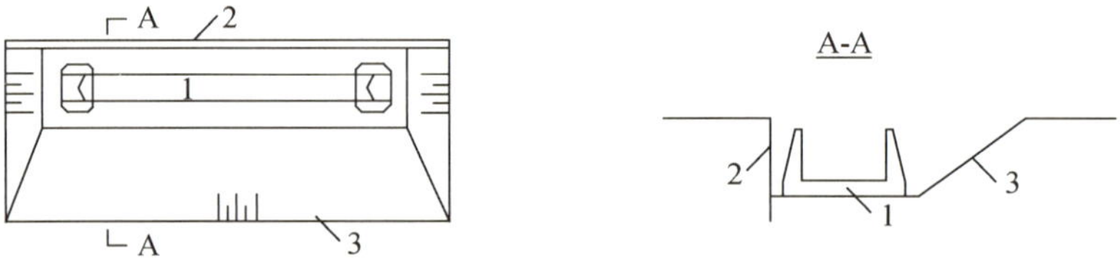

1—船闸主体；2—垂直支护；3—开挖边坡。

图 11.2-5　半放坡半支护开挖

11.3　围堰主要结构型式

1. 土石围堰

土石围堰可直接利用主体工程开挖装运设备进行机械化快速施工，是我国应用最为广泛的围堰型式(见图 11.3-1)。土石围堰多用作上下游横向围堰，它能充分利用当地材料，对基础适应性强，施工工艺简单。按基坑是否允许淹没分为过水围堰和不过水围堰。不过水围堰应用较为广泛，过水围堰需做好溢流面、围堰下游基础以及两岸接头的防冲保护措施。土石围堰的防渗结构型式有斜墙式、斜墙带水平铺盖式、垂直防渗墙式及灌浆帷幕式等。

图 11.3-1　土石围堰

2. 混凝土围堰

混凝土围堰是用常态混凝土或碾压混凝土建筑而成的(见图 11.3-2)。混凝土围堰宜建在地质较好的土基或岩石地基上。其特点是挡水水头高、底宽小、抗冲能力大、防渗性能好、占地范围小、堰顶可溢流,而且可与永久建筑物相结合作为坝体或闸室体的一部分。混凝土围堰结构有重力式、拱形等型式。

图 11.3-2　混凝土围堰

3. 钢板桩围堰

钢板桩是带有锁口的一种型钢,其截面有直板形、槽形及"Z"形等,有各种大小尺寸及联锁形式。单排钢板桩围堰是常用的一种板桩围堰,其优点包括:施工速度快,容易打入土层;可在深水中施工,隔水性能好;能按需要组成各种外形的围堰,并可多次重复使用,造价较低(见图 11.3-3)。

图 11.3-3　单排钢板桩围堰

双排钢板桩围堰指利用钢板桩锁口处的止水效果较好这一特点，向水中打设两排钢板桩，同时在两排钢板桩间设置拉杆，中间回填黏土，从而形成的一种能挡水的重力式支护结构(见图 11.3-4)。双排钢板桩具有止水性强、变形小、可回收利用、造价低等优点，在保证工程安全的前提下，不仅可减少土方填筑总量，还能达到绿色环保的目的。

图 11.3-4　双排钢板桩围堰

11.4　基坑主要结构型式

基坑根据其施工、开挖方法可分为无支护开挖基坑与有支护开挖基坑。

11.4.1　无支护基坑

无支护放坡开挖的施工方法经常应用在施工场地空旷且周边无需要保护的建筑物及地下管线的情况下。一般施工期较长的，边坡坡度需要放缓一些；比较高的边坡，常需采用台阶式放坡，以提高边坡的稳定性。

11.4.2　有支护基坑

有支护的基坑工程，其支护结构主要包括：土钉墙、重力式水泥土墙、地下连续墙、连排灌注桩、型钢水泥土搅拌墙、钢板桩及钢筋混凝土板桩。

1. 土钉墙

土钉墙（见图 11.4-1）具有以下优点。

(1) 施工工艺简单，对基坑形状适应性强，造价较低，可实现敞开式开挖。

(2) 支护结构有较好的柔性。

(3) 墙面密封性好，可防止水土流失及雨水、地下水对坑壁的侵蚀。

(4) 施工占用场地较小。

(5) 穿透卵石、漂石及填石层的能力强。

其主要缺点是土钉长度较长，需占用部分基坑外地下空间，而且土方开挖与土钉施工交叉进行，对现场施工组织要求较高。

图 11.4-1　土钉墙基坑支护

土钉墙适用于地质条件为填土、黏性土和弱胶结砂土且处于地下水位以上的情况，一般用于对周边环境保护要求不高且开挖深度不大于 12 m 的基坑工程。由于土钉墙主要靠土钉与土层之间的锚固力保持基坑的稳定，因此在以下土层中的基坑不适宜采用土钉墙：含水丰富的粉细砂、中细砂及含水丰富且较为松散的中粗砂、砾砂及卵石层等；黏聚力很小、过于干燥的砂层及相对密实度较小的、均匀度较好的砂层；有深厚新近填土、淤泥质土、淤泥等软弱土层的地层及膨胀土地层。另外，由于土钉墙对基坑变形控制不明显且需占用部分基坑外地下空间，因此对于基坑附近有地下建(构)筑物、土钉长度无法满足要求的也不适宜采用土钉墙。

2. 重力式水泥土墙

重力式水泥土墙是以水泥为固化剂，通过喷浆施工将固化剂和地基土强行搅拌，形成连续搭接的水泥土柱状加固体挡墙(见图 11.4-2)。

重力式挡墙的优点是水泥土桩可作为基坑的封闭防渗帷幕，隔水效果较好，而且墙体清理相对比较容易。

其主要缺点是墙身需占用较大空间，结构变形较大，施工对邻近环境影响也较大。

水泥土重力式墙一般应用在软土地基中。当基坑工程周边环境保护要求不高且软土地基开挖深度不超过 7.0 m 时，可采用水泥土重力式墙。当周边有要求环境保护时，其基坑不宜超过 5.0 m；当基坑周边 1～2 倍开挖深度范围内存在对沉降和变形要求较高的建筑物时，不宜采用。

图 11.4-2　重力式水泥土墙基坑支护

3. 地下连续墙

地下连续墙是采用原位连续成槽浇筑形成的钢筋混凝土围护墙，具有挡土和隔水的双重作用(见图 11.4-3)。

图 11.4-3　地下连续墙基坑支护

地下连续墙墙体施工具有低噪声、低震动等优点，对环境影响较小；墙体整体性好、刚度大、变形小、安全性高并具有较强的抗渗能力，坑内降水时对坑外的影响较小。

地下连续墙存在弃土、废泥浆处理以及粉砂地质易引起槽壁坍塌及渗漏等问题。而且由于是水下浇筑，因槽段之间存在接缝，故在地下连续墙接缝位置易产生渗漏水现象。

地下连续墙适用于以下工程：开挖深度大于 10 m 的基坑；对基坑的变形及防渗要求较高的工程；基地内空间有限，其他围护型式无法满足施工要求的工程；地上和地下同步施工的工程。

4. 连排灌注桩支护

连排灌注桩支护是采用连续排列的灌注桩形成围护结构。工程中常用的连排灌注桩主要有分离式、咬合式、双排式等型式。

(1) 分离式排桩

分离式排桩是最常用的连排灌注桩支护，也是较简单的支护结构型式(见图 11.4-4)。连排灌注桩外侧可结合工程的地下水控制要求设置相应的防渗帷幕。

分离式排桩围护墙施工工艺简单、质量易控制、造价经济；施工时噪声小、无振动、无挤土效应，对周边环境影响小；可由支护桩刚度灵活控制基坑位移；地层适应面广，从软黏土到粉砂性土、卵砾石、岩层中的基坑均可适用，但在软土地层中的基坑不宜太深，开挖深度一般不大于 20 m。

图 11.4-4　分离式排桩基坑支护

(2) 咬合桩

当无法同时设置排桩和防渗帷幕时，可采用桩与桩之间咬合的型式，形成可起到防渗作用的咬合式排桩支护(见图 11.4-5)。

咬合桩整体性较好，结构既可受力又可防渗，占用空间较小；施工速度快，工程造价低；可干孔作业，机械设备噪声小，对环境污染小。但咬合桩对成桩垂直度要求较高，施工难度较大。

咬合桩一般适用于地质条件为淤泥、流砂、地下水富集的软土地区，以及对降水、地面沉降等较敏感的基坑工程。

图 11.4-5　咬合桩基坑支护

（3）双排桩

为提高排桩的整体刚度和抗位移能力，可将桩设置为前后双排，并将前后排桩的冠梁用横向连梁连接，形成双排桩挡土结构（见图 11.4-6）。

双排桩抗弯刚度大，施工工艺简单，质量易控制，造价经济，无需另设支撑体系。但其占用范围较大，自身不能隔水，需另设防渗帷幕。

双排桩适用于场地空间充足、开挖深度较深、变形控制要求较高且无法设置内支撑体系的工程。

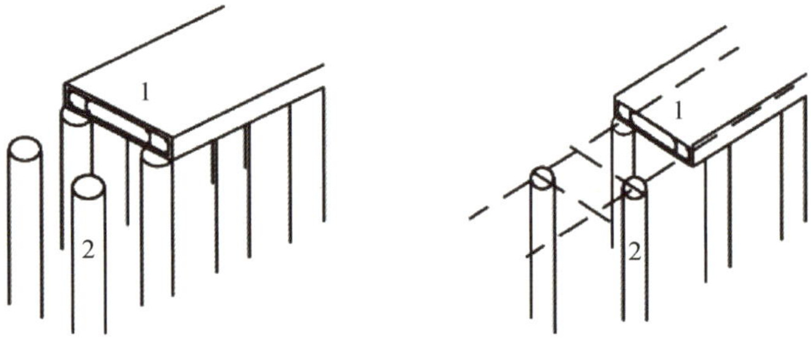

(a) 矩形排列　　　　(b) 梅花形排列

1—冠梁；2—桩。

图 11.4-6　双排桩支护

5. 钢板桩支护

钢板桩是一种带锁口或钳口的热轧（或冷弯）型钢，钢板桩打入后通过锁口或钳口相互咬合，形成连续的钢板桩支护，用于挡土和防渗（见图 11.4-7）。

钢板桩具有轻便、快捷的特点；可在基坑施工结束后拔除，可循环利用，经济性较好。自身可用于防水要求不高的基坑工程中；当防水要求较高时，可另行设置防渗帷幕。由于钢板桩自身刚度相对较小，故其一般变形较大；在打入和拔除施工时，对土体扰动较大，还需对拔除后土体中留下的孔隙进行回填处理。

由于其刚度小、变形较大，单排钢板桩一般适用于开挖深度不大于 7 m、周边对位移要求不高的基坑工程。

图 11.4-7　钢板桩基坑支护

11.5　地下水控制主要型式

地下水控制与基坑工程的安全以及周边环境的保护都密切相关，包括基坑开挖影响深度内的潜水、微承压水与承压水控制，根据工程地质和水文地质条件、基坑周边环境要求及支护结构型式地下水控制，主要分为以下三种处理方式：截水、降排水、回灌。

降排水是基坑开挖过程中最为常见的地下水处理方式，目的在于降低地下水位，增强边坡稳定性，便于基坑开挖。当地下水位高于基坑开挖面时，需采用降低地下水的方法排出坑内土层中的地下水。排出地下水可增加基坑内土体强度，降低水压力，有利于控制基坑围护结构的变形。当软土地区基坑开挖深度超过 3 m 时，需采用井点降水；开挖深度较浅时，可采用排水沟或集水井进行明沟排水。

当基坑底为隔水层且层底作用有承压水时，应进行基坑底突涌验算，必要时可采取水平封底隔渗或钻孔减压措施，保证基坑底土层稳定。当基坑底含承压水层且上部土体压重不足以抵抗承压水水头时，应布置降压井降低承压水水头压力，防止承压水突涌，确保基坑施工安全。

为避免由降排水造成的地面沉降，影响周边建筑物、市政管线等的正常使用，应采用截水方法控制地下水，切断基坑内外的水力联系和补给，既可减小基坑外的水位下降，又能够有效减少基坑内的渗水量。采用悬挂式隔水帷幕时，一般同时采用基坑内降水、基坑外回灌的组合措施。

(1) 截水

基坑截水方法可根据工程地质、水文及施工条件等，选用水泥搅拌桩帷幕、高压旋(摆)喷桩帷幕、地下连续墙或咬合排桩等型式。

当基坑底存在连续分布、埋深较浅的隔水层时，可采用落底式帷幕；当坑底以下含水层厚度较大时，可采用悬挂式帷幕；当不满足渗透稳定性要求时，应采取增加帷幕深度、设置减压井等防止渗透破坏的措施。

（2）降排水

工程降水有多种方法，根据土层情况、渗透性、降水深度、周边环境及支护种类可选用明沟排水、轻型降水井及管井等型式。

当基坑开挖较浅、坑内涌水量不大时，多采用较为简单经济的明沟排水法；当基坑开挖较深、坑内涌水量较大并有围护结构时，可采用轻型井点结合管井的方式进行降水。

（3）回灌

当基坑周围存在需保护的建筑物或地下管线且基坑外地下水位降幅较大时，可采用回灌措施，在进行回灌时，应设置水位观测井。

当采用基坑内降水时，基坑外回灌井深度不宜超过截水帷幕的深度；当采用基坑外降水时，回灌井与减压井的距离不宜小于 6 m。

11.6 船闸施工围堰与基坑设计创新理念

船闸作为内河航运体系上的关键节点，发挥着举足轻重的作用，高等级航道网的建设以及船舶大型化的趋势给船闸工程的建设提出了更新更高的要求。船闸的线数从以往的一线、二线船闸迈向了三线、四线船闸，船闸工程的建设与经济生活以及周边建筑物的关系变得越来越密切，既要保证现有船闸的正常运行，又要满足新建船闸施工期本身和相邻建筑物的安全，这就决定了其建设过程中对围堰工程及基坑工程要求日益提高。

围堰和基坑设计需在保证安全、质量等基本要求的前提下，通过理论创新和技术进步，最大限度地节约资源与减少对环境的负面影响，实现“五节一环保”（节能、节地、节水、节材、节时和环境保护）。例如，围堰采用钢板桩或钢管桩结构，其占地面积小，施工速度快，对水体污染小，可重复使用；地连墙支护采用套铣超深地下连续墙技术，其接缝混凝土相互咬合，接缝牢靠，抗渗性能优良；不使用锁口管，无锁口管顶升风险；铣槽机成槽稳定，成槽深度大，垂直度高，不惧坚硬土层，合金齿铣削，避免强烈的机械冲抓，槽壁稳定，不易坍塌，反循环系统携渣，清基效果好，渣土污染少。内支撑结构采用预应力型钢组合支撑技术，其不需要保养，可循环利用，无粉尘、建筑垃圾、噪声污染。防渗墙结构采用 TRD 工法或双轮铣等厚水泥土搅拌墙技术，其施工深度大，适应地层广，成墙品质高，噪声小，高安全、高精度，墙体等厚。

11.7 典型工程案例

11.7.1 淮河出海航道高良涧船闸扩容工程

1. 工程概况

（1）工程位置及闸位布置

高良涧船闸是淮河出海航道江苏境内的第一个梯级，位于淮河下游江苏省洪泽县境内，高良涧船闸级别为Ⅲ级，设计最大船舶吨级为 1 000 t。扩容船闸布置在二线船闸的东侧（闸管区内），船闸纵轴线相互平行，中心距为 70 m，船闸上、下闸首及闸室与二线船闸纵向对齐布置。洪泽湖大堤公路桥从下闸首通过，横向以跨越二线公路桥中心线对齐布置。

（2）地质条件

项目区属冲湖积平原工程地质区，地势较为平坦，局部稍有起伏，地层分布相对较稳定，无全新世活动断裂通过。

船闸主体基坑范围内从上而下的土层分布为 3－1 黏土层、2－3a 粉质黏土层、3－1a 软弱土层、2－3 粉土层。场区地下水类型主要为孔隙潜水及承压水，含水层土性为全新统冲洪积相粉土，该含水层近地表分布，厚度为 0.5～5.8 m；上部大多范围内分布 1－2 黏性土层，3－1c 粉土层及 3－3 粉土层，均为中等透水层，下部隔水层为全新统 2－1 黏土层及上更新统 3－1 黏性土层。

2. 围堰、基坑工程

（1）围堰、基坑标准

本工程围堰等级为 4 级，基坑等级为二级。

（2）围堰、基坑布置及结构型式

主体工程分为两期施工，基坑分为一期和二期开挖。一期为开挖上闸首及与上闸首相邻的 8 节闸室基坑，施工上闸首及与上闸首相邻的 8 节闸室，待上闸首施工完毕后，施打上游钢板桩围堰，施工辅导航墙及主导航墙，待上闸首闸门安装到位具备防洪能力后，开始二期基坑开挖并施工下闸首及与下闸首相邻的 4 节闸室，然后施工下游辅导航墙、分水堤及主导航墙（见图 11.7-1 至图 11.7-3）。

上、下游纵向围堰采用双排钢板桩结构，U 型钢板桩每米板面截面模量≥2 805 cm^3，围堰宽 8 m，顶高程▽14.33（85 国家高程，本项目同），迎水侧桩长 22 m，背水侧桩长 12 m，围堰内采用袋装土回填，钢拉杆采用 GLG 345－60mm，间距 3.0 m，中心高程▽13.33。

船闸主体基坑以地连墙支护＋上部放坡开挖为主，局部结合放坡开挖。上闸首地连墙支护平面布置为半封闭“⊔”型式，围护长度为 115 m。闸首边墩临土面和引航道侧均设置地连墙封闭，临闸室侧为开口式，该侧地连墙与闸室地连墙支护相连。上闸首地连墙支护顶、底高程分别为▽9.33、▽－10.67，地连墙厚度均为 0.6 m。闸首左、右边墩相应的地连墙设置直径为 610 mm 的钢管斜撑。下闸首地连墙支护平面沿纵向全长布置，闸首边墩地连墙与闸室地连墙支护相连，下游导航墙侧预留施工便道，围护长度为 91 m。地连墙支护顶、底高程分别为▽9.33、▽－10.67，地连墙厚度均为 0.6 m。两侧地连墙采用一层直径为 610 mm 的钢管对撑。闸室地连墙支护沿闸室墙临土面侧全长布置，围护长度为460 m。地连墙支护顶高程为▽9.33，底高程为▽－9.37，地连墙厚度为 0.6 m。闸室墙两侧地连墙亦采用一层直径为 610 mm 的钢管对撑。

（3）地下水控制

本工程支护地连墙兼作防渗。同时在闸首、闸室施工宽缝范围布设深井及集水坑用泵抽排基坑内的水，地表至支护顶部平台范围内以及基坑内采用明沟排水，以保持闸塘干地施工。

11.7.2 杨林塘杨林船闸工程

1. 工程概况

(1) 工程位置及闸位布置

杨林船闸位于江苏太仓市浏家港镇，船闸级别为Ⅲ级，设计最大船舶吨级为 1 000 t。船闸布置于杨林节制闸的北侧，船闸纵轴线与杨林塘老航道中心线(即现有节制闸中心线)平行，两闸中心线相距 90 m。

(2) 地质条件

项目区属冲湖积平原工程地质区，地势较为平坦，局部稍有起伏，地层分布相对较稳定，无全新世活动断裂通过。

船闸主体基坑范围内从上而下的土层分布为 1 填土层、1－1 粉质黏土层、1－2 淤泥质粉质黏土层。在区内勘察揭示的近 50 m 范围以内，▽－33.0～▽－35.0(85 国家高程，本项目同)以浅多为淤泥质粉质黏土层，透水性差，赋存的地下水类型主要为孔隙潜水，▽－33.0～▽－35.0 以深的砂性土层为主要的含水层，赋存的地下水类型主要为微承压水。

2. 围堰、基坑工程

(1) 围堰、基坑标准

本工程围堰等级为 4 级，基坑等级为二级。

(2) 围堰、基坑布置及结构型式

围堰及基坑平面布置见图 11.7-6。上游围堰布置在距离上闸首 120 m 处的位置，为土石围堰结构，顶高程为▽3.2，上游侧坡比为 1∶4.5，下游侧坡比为 1∶4(见图 11.7-7)。下游围堰结构布置在距离杨林节制闸 69 m 处的位置，为土石围堰结构，顶高程为▽5.60，上游侧坡比为 1∶4.5，下游侧坡比为 1∶5。

船闸基坑左岸及闸室段右岸均采用放坡开挖，分三级开挖，开挖坡比上部为 1∶3，下部均为 1∶5，在▽0.5 及▽－4.0 处设置水泥搅拌桩。主体基坑断面如图 11.7-8 所示。

(3) 地下水控制

本工程船闸主体基坑采用井点降水，同时设置集水沟进行排水处理。

11.7.3 京杭运河扩容工程皂河三线船闸工程

1. 工程概况

(1) 工程位置及闸位布置

皂河船闸地处宿迁市宿豫区皂河镇北约 3 km 处，位于京杭运河苏北段最繁忙的大王庙至淮安航段，皂河船闸为Ⅱ级，设计最大船舶吨级为 2 000 t。皂河三线船闸闸位位于皂河一、二线船闸之间，中心线与一、二线船闸中心线平行，距一线船闸中心线 90 m，距二线船闸中心线 70 m。

(2) 地质条件

项目区属冲湖积平原工程地质区，地势较为平坦，局部稍有起伏，地层分布相对较稳定，无全新世活动断裂通过。

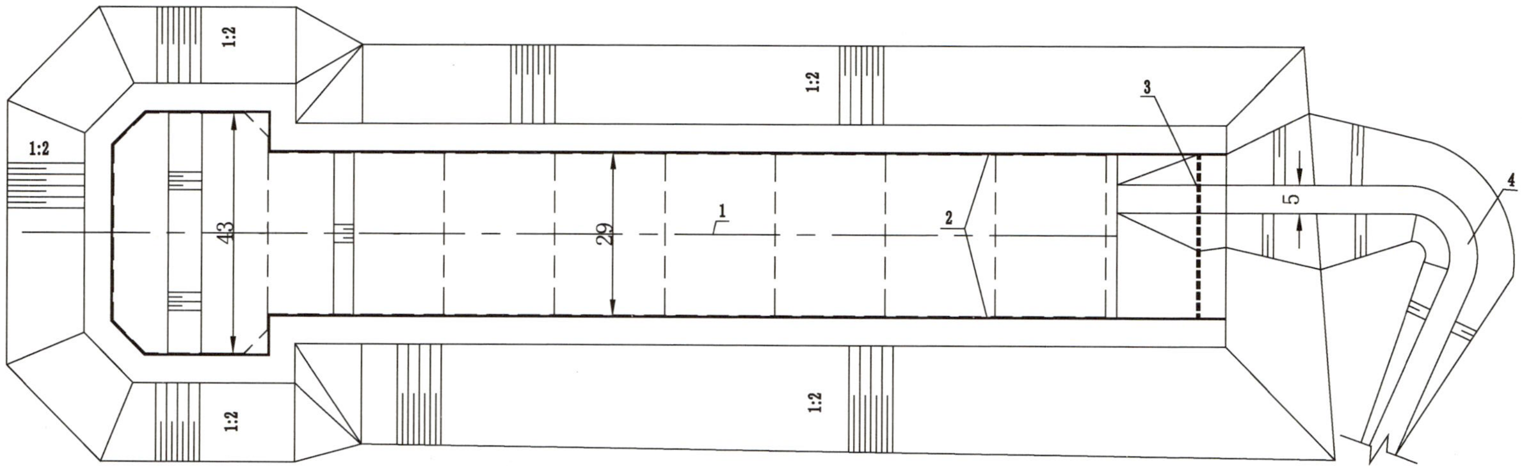

1—船闸中心线；2—地连墙支护；3—截渗墙；4—施工便道。

图 11.7-1　淮河出海航道高良涧船闸扩容工程一期施工围堰及基坑平面布置图(一)(单位:m)

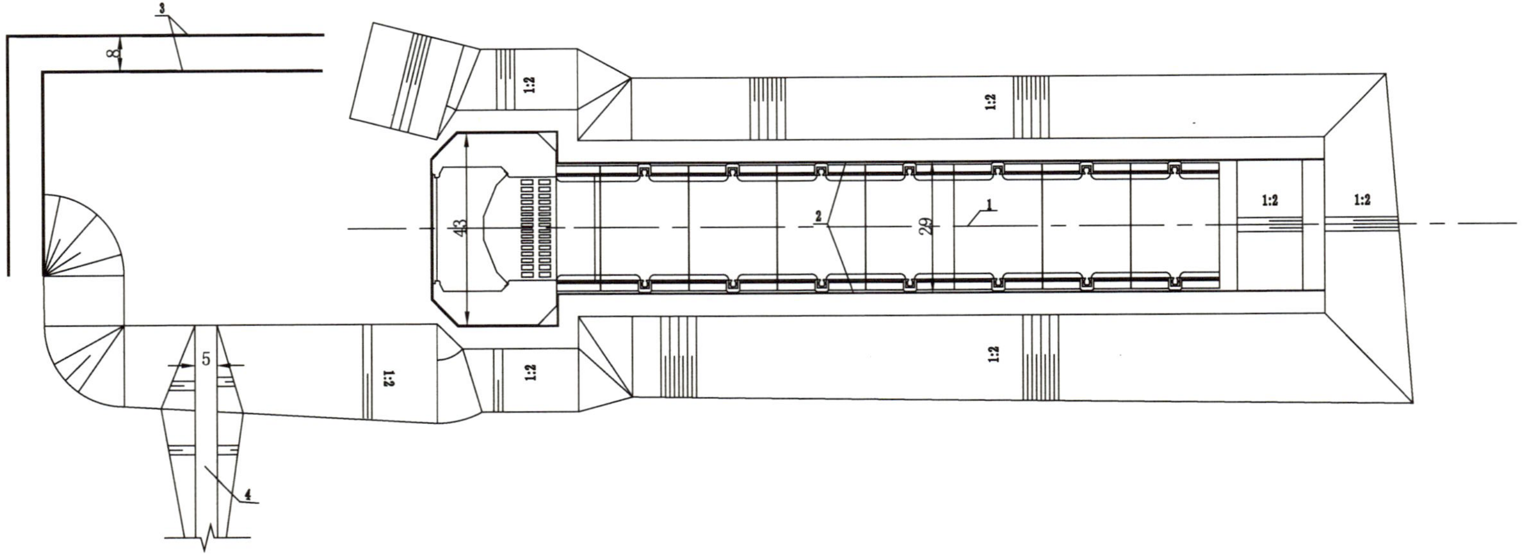

1—船闸中心线；2—地连墙支护；3—上游施工围堰；4—施工便道。

图 11.7-2 淮河出海航道高良涧船闸扩容工程一期施工围堰及基坑平面布置图(二)(单位:m)

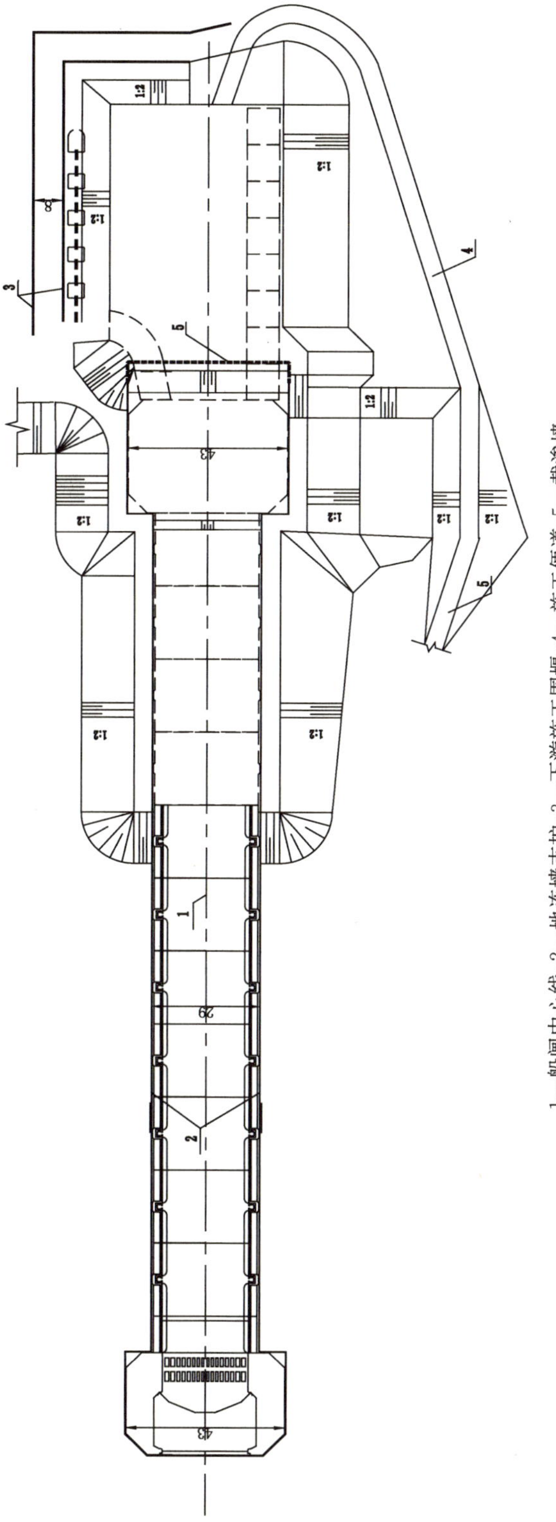

1—船闸中心线；2—地连墙支护；3—下游施工围堰；4—施工便道；5—截渗墙。

图 11.7-3　淮河出海航道高良涧船闸扩容工程二期施工围堰及基坑平面布置图(单位:m)

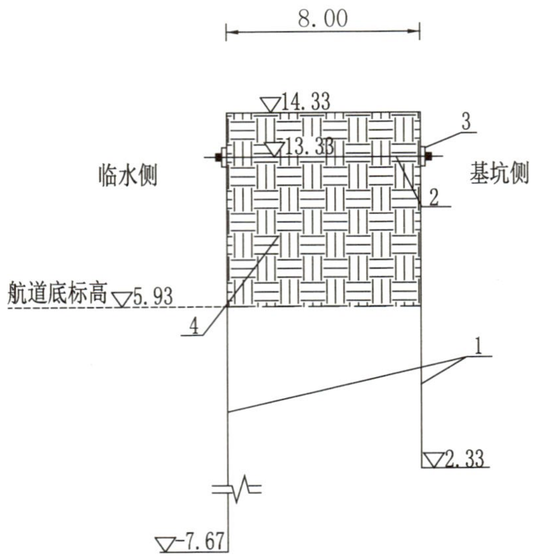

1—U 型钢板桩；2—钢拉杆 Φ60；3—导梁；4—袋装土。

图 11.7-4　上游施工围堰断面图(单位:m)

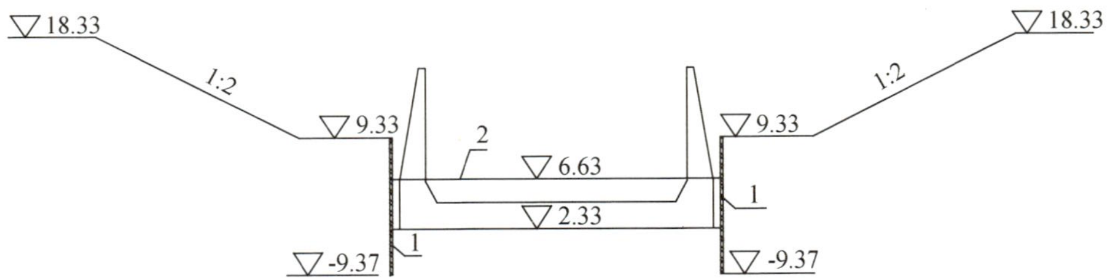

1—地连墙支护；2—钢管撑 Φ610。

图 11.7-5　闸室基坑断面图(单位:m)

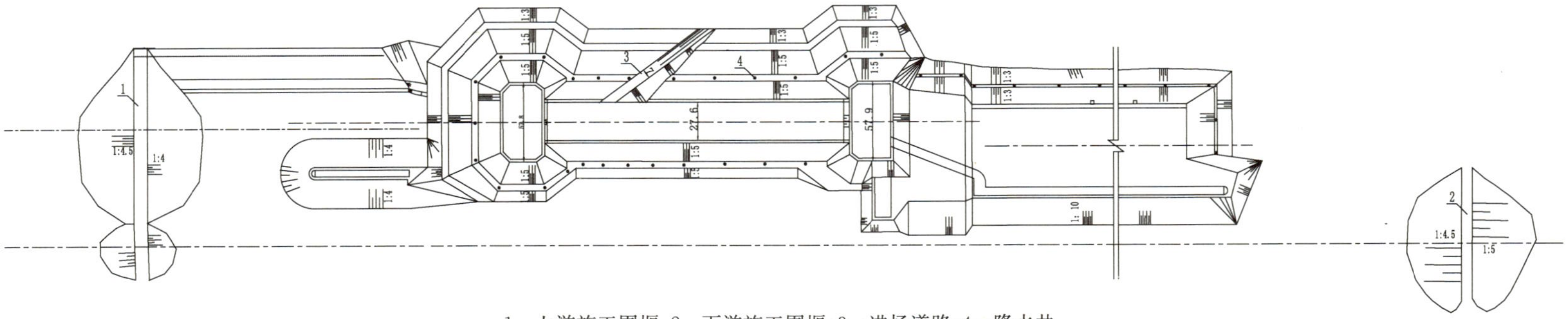

1—上游施工围堰；2—下游施工围堰；3—进场道路；4—降水井。

图 11.7-6　杨林塘杨林船闸工程施工围堰及基坑平面布置图(单位:m)

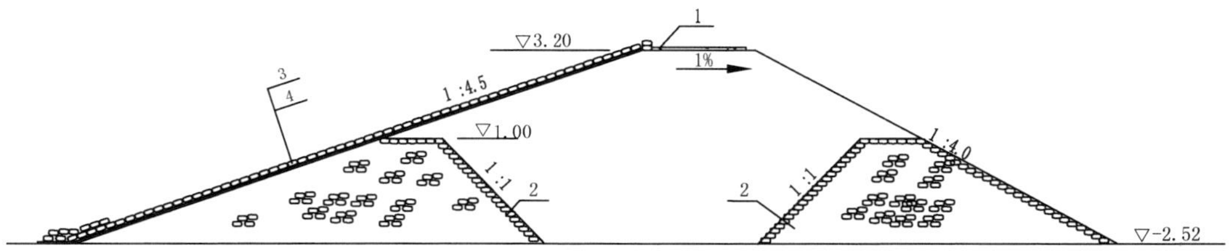

1—厚 15 cm 碎石路面；2—回填袋装土；3—袋装土压实；4—400 g/m² 土工布。

图 11.7-7　上游施工围堰断面图

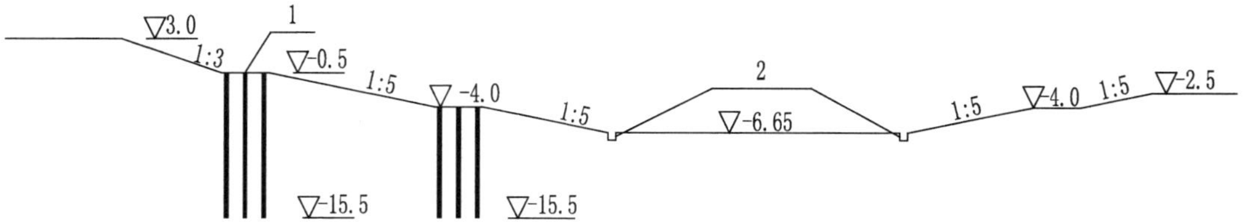

1—水泥搅拌桩；2—集水沟。

图 11.7-8　主体基坑断面图

船闸基坑范围内从上而下的土层分布为1-1素填土层、1-1a粉质黏土层、1-2粉质粉土层、2-1黏土层、2-2黏土层、3-1黏土层。闸址区高程▽0.0(85国家高程,本项目同)左右为第四系上更新统黄色中、细砂,地下水类型为空隙承压水,属第Ⅱ含水层,其厚度小于2.8 m,分布不稳定,上闸首处较厚,下闸首处较薄或缺失,渗透系数k值为35.0 m/d,影响半径为130.0 m,其承压水位标高为▽20.75～▽20.30。

2. 围堰、基坑工程

(1) 围堰、基坑标准

本工程围堰等级为4级,基坑等级为二级。

(2) 围堰、基坑布置及结构型式

上游围堰顶高程为▽26.03,下游围堰顶高程为▽19.83,位于基坑中部的防洪大堤,兼作施工期临时道路,堤顶高程为▽30.23,堤顶宽12.0 m,两侧边坡坡比在▽30.23～▽10.73范围内均采用1∶2.5,并在▽26.33和▽19.33各设两个宽5 m的平台。

皂河三线船闸位于一、二线船闸之间,离两侧船闸相距较近,为保证一、二线船闸的正常使用,三线船闸基坑采用上部开挖与下部支护相结合的方法进行施工,即上闸首从地面开挖至▽20.33,闸室及下闸首从地面开挖至▽19.33(其中闸室镇静段开挖至▽20.33),留一5 m宽的平台,然后进行基坑支护,基坑支护型式为地下连续墙+钢管内支撑。因闸室中部需布置临时道路和临时防洪堤,船闸主体结构施工分三段二次施工,先开挖上、下闸首基坑,等上闸首闸门安装完成、下闸首公路桥施工完成并验收合格后,再开挖施工闸室中间段。

(3) 地下水控制

本工程支护地连墙兼作防渗功能,在地表至支护顶部平台范围内以及基坑内采用明沟排水,在闸首、闸室施工宽缝范围内布设集水坑用泵抽排基坑内的水,以保持基坑内干地施工。为确保闸首、闸室底板封缝闸室墙的地连墙支护的稳定,在地连墙支护后方设置深井,抽排地下水。

11.7.4 芒稻船闸扩容改造工程

1. 工程概况

(1) 工程位置及闸位布置

芒稻船闸为位于芒稻河航道入江口门处的一座通航建筑物,是控制芒稻河航道货物流量的重要节点,芒稻船闸级别为Ⅲ级,设计最大船舶吨级为1 000 t。受新芒稻河大桥桥墩限制,船闸下闸首与新芒稻河大桥北侧相邻布置,闸位中心线与老船闸中心线相比,向西偏移6.9 m,并与老闸中心线交角呈0.284 5°。

(2) 地质条件

项目区属冲湖积平原工程地质区,地势较为平坦,局部稍有起伏,地层分布相对较稳定,无全新世活动断裂通过。

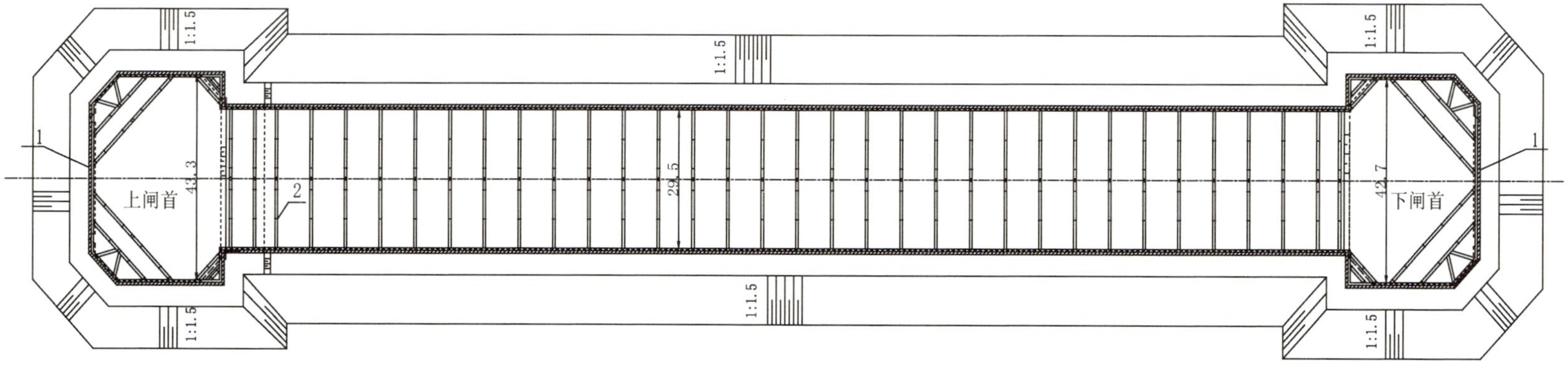

1—地连墙支护；2—钢管撑。

图 11.7-9　京杭运河扩容工程皂河三线船闸工程基坑平面布置图(单位:m)

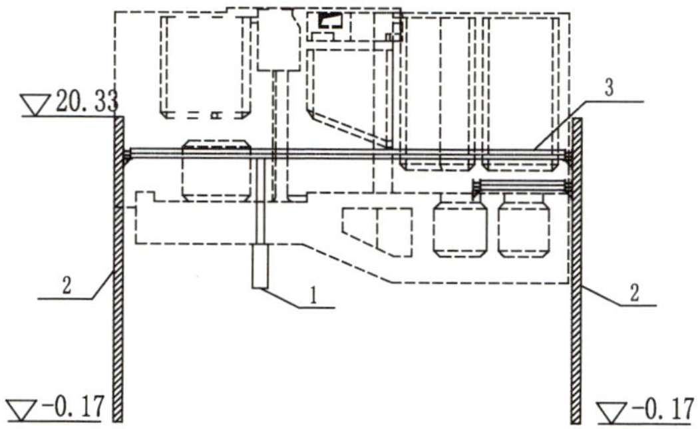

1—钢立柱混凝土基础；2—地连墙；3—钢管撑。

图 11.7-10　上闸首基坑断面图

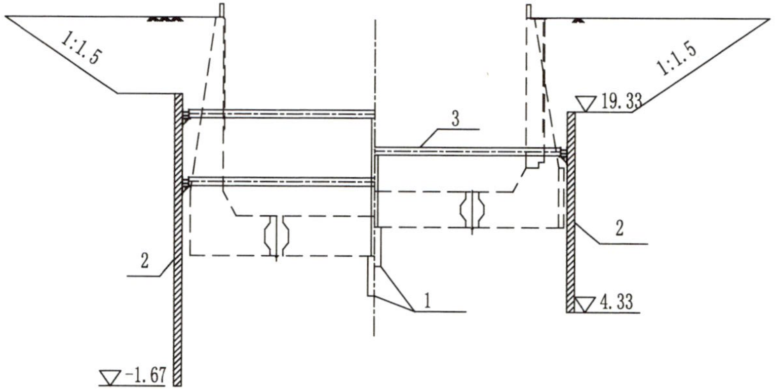

1—钢立柱混凝土基础；2—地连墙；3—钢管撑。

图 11.7-11　闸室基坑断面图

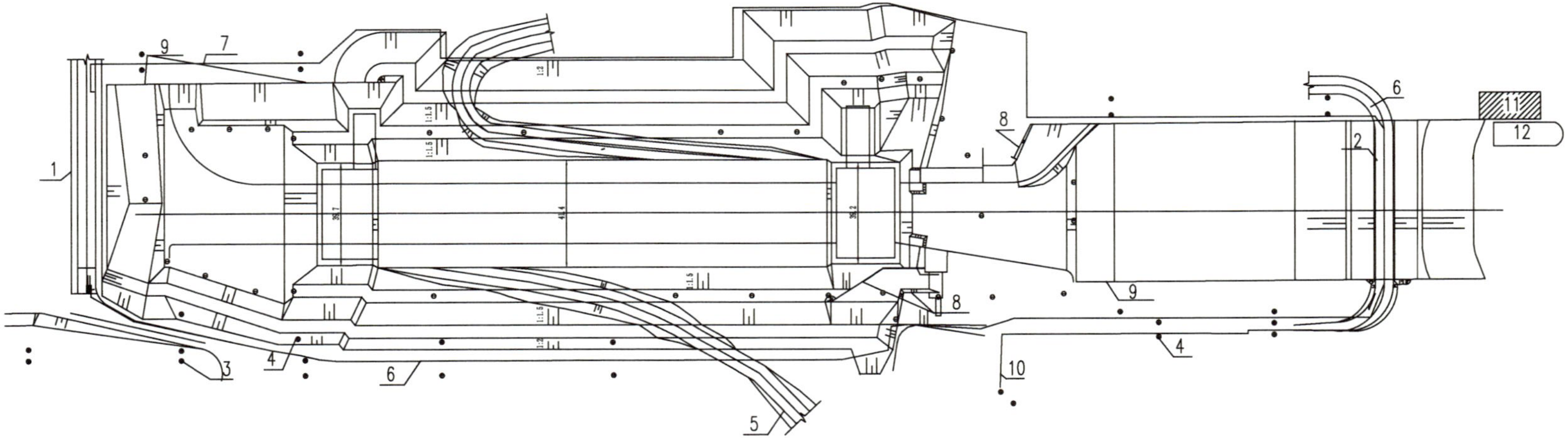

1—上游钢板桩施工围堰；2—下游土石施工围堰；3—回灌井；4—观测井；5—临时道路；6—多头小直径搅拌桩防渗帷幕；
7—液压铣削深搅防渗帷幕；8—灌注桩＋土钉墙支护；9—原直立式护岸；10—回灌沟；11—临时码头；12—施工船。

图 11.7-12　芒稻船闸扩容改造工程施工围堰及基坑平面布置图(单位:m)

船闸主体基坑范围内从上而下的土层分布为A素填土层、①砂质黏土层、②粉质黏土层。场地地下水位较高，基坑开挖较深，且基坑开挖深度范围内土层为粉土、粉砂层，室内垂直向渗透系数为A×10^{-4} cm/s，为场地主要潜水含水层。

2. 围堰、基坑工程

(1) 围堰、基坑标准

本工程围堰等级为4级，基坑等级为二级。

(2) 围堰、基坑布置及结构型式

围堰及基坑平面布置如图11.7-12所示。临时围堰采用复合梯形断面，围堰堤顶高程为▽6.50(85国家高程，本项目同)，水下子堰迎水面坡比为1∶3，背水面坡比为1∶1.75，坡顶高程为▽3.5。复合断面其余部分采用抽水干地施工，▽3.5以上采用黏性土回填，二级坡比为1∶3，背水面坡比为1∶3，同时在临水面采用袋装土防护。围堰轴线总长约63 m。下游施工围堰断面如图11.7-13所示。

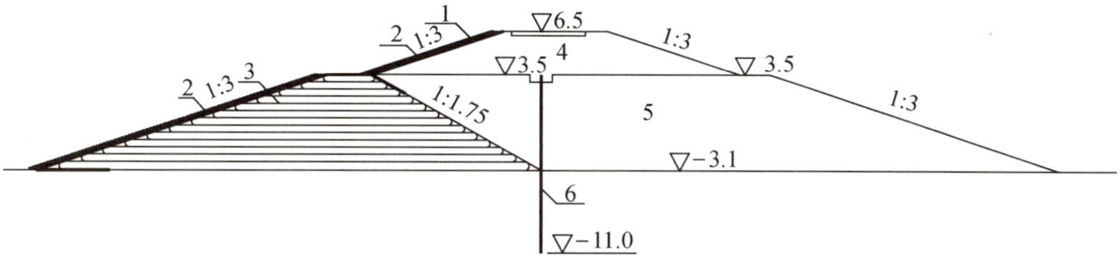

1—袋装土坡面防护；2—防渗土工布；3—土工织物充填袋；
4—回填黏性土；5—水上回填土；6—多头小直径搅拌桩。

图11.7-13　下游施工围堰断面图

船闸主体基坑采用放坡开挖结合局部采用灌注桩+锚杆+土钉墙支护的方法。

根据基坑开挖深度与土质情况，分三级坡开挖，自下而上一级平台高程▽−1.33、宽5 m，一级坡坡比为1∶1.5，二级平台高程▽4.53、宽5 m，二级坡坡比为1∶1.5，三级坡坡比为1∶2。灌注桩+锚杆基坑支护断面结构分三级坡开挖，自下而上一级平台高程▽0.17、宽8 m，一级坡坡比为1∶0.3，二级坡坡比为1∶4.4，三级坡坡比设为1∶1.5，顶高程为▽13.1。

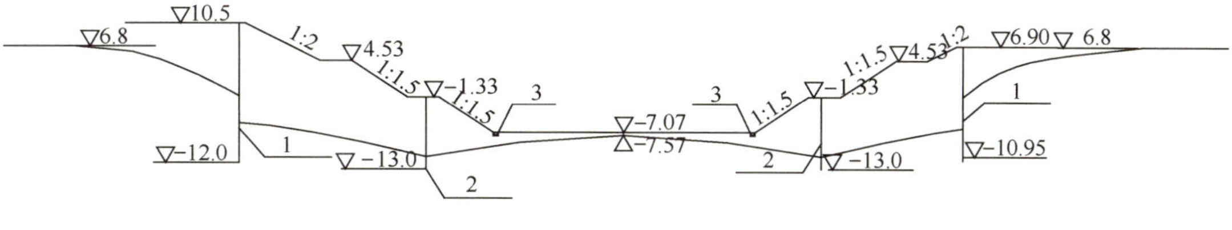

1—防渗帷幕；2—管井降水；3—盲沟。

图11.7-14　主体基坑断面图

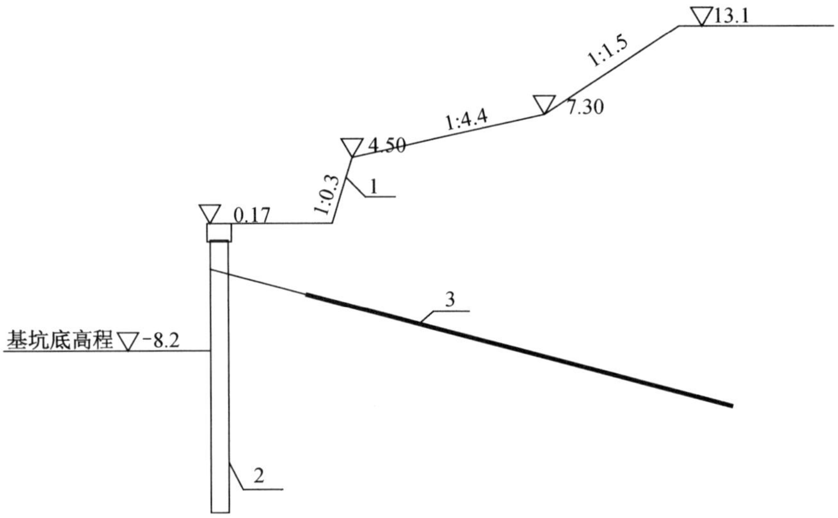

1—土钉墙;2—灌注桩;3—锚索。

图 11.7-15　灌注桩+土钉墙支护断面图

(3) 地下水控制

沿基坑二级平台四周环形布置管井进行降水,考虑到土层渗透性在垂直向离散性较大,在开挖过程中,辅以轻型井点降水(轻型井点根据现场情况布设)和明沟排水。

参考文献

[1] 邹逸麟，吕娟. 中国运河志[M]. 南京：江苏凤凰科学技术出版社，2019.

[2] 涂启明. 船闸总体设计与图例[M]. 北京：人民交通出版社，1992.

[3] 钮新强，宋维邦. 船闸与升船机设计[M]. 北京：中国水利水电出版社，2007.

[4] 王仙美. 京杭运河谏壁二线船闸工程设计综述[J]. 水运工程，2003(09)：51-54.

[5] 王仙美，蒋燕春，朱建荣. 利用预应力土锚加固前倾的闸室墙[J]. 水运工程，2003(12)：60-62.

[6] 钱文军，王仙美，陈稚娟. 京杭运河苏北段三线船闸设计特点综述[J]. 中国水运（下半月），2014，14(02)：309-311.

[7] 钱黎辉. 刘埠一级渔港船闸设计要点简介[J]. 中国水运（下半月），2017，17(02)：149-151.

[8] 尹思宏，魏超. 江苏省内河航道船闸发展趋势分析[J]. 交通科技，2014(05)：159-160.

[9] 张玮，廖鹏，吴玲莉，等. 船闸通过能力主要影响因素[J]. 交通运输工程学报，2004(03)：108-110.

[10] 廖鹏. 京杭运河苏北段船闸通过能力研究[D]. 南京：河海大学，2004.

[11] 张德春，徐得潜. 裕溪船闸通过量相关影响因素分析[J]. 工程与建设，2008，22(5)：588-590.

[12] 廖鹏. 内河船闸通过能力研究进展[J]. 水利水运工程学报，2009(3)：34-40.

[13] 中交水运规划设计院. 船闸总体设计规范：JTJ 305—2001[S]. 北京：人民交通出版社，2001.

[14] 王作高. 船闸设计[M]. 北京：水利电力出版社，1992.

[15] 王晓青，刘畅. 省水船闸发展及研究现状[J]. 重庆建筑，2013，12(10)：52-54.

[16] 吴澎，曹凤帅. 省水船闸建设技术和进展[C]//第 167 场中国工程科技论坛暨 2013 水安全与水利水电可持续发展高层论坛论文集. 2013：188-193.

[17] 周华兴. 水运工程中省水建筑物型式及对有关问题的探讨[J]. 水运工程，1994(07)：1-5.

[18] 陈稚娟，王仙美. 泗阳三线船闸输水系统型式的选择[C]//中国航海学会. 中国航海学会船闸专业委员会 2008 年论文汇编. 2008：47-50.

[19] 刘本芹，宗慕伟，宣国祥. 可不设镇静段的船闸集中输水系统研究[J]. 水运工程，2008(11)：139-143+156.

[20] 吴澎，宣国祥. 一种新型闸首短廊道集中输水系统研究[C]//国际航运协会 2008 年会暨国际航运技术研讨会论文集. 2008：150-155.

[21] 周鹏，杨尊伟. 省水船闸在平原地区航道中的应用[J]. 山东交通科技，2019(05)：101-102.

[22] 中交水运规划设计院. 船闸水工建筑物设计规范：JTJ 307—2001[S]. 北京：人民交通出版社，2002.

[23] 索丽生，刘宁. 水工设计手册[M]. 北京：中国水利水电出版社，2014.

[24] 龚晓南. 地基处理手册[M]. 北京：中国建筑工业出版社，2008.

[25] 高大钊. 土力学与基础工程[M]. 北京：中国建筑工业出版社，1999.

[26] 化建新，郑建国. 工程地质手册[M]. 北京：中国建筑工业出版社，2018.

[27] 中交天津港湾工程研究院有限公司. 水运工程地基设计规范：JTS 147—2017[S]. 北京：人民交通出版社，2018.

[28] 魏纲，李方瑾，杨泽飞. 地基处理方法中的创新解析[J]. 基础与结构工程，2016，34(1)：134-138.

[29] 程昌华，刘晓平，唐寿鑫. 航道工程学[M]. 北京：人民交通出版社，2001.

[30] 范崇仁. 水工钢结构设计[M]. 北京：中国水利水电出版社，1999.

[31] 江苏省交通运输厅航道局，江苏省航道协会. 江苏省内河航道工程技术论文集[C]. 北京：人民交通出版社，2010.

[32] 许建平. 江苏省船闸液压启闭机的"标准化、系列化、通用化"设计和应用[J]. 水运工程，2009(6)：107-110.

[33] 许建平. 京杭运河扩容工程人字门船闸启闭机设计[J]. 水运工程，2003(5)：58-59+62.

[34] 王希强，蔡素文，余向阳. 船闸闸门滚珠丝杆传动式启闭机的运动及受力分析[J]. 水运工程，2012(11)：165-168.

[35] 陈雷，朱金龙，任杰. 新坝船闸自动控制系统[J]. 水运工程，2008(11)：148-151.

[36] 张加雪，钱江，张桂荣，等. 智慧船闸[M]. 南京：东南大学出版社，2018.

[37] 摆富兰，刘晶茹，李亮，等. 节水型卫生器具的研究进展[J]. 大众科技，2020，22(09)：43-45.

[38] 黄元奇. 太阳能热水系统与住宅建筑一体化设计的研究[D]. 合肥：合肥工业大学，2013.

[39] 林凌翔. 空气源热泵辅助太阳能热水系统控制模式设计[J]. 机电技术，2017(3)：4-7.

[40] 苏菊芹，张小辉. 利用空调废热制备生活热水的几个问题[J]. 隧道建设，2008，28(3)：396-397.

[41] 任南琪，高郁，冯旻. 两相厌氧—好氧工艺处理中药生产废水[J]. 中国给水排水，2003，19(6)：72-73.

[42] 罗鸣，叶兴成，王以超，等. 河道边界水位对管道排水能力的影响分析[J]. 水资源与水工程学报，2018(3)：169-174.

[43] 毕凯，宋明中，林玉杰，等. 光伏建筑一体化技术及应用[J]. 中国信息科技，2021(11)：41-42.

[44] 李艳坤，周荣斌. 光伏发电的现状及发展前景[J]. 现代工业经济和信息化，2021，11

(1):53-54.

［45］张振.城市夜景亮化工程建设概述［J］.光源与照明，2019(4):16-20.

［46］刘家豪.水运工程施工技术［M］.北京:人民交通出版社，1998.

［47］刘国彬.王卫动.基坑工程手册［M］.北京:中国建筑工业出版社，2009.

［48］郑守仁.导流截流及围堰工程［M］.北京:中国水利水电出版社，2005.